解剖孤独

Suicide, Social Connection,
and the Search for Relational Meaning in
Contemporary Japan

〔日〕慈子·小泽-德席尔瓦　著
Chikako Ozawa-de Silva

季若冰　程　瑜　译

The Anatomy
of Loneliness

上海人民出版社

献给昌昌（Chan Chan）

目　录

致　谢

当我思考这个课题时，我不禁想起"相互依存"（interdependence）这个众所周知的佛教概念，这也是我个人最爱的一个概念。如果没有这么多人的善意、接纳和理解，这本书是不可能完成的。我要感谢的人实在太多，以至于无法在这里一一列举，并且我知道有很多人肯定用我所不知道的间接方式帮助过我。开展田野工作总是一种令人谦卑的经历。我常常为受访者的善意所感动，是他们使这个项目成为可能，并且他们对自己的时间十分慷慨。参与这个项目过程的每个人都发挥了独特与非常宝贵的作用。

当我回望这本书的构想从何开始时，我的思绪回到二十年前的 2000 年。当时我是哈佛大学的客座研究员，在那里我发现哈佛医学人类学项目的周五上午研讨会（Friday Morning Seminar，FMS）不断启发我的灵感。大概就是在那时，我开始对主体性与孤独萌发长期兴趣。我要感谢玛丽-乔·古德（Mary-Jo Good）博士和拜伦·古德（Byron Good）博士，在我访问的那一年里，他们管理着 FMS，并且从那时起他们一直为我提供长期支持和帮助。在 FMS 众多予人灵感的讲者中，我要感谢若昂·比尔

（João Biehl）博士和罗伯特·德斯加莱斯（Robert Desjarlais）博士与我们分享他们的工作。直到今日，我仍然记得他们的演讲和讨论，每次我阅读或教授他们的作品时，都会与它们进行内心对话。

我很感激凯博文（Arthur Kleinman）博士，他知道我关于日本互联网集体自杀的研究工作，鼓励我把它扩展成一个关于孤独的著作项目，当时我正在考虑是否要转向一个完全不同的（并且更少情感负担的）话题。北中淳子（Junko Kitanaka）博士在促成我的研究方面也发挥了重要作用，她邀请我去她所在的东京庆应义塾大学担任客座教授，在那里她将我引介给一些精神病学和自杀研究的重要学者。她还阅读了我关于自杀的论文草稿，并提供许多富有洞察力的反馈。当时在日本国立精神神经医疗研究中心（Japanese National Center of Neurology and Psychiatry，NCNP）工作的川野健治博士，目前是立命馆大学教授，他曾邀请我去见他所在 NCNP 的团队，这个团队正在研究互联网集体自杀和青少年自杀，他还邀请我参加其他一些集会、工作坊和会议。我还要感谢 NCNP 的团队成员胜又阳太郎博士和末木新博士慷慨地分享他们的研究和时间。

我非常感激"生命电话"（Inochi no Denwa）自杀危机热线的创始人斋藤由纪夫（Yukio Saito），他多次与我见面并分享他的丰富经验，并将我介绍给其他一些自杀和精神健康方面的日本专家。他的善意和对自杀预防的真诚投入深深地打动了我。我也感谢茨城大学的伊藤哲司（Tetsuji Ito）博士将我纳入他的北茨城3·11定性方法工作组。我还想感谢这个团队成员之一的八塚一郎博士，他爽快地应允我于本书使用他在我们拜访北茨城时拍摄的照片。我对他的善良和善意言语表示感激。

　　我还要感谢那些自愿与我开展访谈的学生，他们的叙述构成本书一个章节。他们经常花费两个小时来接受一次访谈，有几位还同意接受多次访谈。他们对自我生命的真诚态度，对家人和朋友的温暖感觉，以及他们分享自己未来的希望和焦虑，都让我感动，并为本书的几个关键问题提供见解。尽管为了保护他们的身份，本书对他们的名字进行修改。我十分想念他们，并希望将来能再次见到他们。

　　在埃默里大学，我非常感激许多同事和研究生，他们阅读了各章节草稿，并提供细致的反馈和讨论。在收到反馈意见后，我大量修改了关于北茨城和日本 3·11 大地震灾难的章节，并且我的学生尤为鼓励我不要回避谈论事件发展过程中我的亲身经历。安妮·艾利森（Anne Allison）博士、克劳迪娅·斯特劳斯（Claudia Strauss）博士、鲍比·保罗（Bobby Paul）博士、池内须摩博士、埃琳娜·莱斯利（Elena Lesley）等人都阅读过整个书稿（其中一些人读过很多次），他们的评论和建议毫无疑问夯实了书稿的地基。我非常感激他们的兴趣、时间和见解。

　　我还要感谢加州大学出版社的系列主编塔尼娅·鲁尔曼（Tanya Luhrmann）博士，感谢她的宝贵反馈和建设性意见，感谢她这么多年来一直是我的好友和同事。丽贝卡·莱斯特（Rebecca Lester）博士和克拉克·奇尔森（Clark Chilson）博士担任本书的审稿人，为本书提供广泛而宝贵的意见，极大地改善了这个作品。我很感谢他们抽出时间，感谢他们分享自己的专业

xi

知识，感谢他们对这本书的信任。

我要特别感谢我的丈夫，布伦丹·小泽-德席尔瓦（Brendan Ozawa-de Silva）。没有他，我就不可能完成这本书。言语无法表达他的支持对我意味着什么。曾有那么几天，我以为自己难以将这个项目转化为一本书。他坐在那里听我讲述，帮我明确这本书的主题是什么，在我情感低落的时候振奋我的精神。如果说有一个人对完成这本书的作用最大，那就是布伦丹。他所提供的许多人类学以外的学术研究，特别是来自心理学和神经科学的研究视野，为这本书及其论点提供了参考。在过去的二十年中，他拓展了我的学术视野，从我们第一次见面以来，他一直是我的战友。我永远感谢他无论如何都站在我的身边。

我还要感谢拉法·纳达尔体育中心和学院（Rafa Nadal Sports Center and Academy）的管理层和工作人员，包括纳达尔本人及其家人。因为这里是本书的重要写作场所。几年前，布伦丹和我爱上了迷人的马洛卡岛，并在体育中心度过数个星期。我们在上午和下午写作，然后在水疗中心放松，在健身房锻炼。我曾目睹纳达尔每天在球场上练习三个小时，然后又去健身房锻炼，甚至这样度过整个圣诞节。纳达尔日复一日的刻苦训练提醒我们要坚持不懈和有条不紊地努力工作，同时这种融洽的气氛也提醒我们，工作、家庭和社群永远没必要发生冲突。

在新型冠状病毒疫情的第一年，我完成这本书的修订。这场大流行极大增加了人们对孤独和社交孤立（social isolation）的兴趣，我受邀就这些话题发表过几次演讲。我希望新型冠状病毒疫情的经历可以教会我们人际联结（human connection）的重要性，并能促成关于孤独和社会纽带（social bond）的更多研究。谈到这种纽带，最后我想感谢养育我、支持我一生的父母。没有他们的支持和理解，我就不会有机会去美国学习并最终成为一名人类学家。爸爸妈妈，谢谢你们让女儿离开日本去留学，当时我一定让你们担心！我很珍惜你们对我的信任。

本书的研究受益于一项美国国家人文基金会的日本高等社会科学研究奖学金（National Endowment for the Humanities Fellowship for Advanced Social Science Research on Japan）和埃默里大学的内部基金，其中包括一项埃默里大学宗教与公共健康合作项目（Religion and Public Health Collaborative）的种子基金支持。

隐私保护说明

    对受访大学生，北茨城的访谈人，以及自杀网站访客，本书均采用匿名。获得当事人许可后，本书才会采用真实姓名，如川野健治博士和伊藤哲司博士。

引言：脱节的人们与孤独的社会

孤独是一个严重的社会、教育、经济与健康问题，甚至会在 2030 年之前达到流行病的程度……目前，孤独没有干预措施。哪里有干预措施？我没发现过。

——斯蒂芬·霍顿（Stephen Houghton），西澳大学教授

孤独，人皆有之。我们有时感到孤独、被抛下、被忽视，甚至被遗弃。然而，正如本书所言，这种感受十分正常。因为感知孤独的能力不仅来源于我们大脑的生物学机制，也来源于我们对社会联结（social connection）的需要，更来源于我们作为一个"人"、一个"自我"的本质。作为人类，我们经历了一场持久的拉锯战：一方面，我们渴求归属感和社交联结；另一方面，与"非我"的分离感定义了我们的意识、自我和主体性（subjectivity）。

但是，一些人不仅经历过片刻的孤独，也体验着持续的、极度的孤独。这种折磨不一定是一种精神障碍或精神疾病，不能被简化为身体或心理的病态。无论我们如何分类，它都是一种主体性折磨（affliction of subjectivity）：于个体经验而言，它真实存

在，但不一定被他人看到。比如一个人虽然被家人和朋友们包围，却也感到非常孤独。这种情况在现代社会越来越普遍，应当引起人们的关注。

孤独的全球流行

如果孤独既不是一种生理状况，也不是一种心理障碍，那是什么？这正是本书的主题之一：解剖孤独。然而，本书最重要的一个启示是，解剖孤独并不是解剖某一个人，而是某一类社会。

虽然孤独很容易让我们联想到一个形单影只的个体，但在当代，孤独实际是一个社会议题。这种普遍的孤独问题在高度工业化社会中尤为突出，并被称作"流行病"。诸如《纽约时报》和英国《卫报》一类的报纸都曾刊登过相关专题报道，声称孤独和肥胖、吸烟一样，严重威胁到人类的健康。2018 年，时任英国首相特蕾莎·梅断言道："孤独是我们这个时代最大的公共健康挑战之一。"她随即任命英国有史以来第一位解决孤独问题的部长——特蕾西·克劳奇（Tracey Crouch），令其主持一项政府间合作倡议以遏制孤独问题。[1]

这一变化是因为相关研究发现英国有九百万人"经常"或"总是"感到孤独。在美国，2010 年开展的一项调查发现四十五岁以上逾三分之一的美国公民感到孤独。[2] 2017 年，美国前外科医生维韦克·默西（Vivek Murthy）认为孤独是一种"不断蔓延的流行病"。他同时提到一项研究发现社交孤立（social isolation）

"关系到寿命缩短，相当于每日抽 15 支烟"。[3] 其他研究也表明，社交孤立造成的寿命缩短问题比肥胖和药物滥用更突出，使人们的死亡风险增长了 26%。[4] 心理学和遗传学合作研究发现，慢性孤独感会改变基因的表达方式，使身体更不健康、更容易生病。[5] 孤独问题的主要研究者认为，慢性孤独与抑郁症、焦虑症和自杀意念等普遍消极的精神健康后果有关。[6] 因此，当代学术界所关注的孤独不仅是个人问题，更是一个会对身心健康产生负面影响甚至增加死亡风险的公共健康议题。[7]

　　直到最近，世界卫生组织和美国国家精神健康研究所（US National Institute of Mental Health，NIMH）等组织的预防自杀政策仍然倾向于关注抑郁症的治疗措施。但是，研究自杀问题的学者强调，抑郁症和自杀之间的联系并不是那么简单。相反，他们指出了一些其他的影响因素，比如家人自杀经历、自杀作为习得性选择和行动以及成长经历。[8] 包括科里·凯斯（Corey Keyes）在内的积极精神健康研究者，也认为"萎靡不振"（languishing）是一种情感、社会和精神福祉（well-being）方面的缺陷，比精神疾病更有害，更能预见到自杀的发生。因此，相比那些没有精神疾病但萎靡不振、缺乏上述影响因素的人，虽然患有抑郁症，但有人生意义（meaning in life）与良好人际关系之人的自杀风险更低一些。[9] 这表明，对精神健康和自杀的研究应当充分考虑社会支持和孤独等因素。科里·凯斯等人认为蓬勃（flourishing）或积极的精神健康不仅是指没有精神疾病，还包括拥有人生意义在内的心理和社会福祉。[10]

孤独与自杀

本书一开始并不是一个关于孤独的课题，而是一个日本自杀问题的研究项目。正是通过这个自杀研究，我才逐渐发现孤独是一个关键的潜在问题。1998 年，日本的自杀率突然急速上升，部分年龄组的自杀率上升了 50%。在随后的几年中，日本自杀率一直处于上升状态。这在日本引起极大恐慌，并引发许多问题。最初，人们认为自杀率飙升源自两个问题——日本的经济停滞和抑郁症，特别是由失业等因素引起的抑郁症。自杀人数飙升被视为一个主要影响四十多岁至六十多岁男性的问题。由于 20 世纪 90 年代初日本泡沫经济的破裂，他们面临经济的不确定性和失业的状态。

然而，这个想象从一开始就是残缺的。首先，自杀率的激增不仅发生在工作年龄的日本男性中，还发生于包括青少年在内的多个年龄段，他们在一年内的自杀率增长了 50%。其次，经济停滞导致抑郁症并导致自杀的叙事不符合那些自杀未遂或自杀既遂者的主观报道，也不好解释互联网集体自杀这种全新自杀形式的出现。

长期的经济停滞和非正式工作（兼职和临时工作）的同步增加不仅影响了中年人，也影响到在后泡沫经济中长大的年轻一代。日本年轻人受到重大影响的两个标志是"尼特族"（NEET）①

---

① "尼特族"直译于 NEET（Not in education, employment, or training），即无升学、无就业或无进修的群体，类似于国内的"啃老族"。——译者注

的崛起，以及社交退缩（social withdrawal）现象的增加，即"蛰居族"（hikikomori），这类年轻人会长时间（比如六个月到几年）待在他们的房间或家中，保持蛰居状态，完全依赖父母或照顾者提供食物和其他生活必需品。[11]

2003 年，我发起一项针对经常访问日本"自杀网站"的人的研究。[12] 我想了解日本自杀率为什么飙升，以及为什么会出现许多新的自杀形式，尤其是互联网集体自杀，即人们线上聚在一起，然后同意见面集体自杀，尽管他们是陌生人。没过多久我就发现自杀网站的网友所呈现出来的问题很少与失业或工作条件有关，也无关于抑郁症。相反，他们所呈现的最常见主题是孤独、缺乏人生意义，以及缺乏被他人需要的感觉。这些都不是日本学界或媒体讨论自杀的共同主题。然而，当我在自杀网站发现这些常见主题时，我意识到这些相似主题正在日本以各种形式出现。它们出现在书籍、电影、电视节目，以及我称之为"亲密关系的商品化"（the commodification of intimacy）的新型陪伴服务中。我意识到我的研究不仅要关注自杀，还要关注日本年轻人所面临的更深层次的潜在问题，尤其是孤独问题。

一些社会评论家指出，这些潜在问题影响着整个现代社会，不仅仅是日本。2016 年，《纽约时报》的一篇专栏文章写道：

> 我们都需要被需要……［在繁荣的国家］问题不是缺乏物质财富，而是越来越多的人觉得自己不再有用、不再被需要、不再与社会融为一体……与五十年前相比，今日美国失业的劳动年龄男性是原来的三倍。这种模式正在整个发达国

5

家发生，其后果不仅仅是经济方面的。感到自己多余是对人类精神的打击。它导致社交孤立和情感痛苦，并为消极情感的扎根创造条件。

这类社会评论家常常认为，人们过于关注物质福祉，而忽视福祉中更多的人性、情感和社会层面，导致焦虑、孤独和意义丧失的问题日益严重。正如我们会看到日本政治经济学家也得出类似的结论，即对物质福祉的狭隘关注正在导致主体性危机。

孤独社会

本书涉及的不仅仅是一个人或几个人的孤独，而是一个社会的孤独，也就是一种让人感到无人关心，以及不被重视的社会：孤独社会（lonely society）。[13]

这句话是有意为之的悖论。"社会"意味着人们处在一起，生活在一起，进行社会交往。处于社会中意味着不是孤单一人，但这并不意味着人们不会"感到"孤单。本书认为，有一些社会形式使人们感到被关心和被联结，即，向人们灌输一种归属感。同时，也有一些社会形式会产生相反的效果。每个社会都在这一尺度范围内，但随着社会经济的不断发展，人们越来越担心它们似乎正朝着孤独社会的方向发展。

孤独社会的特点是什么？为什么社会变得更加孤独？如果可以，应该做些什么来改变这种走向孤独的坚定趋势？这些都是本书主题。我过去二十五年的研究主要在日本和美国开展，我得出的结论是：一个孤独社会不仅仅是一个非常多的人感到孤独的社会——有人称之为"孤独流行病"（loneliness epidemic）。这只是第一个条件。孤独社会也是一个人们没有感觉到被整个社会照顾与关怀的社会，其结构促成了孤独感，而非归属感和联结感。最后，孤独社会也可以是一个社会或社群作为一个单位的孤独，因为这个社会没有与其他社会及整个人类密切联结，他们或感到被遗弃、被忽视、被边缘化或被剥夺权利。这就是我所说的"孤独社会"的三个条件，我在本书中详细探讨每一个方面。

本书结构

本书结构就是我的写作顺序。在引言章节之后，第一章略述我的理论进路，重点是主体性和共情（empathy）。第二章和第三章涉及我对日本的自杀、自杀网站和互联网集体自杀的初步研究。第二章概述日本的自杀情况，然后描述互联网集体自杀的现象。第三章集中讨论自杀网站及其访客，研究他们的帖子和讨论可以告诉我们日本人考虑自杀时的主体经验（subjective experience）。

尽管我的研究焦点一开始局限于自杀，但我越来越感兴趣于自杀、自杀网站和互联网集体自杀所呈现出来的潜在问题。这促使我开展一个跟踪研究项目，我采访了几十个年轻的、大学年龄段的日本人，调查他们关于自杀和人生意义的看法，并观察他们的言论是否不同于我在自杀网站所接触到的情绪，还是二者相互映照。第四章会介绍这项研究的结果。访谈复杂而多样，但它们揭示出受访日本大学生和自杀网站访客的想法之间存在许多一致之处。我很不安地发现，自杀网站访客所表达出人生意义缺乏、孤独以及"活着很难"（ikizurasa）的情绪，在日本社会有强烈共鸣，远远超出自杀网站的范围。

随着研究的进行，我认为不仅要确定问题和挑战，还要确定解决方案和找到希望的理由。我不仅对自杀和孤独产生好奇，还对抗逆力（resilience）①、人际联结（human connection），以及其他有利于个体和集体福祉的因素萌发兴趣。就在我已经收集大量关于自杀、孤立和孤独的民族志数据之后，3·11大地震的三重灾难袭击了日本。2011年3月11日，日本东北地区发生地震、海啸和福岛核事故。这一系列灾难造成日本约2万人伤亡与20多万人流离失所。

3·11大地震及其后果表明，数十万人的流离失所和随后的社交孤立经历只是这个故事的一部分。失去家园、社群和整个城

① 学术界关于resilience的常见翻译有韧性、复原力和抗逆力。作者在第六章论述了此概念："虽然抗逆力通常被定义为在经历逆境磨难之后'反弹'的能力，就像一块受到打击的金属可能会弯回原来的形状一样，但我是从更广泛与多维度的抗逆力模型中得出的结论。不同于无生命体，人在经历重大挫折后很少能回到原始状态。心灵或身体的明显伤痍不会让一个人与以前完全相同，即使愈合也是如此。"根据此论述，resilience来源于物理学的理解，但又与物理学的韧性概念不尽相同。此外，作者并不强调resilience是回到原始状态，"复原力"一词也不妥当。因此，本书遵从"抗逆力"这一译法。——译者注

市为灾区居民带来巨大的挑战，但随后政府、媒体和企业对局势的处理不当造成道德伤害（moral injury），导致孤立感、被遗弃感和无望感。正如家的感觉与归属感和健康有关，流离失所和流亡生活也会唤起孤独感。归属和联结不仅意味着人与人相连在一起，而且也与地方和环境相连。3·11 大地震则是一个引爆点，可以从中看出政治、经济和社会结构如何使人们感到可有可无。这种情况不仅仅关乎个体，还关乎整个社群。第五章将会探讨这些与 3·11 大地震有关的现实与社会灾难。

但是，充满挑战的境况也令幸存者们团结在一起，去寻找新的生存方式，并创造意义，其中包括更加注重"纽带"（kizuna）。正如幸存者抵抗 3·11 现实灾难并表达出他们的抗逆力，他们也抗拒媒体、政客、支援服务和企业对待他们的方式，并表示出他们的抗逆力。我拜访过的北茨城民众揭示了个体和社群可以反击被轻视的趋势。他们教会我抗逆力和抵抗力的重要性，我相信它们可以且应该被更广泛地应用。第六章集中讨论这些道德伤害、抗逆力、人际联结和抵抗力的问题。

8

在本书的最后，第七章回到引言所提出的一些理论问题，并列出我研究的两个相关理论。第一个理论与在社会中培育共情和同情（compassion）的重要性有关，它们可以成为孤独的一剂解药。这不仅涉及培育共情和同情在个体层面的重要性，还涉及在人际和系统层面的重要性。我认为，培育与认可人际联结是孤独的直接解药，而相互尊重、共情和同情能使人际联结扎根成长。

第二个理论是"意义的关系性理论"（relational theory of meaning）。这是一种关于人生意义的理论。它不是基于单一驱动目的或一种对"人生意味什么"的认知理解，而是基于人们如何感觉自己对他者重要，即"我们在他者眼中的意义"。截至目前，包括心理学和人类学在内的各种人生意义研究学科，都忽视了这一重要的主体间性维度。然而，根据我的研究，人生中的关系性意义与解决孤独的关联最为密切。

这两种理论方法紧密相连。重新思考人生意义是什么，或者它可以是什么，不应该只是个体的努力，而最终应是一个社会的努力。正如我在整本书中所展示的那样，我们的社会结构反映并强化了我们对这种意义或对意义缺乏的主体间性评价。

更广泛的学术联系

这本书为一般读者所写，因此我没有期望本书的读者会是日本研究、人类学、心理学或者孤独与自杀研究方面的专家。当涉及现有的学术研究时，我试图以一种通俗易懂的方式进行，并会解释这些文献的相关性。特别对于学术界的读者来说，这里值得简要地列出本书所涉及的三个学术讨论具体领域。其中第一个领域是日本人类学和日本研究。在这一领域，争论的核心是日本人如何解释他们的自我意识，以及这种自我意识如何与西方的自我观念、日本现代性本质相似或不相似（再者，它在多大程度上与西方国家的现代性相似或不相似）。特别地，日本研究提出了一个有趣的问题：如果忽视日本人的自我特征和如今日本经历主体性的不稳定性维度，旨在解决日本经济停滞的新自由主义改革是

9

否有效。这本书利用民族志调查为这个问题提供解释，我将在最后一章详细讨论这个问题。

本书涉及的第二个领域是关于苦难、抗逆力，以及"善的人类学"（anthropology of the good）的人类学文献。善的人类学呼吁人类学家不仅要关注苦难，还要关注伦理和人们关于"善"的观念，也就是某种会激发人们积极性的事物。这类文献的一个关键争论点是：解释行为时，有意识的、反思性的善之观念实际上有多重要。本书的焦点是人生意义（ikiru imi，"meaning in life"）与人生目的（ikigai，"purpose in life"），以及抗逆力与社群关怀。这个焦点会直接处理以上争论。

本书涉及的第三个领域是心理学、积极心理学（对人类幸福和繁盛的研究）和冥想科学的文献，即对沉思和冥想练习的跨学科研究。虽然我没有像上一本关于日本内观（Naikan）练习的书那样直接研究冥想练习，但积极心理学和冥想科学在本书的关键主题包括同情、共情和人生意义，以及这些主题在个体和集体人类繁盛方面发挥的作用。[14]"幸福科学"（science of happiness）和"同情科学"（science of compassion）等短语由此产生。积极心理学的讨论包括人生意义在繁盛和福祉中的作用，以及是什么构成人生意义。本书的几个章节直接涉及这个讨论，而我在最后一章中提出自己的理论。

孤独的迷思

虽然孤独是一种常见甚至我认为是普遍的人类经验，但它有几种被误解的代表性方式。我想在开始时解决以下关于孤独的常见迷思。

迷思1：孤独是社会的一种新（心理）问题

尽管最近有大量媒体文章吹捧"孤独的爆发"或孤独的突然流行，但我们不应该认为，承认孤独是一个严重的社会和公共健康问题就意味着孤独是人类的新兴问题。孤独与有记载的历史一样古老。因为它几乎肯定来自我们的进化历程，而且也因为我们是无法独立生存的社会动物，孤独甚至早于人性本身。

即使不是每个人，孤独也是大多数人在某个生命时刻都经历过的事情，哪怕只是片刻。分离、失去亲人、被抛下（即使是小时候短暂经历），或者仅仅身处一个不熟悉的新环境，都会引发孤独感。从进化和心理学的角度来看，孤独所涉及的内在心理机制，并非人类独有，也存在于其他哺乳动物物种中，可能还涉及鸟类。这是因为所有哺乳类和鸟类动物在出生时与出生后都需要亲系养育，而这意味着无依无靠太久就等同于死亡。对于人类在内的所有哺乳动物来说，社会性死亡和生理性死亡相互关联。鉴于这一基本事实，不仅是人类，其他哺乳动物在经历孤独时也会激活免疫力与压力系统。

孤独也因此不仅是我们社会现实的一个方面，也是我们生物与进化现实的一个方面。它是基于我们对自我与他者、地方之间的纽带、归属与联结的强烈希冀和需求，这种希冀和需求甚至属于生理层面，推动我们建立富有关怀的支持系统，而这些系统对自我福祉、家庭和社会都有利。[15] 发展心理学家们认为，孤独诞生的最初生命时刻，就是当婴儿失去母亲或其他照护者的注意力之时。[16]

因此，即使在现代新自由主义社会中，我们似乎正在经历越来越多的孤独，但重要的是，我们要认识到，孤独涉及我们内部某种相当古老的东西。这种东西不仅仅属于心理层面，还是生理-社会心理（bio-psychosocial）的真实层面。

迷思2：孤独是抑郁症的一种形式，或是潜在抑郁症的一种症状

人们很容易将抑郁症和孤独混为一谈，但我们有必要厘清二者的概念区别。将孤独归入抑郁症的一种，或将孤独视为抑郁症的症状或表现，是很常见但有误导性的看法。[17]如果将孤独完全归结为抑郁症，就难以发现孤独的具体诱因。

在研究孤独的学者当中，孤独和抑郁症被认为是两种不同的建构。[18]心理学家利蒂希亚·佩普劳（Letitia Peplau）和丹尼尔·珀尔曼（Daniel Perlman）认为抑郁症是相对来说更宽泛的概念，因为抑郁的人们并不总是孤独的。[19]同样地，孤独的人并不总是抑郁的。根据美国精神医学会，抑郁症是一种医学疾病，其症状包括悲伤或抑郁的情感、对曾经享受的活动失去兴趣或乐趣、感到无价值或内疚、思维困难，以及产生死亡和自杀的想法。[20]另一方面，孤独是关系性导向，是人们体验到消极和不愉快的情感感受，这种感受源自人们希望与某人在一起而不是孤单一人，或是源自人们在周围环境中没有家的感觉。[21]孤独根本反映出一个人如何感受他们的关系以及他们在这个世界的位置，或者说他们在这些方面是匮乏的。[22]而抑郁症不一定是关系导向。心理学家约翰·卡乔波（John Cacioppo）甚至认为，抑郁症是自我导向，而孤独才是关系导向。[23]我同意孤独是一种集中于人际关系方面的成

就感缺乏的主体经验，但我仍然认为孤独最终是以自我为中心，因为它主要关注自我的剥夺，而不是关注他者的需求或经历。

总而言之，即使抑郁症和孤独都令人疲惫不堪，但抑郁症是一种普遍的悲伤、绝望或沮丧的感受，而孤独涉及一种社会性痛苦感。这种社会性痛苦来自感受和感知到缺乏亲密或有意义的关系、联结和归属感。像抑郁症一样，社会、环境、生理、情动（affect）[①]和认知因素都在孤独经历中发挥作用。但是，如果我们在每种情况中都把孤独化约为临床抑郁症，那肯定对孤独极为不利。这将忽视大量经历和挣扎在孤独中，但不会被归类为患有抑郁症的人。

迷思3：孤独意味着独处

"孤单"（being alone）和"孤独"（being lonely）听起来相似，并经常一起出现，但它们概念迥异。显然，一个人可以是孤

---

① "情动"与"情状"的翻译遵从《德勒兹在万塞纳的斯宾诺莎课程（1978—1981）记录——1978年1月24日情动与观念》（见汪民安、郭晓彦主编：《生产：德勒兹与情动》，江苏人民出版社2016年版，第3页）。该文指出，法语有两个不同的词与拉丁文 affectus 和 affectio 严格对应，即以 affect 译 affectus，以 affection 译 affectio，中译者便以"情动"译 affect，以"情状"译 affection。简单来讲，"情动"有别于"情绪"或"情感"，更为抽象和广泛，是一种不表征任何对象的前意识的身体经验和思想样式（比如疼痛、希望与爱恨），而且是一个连续流变或一个状态到另一个状态的转化过程（比如痛苦是从不痛苦变为痛苦，涉及痛苦程度的大小变化）。"情状"是主体或物体间相互作用的即刻或持续的结果或状态（比如感受到阳光照射到身上），是不能独立存在的，必须相对另一个实体而存在。"情动"不强调另一实体的存在，只是强调一种状态到另一种状态的变化。——译者注

身一人，但并不感到孤独。同样地，一个人被他者包围却会感到孤独。作为人类，我们极为习惯于对落单或被抛下感到不适。这一点在我们还是孩子时最明显。社会联结创造安全，并保护人们免受潜在敌人的伤害。大量研究表明，我们在进化过程中渴望纽带、联结、情状（affection）① 和归属，并害怕被社会排斥。[24]

通常在大众媒体中，甚至偶尔在一些研究论文中，孤独和社交孤立被认为是一回事。[25]《纽约时报》最近一篇文章指出，"严格的流行病学研究将孤独和社交孤立同心脏病、癌症、抑郁症、糖尿病和自杀联系起来"，以及"孤独和社交孤立同寿命缩短有关，其程度类似于每天吸 15 支香烟，甚至大于肥胖相关的寿命缩短程度"。[26] 然而，正如大多数研究者所认识到的那样，孤独和社交孤立并不是一回事。社交孤立是一种身体和社会现实，而孤独是一种情动和主体现实。尽管同时研究社交孤立和孤独并没有错，但当我们将二者混为一谈时，问题就会出现。其中一个问题是，我们可能无法找到适当且有效的解决措施。我们可能正在解决社交孤立问题，而孤独的根本问题仍未得到解决。关键问题在于，孤独是一种涉及所**感知**和**感受**到社交孤立的主体经验。[27] 孤立**是**孤单，而孤独是**感受**到孤单。

正如我们将在第五章看到，对于因 3·11 灾难而流离失所的社群来说，当人们离开他们觉得有联结、有归属感的地方，特别是像居场所（ibasho）② 一样的地方，他们也会感到孤独。流离失

13

———————

① 参见"情动"的译者注。

② ibasho 在日语中的表达是"居場所"，即住所，常用来表达归属感的一种内心状态，作者将其英译为 belonging。除语境需要将 ibasho 译为居场所，下文均将其译为"归属"。——译者注

所、流亡、被迫移民和难民身份（甚至只是搬到不同的城市或国家工作或学习）都可能导致孤独感。这是因为我们的归属感不仅涉及人，还涉及环境。即使孤独是一种非常普遍的经历，孤独研究在很大程度上忽视了物理环境对归属和孤独体验的作用。

迷思4：孤独主要是老年人的一种问题

孤独通常被认为只是老年人才有的一种严重问题。大量关注老年人及其社交孤立问题的孤独研究反映出这一趋势。几个专门研究老年健康的期刊就包含大量老年人社交孤立对其健康影响的研究，例如《老龄化与健康杂志》(*The Journal of Aging and Health*)、《老龄化与社会》(*Aging and Society*)、《国际老年精神病学杂志》(*The International Journal of Geriatric Psychiatry*)、《临床老年学评论》(*Reviews in Clinical Gerontology*)和《老年学》(*Gerontology*)。[28] 然而，我们已经认识到社交孤立和孤独并不是一回事。涉及老年群体之外的孤独研究领域仍然非常小。

这是个问题，因为众所周知社交孤立对老年人来说是一个严重问题，但几乎没有证据表明孤独问题主要针对老年人。[29] 一些研究表明，青春期后期的儿童会经历最强烈的孤独感，并且这种强度会在成年中期逐渐降低，然后又在更老的年龄段缓慢增加。[30] 心理学家珍妮·德容·吉尔维尔德（Jenny de Jong Gierveld）和同事们指出，逾60%的高中生有时会感到孤独，而这个现象与"对社会关系、友谊、支持和亲密关系的期望越来越高"相关。[31]

与此同时，统计数据显示，老年人孤独的发生率在过去五十年里保持不变，约有10%的人表示自己孤独。一项回溯至1948

年的研究表明，老年人慢性孤独的比率在七十年内保持稳定，6% 至 13% 的受访者表示他们在"任何或大部分时间"都感到孤独。[32]

最近在多个国家出现的孤独感激增的现象不能被仅仅归为老年人的问题，我们还需要对整个生命周期的孤独问题开展更多研究。曼弗雷德·比特尔（Manfred Beutel）及其同事指出："我们的数据表明，年轻群体更容易受到孤独的影响，与之前的发现一致。因此，调查孤独的流行度及其对 35 岁以下个体精神健康的影响是可取的。"[33]

定义孤独

我们已经注意到一些反常的孤独情况。那么我们应该如何定义孤独呢？在提出我自己的定义之前，我先简要提供一些孤独研究文献里的定义。这些定义贯穿本书。

在《剑桥人际关系手册》（*The Cambridge Handbook of Personal Relations*）的《孤独与社交孤立》（"Loneliness and Social Isolation"）一文中，珍妮·德容·吉尔维尔德及其同事提到卡乔波、詹姆斯·福勒（James Fowler）和尼古拉斯·克里斯塔基斯（Nicholas Christakis）那简洁而颇具见解的定义，即孤独是"被感知的社交孤立"。[34] 他们也引用佩普劳和珀尔曼的定义："当一个人的社会关系网络在某些重要方面（无论是数量还是质量）不足时，就会发生不愉快体验。"[35] 在最近一期《美国医学会杂志》（*Journal of the*

American Medical Association，JAMA）的特刊中，孤独被定义为"一种所期望社会交往水平与实际社会交往水平之间令人痛苦的差异"。[36] 这些最新定义将孤独与社交孤立区分开来，强调了对经历孤独时的认知评估和感知。

心理学家克拉克·穆斯塔卡斯（Clark Moustakas）在他 1961 年出版的知名著作《孤独》（Loneliness）中认为，现代生活有两种孤独：存在性孤独（existential loneliness）和孤独焦虑，或者自我疏离和自我排斥的孤独。[37] 根据穆斯塔卡斯的观点，存在性孤独是人类生活所固有且不可避免的，与"痛苦与成功的产物"有关。[38] 对穆斯塔卡斯来说，存在性孤独是一种真实经历的真正孤独（例如失去亲近的人），是人类经验中一个重要且不可避免的方面。

另一方面，孤独焦虑来源于一个人"无法以真正的方式体验人生，无法真正与自己的本性和他者联系起来"。[39] 当人们渴望与他人建立亲密和真实关系，其结果却是一场徒劳时，他们会感到孤独焦虑，从而带来虚无或不真实的感觉。穆斯塔卡斯认为这是一种自我疏离，而对这种孤独的恐惧在现代生活中很常见。那些遭受这种孤独的人怀疑他人，感到自卑，表现出无助的愤怒，并因被生活抛弃而萌生报复的欲望。穆斯塔卡斯将这种孤独的形式视作一种"令人困扰的焦虑"。[40]

1974 年，社会学家罗伯特·韦斯（Robert Weiss）出版了一本颇具影响力的书：《孤独：情感孤立和社交孤立的体验》（Loneliness：The Experience of Emotional and Social Isolation）。韦斯是依恋观点的主要倡导者，他将孤独划分为两种类型。第一种类型

15

是情感孤独，他将其描述为一种严重的空虚感和被遗弃感。这种情况会发生在一个人因离婚或死亡而失去伴侣的时候。根据韦斯的说法，这种孤独只有在一个人开启一段新的亲密关系时才会得到解决。第二种类型是社交孤独，其特点是缺乏社交网络支持。[41]

在更多的最新研究里，德容·吉尔维尔德及其同事将孤独分为三种类型：（1）积极孤独；（2）消极且积极孤独；（3）消极孤独。[42]那些呈现积极孤独的人是长期冥想者，他们是自愿退出社交互动和联系的。消极且积极孤独类似于穆斯塔卡斯所描述的"存在性孤独"。这种孤独是人类生活不可避免的一个方面，会使人们既经历怀疑和不确定性，又经历自我成长的可能。[43]第三种类型是多数人们通常理解的孤独，也是孤独研究所研究的孤独。此外，我自己创造出"折磨性孤独"（afflictive loneliness）一词，以捕捉孤独的消极维度，并将它与其他形式的孤独区分开来。[44]折磨性孤独是一种被体验为折磨的慢性孤独，是一种感到无法忍受或非常难以忍受的事。

与亏欠进路相反，珀尔曼和佩普劳认为孤独和缺乏人际关系没有直接联系。[45]根据他们的观点，认知差异是走向孤独的关键，而对已有人际关系的主观评价是决定孤独感的因素。

我在这本书中借鉴了刚才介绍的研究成果，将孤独定义为"对自我与他者或环境的关系所产生的不满的诸多感受"。通过使用**诸多感受**（feelings）这一复数形式，我是为了指出，即使孤独被体验为一种慢性状态，它也会来来去去，起伏不定，并且无常（这意味着它总是处于变化的状态中），而且孤独可以有多种形式和表现。使用**诸多感受**一词同样是要强调，孤独不仅是一种

16

心理现象，而且还是一种生理和社会现象。正如我于下一章中详细解释的那样，当这项研究讨论主体性和情动时，它们是被当作一个生理-社会心理过程来处理的。因此，即使我同意其他学者的观点，即孤独常常涉及一个人所感知到对其幸福很重要的某种关系的剥夺（事实上，这曾经也是我自己对孤独的定义），但我现在发现这种观点只涉及孤独的认知维度。孤独可以在身体内部并通过身体"被感受到"，即使感到孤独的人在认知上不能完全理解孤独，他们很难用言语表达自己正在感受和经历的事情。正如我们将看到的，这些感受可能源自失去、流离失所、边缘化、找不到自己的位置或生态位（niche），或者是由没得到满足的期望所造成的。

我认为，认识到孤独以及我们对人际联结的需求的进化和生物学根源是极其重要的，因为这些根源有助于解释为什么孤独如此根深蒂固于体内。通过使用**不满**一词，我还强调社会和文化在塑造人们对关系和幸福的期望方面的重要性。这种塑造通常是以理想化或不切实际的方式，比如一个人永远不能感到孤独的想法。因此，强调情动和身体的重要性并不意味着我们忽视了认知在主体性中的重要作用以及主体性被社会结构塑造的方式。**关系**一词的使用涉及关系性意义、纽带和"共享一个世界"（sharing a world）。所有这些概念都在本书进行详细探讨。最后，**"或环境"**这个措辞的使用是为了指出，正如我们将会看到，孤独不仅涉及缺乏自我与他人之间令人满意的关系，还涉及缺乏令一个人感到归属的社会和物理场所以及居场所一样的地方。通过省略"一个个体"的感受，我是为了指出孤独可以且通常被集体地体验到，这听起来可能很矛盾。而且孤独不仅受到个体过程的影响，还受到社会、文化和政治过程的影响。因此，这个定义的每一部分都指向"解剖孤独"的每一个重要方面。本书各章节都会详细探讨它们。

我们对解剖孤独的探索并非没有希望。如前所述，近年来，"善的人类学"不仅鼓励人类学家关注"苦难的主体"（suffering subject），还关注价值、道德、共情和关怀等主题。[46] 这条探究之路促使我们通过研究有利于解放、福祉和繁盛的价值观和见解，来从事善的培育过程。这正是我试图在本书中所阐发的内容，也就是去研究那些可能有自杀倾向、孤独、孤立和被边缘化的人，但他们也有抗逆力、抵抗力、智慧和洞察力。在整本书中，我试图探讨我所研究的群体和个体是如何构想善与他们的人生目的，以及他们如何创造自己的空间，并回击那些暗示自己可有可无、毫无价值和不必要的内外部结构。我还研究如何重新改造社会和文化，以促进同情、联结和抵御孤独的抗逆力。我将孤独和那些遭受过孤独的人可以教会我们什么作为本书的终章。

注释

本章节的部分内容改编自 Ozawa-de Silva and Parsons（2020）。斯蒂芬·霍顿的开篇词引自 Cook（2018）。

1　Prime Minister's Office et al.（2018）.

2　John（2018）.

3　Quoted in John（2018）.

4　Holt-Lunstad et al.（2015）.

5　可参考芭芭拉·弗雷德里克松（Barbara Fredrickson）和史蒂夫·科尔（Steve Cole）的研究（Fredrickson et al.，2015）.

6　Beutel et al.（2017）；Cacioppo and Patrick（2008）；de Jong Gierveld, van Tilburg，and Dykstra（2018）；Peplau and Perlman（1982）.

7　Cacioppo and Patrick（2008）；Hammond（2018）；Harris（2015）；Hafner（2016）；Perry（2014）.

8　Joiner（2005）；Kral（1994）；Lester（1987）.

9　Keyes（2002，2005）；Keyes，Shmotkin，and Ryff（2002）.

10　Ryff，Keyes，and Hughes（2003）；Seligman（2002）；Seligman and Csikszentmihalyi（2000）；Steger et al.（2006）；Steger，Oishi, and Kashdan（2009）；Steger and Samman（2012）；Zika and Chamberlain（1992）.

11　Allison（2013）；Amamiya and Toshihito（2008）.

12　Ozawa-de Silva（2008，2009，2010）.

13　我会在第五章和第六章中详细阐述"孤独社会"这个概念。这个观点并不是把社会视为放大的个体，也不是假设一个经历单一集体形式的福祉或苦难的同质社会，而是将我们的注意力转移到可以促进和表达大规模福祉和苦难的社会和结构条件。一个人不需要始终孤独才能成为孤独的人。不是每个社群成员都受到影响，我们才能说这个社群受到影响。同样，不是说一个社会的每个成员都孤独，我们才能有意义地说这是一个"孤独社会"。

14　Ozawa-de Silva（2006）.

15　Cacioppo and Patrick（2008）；Rochat（2009b）.

16　Moustakas（1961）；Rochat（2009b）.

17　Moustakas（1961）；Rochat（2009b）.

18　Cacioppo and Patrick（2008）；Weeks et al.（1980）.

19　Peplau and Perlman（1982）.

20　American Psychiatric Association（2013）.

21　Cacioppo and Patrick（2008）；Cacioppo, Fowler, and Christakis（2009）；de Jong Gierveld, van Tilburg, and Dykstra（2018）.

22　Cacioppo and Patrick（2008）.

23　Cacioppo and Patrick（2008）.

24　Cacioppo and Patrick（2008）；Rochat（2009b）.

25　de Jong Gierveld, van Tilburg, and Dykstra（2018）；Holt-Lunstad et al.（2015）；Victor（2011）；Andrew Steptoe et al.（2013）.

26　Klinenberg（2018）.

27　Cacioppo, Fowler, and Christakis（2009）；de Jong Gierveld, van Tilburg, and Dykstra（2018）.

28　Cattan et al.（2005）；Golden et al.（2009）；Routasalo et al.（2006）；Tomaka, Thompson, and Palacios（2006）；Victor et al.（2000）；Cornwell and Waite（2009）.

29　De Jong Gierveld, van Tilburg, and Dykstra（2018）.

30　Hawkley and Cacioppo（2010）；Luhrmann and Marrow（2016）.

31　De Jong Gierveld, van Tilburg, and Dykstra（2018, 394）.

32　Cook（2018）；Victor（2011）.

33　Beutel et al.（2017, 6）.

34　De Jong Gierveld, van Tilburg, and Dykstra（2018）；Cacioppo, Fowler, and Christakis（2009）.

35　De Jong Gierveld, van Tilburg, and Dykstra（2018）；Perlman and Peplau（1981, 31）.

36　Rubin（2017, 1853）.

37 Moustakas（1961）.

38 Moustakas（1961, 530）.

39 Moustakas（1961, 542）.

40 Moustakas（1961, 530）.

41 Weiss（1974）.

42 De Jong Gierveld，van Tilburg，and Dykstra（2018）.

43 De Jong Gierveld，van Tilburg，and Dykstra（2018）.

44 Ozawa-de Silva（2008）.

45 Perlman and Peplau（1981）.

46 Robbins（2013）.

第一章　主体性和共情

在我研究 1945—1949 年"纽伦堡审判"被告的过程中，我一直寻找着罪恶的本质，而现在我认为我几乎可以定义它了。也就是，缺乏共情。这一种无法真正与同胞共鸣的能力，是所有被告的共同特征。我认为罪恶就是缺乏共情。

——吉斯塔夫·吉尔伯特（Gustave M. Gilbert）上尉，美国陆军心理学家（1950）

我们已经认识到，孤独并不**是**孤单，而是**感到**孤单。在探究本书所呈现的孤独经历时，我开始更清楚地理解孤独实际与主体性有着根本联系。本章将概述本书的主要理论观点，特别是关于主体性、共情和孤独的相互关联，然后解释它们对人类学研究孤独这种"主体性折磨"的方法论影响。

几位知名的社会学和人类学理论家已经探讨过主体性是如何通过内部和外部过程的相互作用而构建。其中最著名的一位学者是皮埃尔·布迪厄（Pierre Bourdieu）。布迪厄使用**惯习**（habitus）一词来解释个体和集体的主体性如何被社会结构形塑，然后又是如何来复制和延续社会结构的。惯习是指一个社会的个体或群体在精神与身体上相对他人及其环境所持的姿态，即他们与世界关联和感知世界的方式。他将惯习定义为"持久的、可变换的倾向性系统，是一些结构化的结构，倾向于作为促结构化的结构发挥作用，也就是作为生成和组织实践与表征的原则来发挥作用，而这些实践和表征可以客观地适应自身的结果，无需以有意识地瞄准目标或明确掌握实现这些目标所需操作为前提"。[1]重要的是，这段引用表明这些主体性的结构不需要有意识地获得。

这些主体性的内部结构是由什么组成的？内部架构是何样的？尽管能够且已经用许多方式定义过主体性，但鉴于研究目的，我将主体性定义为"第一人称经验以及塑造经验的身心内部结构"。主体性是指一个人的**经历**，是他们经历了**什么**，以及他们**如何**经历。这对某些人来说可能像布迪厄的定义一样抽象模糊，因此我会更具体地介绍一些我认为的主体性的关键内部结构，以及每个结构如何与情动状态（如孤独）相关联。

为清楚起见，本章归纳出这些理论和方法论的论点，以及支持这些论点的文献背景。我将在后续章节中介绍支撑这些论点的民族志基础。因此，在一些人看来，这些论点和主张一开始可能就没有充分的证据或只是不严谨的证据。我希望读者能够在后续章节中，根据民族志数据判断这些论点和主张能否被证实。在本书的结尾，我会回到这些论点并将这些论点相联系，讨论它们所揭示的孤独以及它们如何支持未来的研究。

主体性的雅努斯之面

主体性的第一个也是最基本的结构就是我所说的"主体性的雅努斯之面"（Janus-faced nature of subjectivity）。头部前后各有一副面孔的雅努斯是古罗马的门神与过渡神。[2] 简单来讲，主体性是一个分化"自我"和"非我"（或他者）的过程，即使二者可以相互渗透。这个过程建立了同时运作的两方面：向外与向内的主体性。而这个阈限过程会在这两个相互依存、共同建构的向度之间的阈值处不断建立一种屏障（membrane）。主体性的两个向度之所以是共同建构，是因为谈论"自我"就意味着什么是"非我"（即环境和他人），而谈论"他者"会暗示什么是"自我"。这之所以是一个过程，是因为它是持续进行而非静止的状态，被建构为"自我"和"非我"的事物会随语境与时间的变化而变化。这个过程本身就是我们所说的**主体经验**，或简单讲是**经验**，因为它包含并确定了经验的主体与经验的客体或内容。

首先单独讨论屏障的每一向度，再把二者放在一起，这有助于理解主体性的概念。主体性的第一个向度是向外。作为社会动物的人类，我们与他者共享同一个象征世界。主体性这种"共享世界"一面意味着我们的意义建构、我们的语言、我们的概念、我们的价值观和信仰、我们的假设和态度，以及我们体验环境和自身的方式都是和他人共同创造的。共享一个世界既对我们与他者沟通与生存的能力至关重要，也是我们感受到对他者、接纳和归属的需求基础，这就是发展心理学家菲利普·罗查特（Philippe Rochat）所说的"我们的基本亲和需求"（our basic need to affiliate）[3]。我们共享一个世界的事实使得共情、关怀与同情成为可能，但它也意味着当我们被社交孤立、排斥、霸凌、冒犯、轻视或边缘化时，我们会经历痛苦。正是由于这种主体性结构的认识，研究者认为所有主体性都是主体间性（intersubjectivity）的，所有经验都是主体间性的，所有的意义、语言和文化在本质上都是社会性的。从这个观点来看，成为一个自我就要与他者相互依存，一个人在与他者的关系中成为自我，也才是一个自我。

然而，这种"向外"有孪生一面，即"向内"。这指的是我们也会体验同他者和环境分离开来的"自我"。自埃德蒙德·胡塞尔（Edmund Husserl）以来的现象学家们已指出经验的一个基本结构是，经验总是指向一个客体（他者），这被称作**意向性**（intentionality）。但与此同时，经验总是"为我"和"对我"。这是因为成为一个经验主体的前提是要有非我的经验客体以及一个经验的自我。[4] 事实上，这种自我与环境的分化正是拥有自我和成为谋求生存的有机体之意义所在。正如神经学家安东尼奥·达马西奥（Antonio Damasio）指出，如果有机体不分化自我与环境，它们就不会寻求生存，也不会谋取食物和安全以及逃离危险。[5] 从这个角度来看，成为一个自我就是与他者分离，就是孤单一人。

当一个人感觉到身体疼痛时（比如戳到脚趾），他们往往会通过发声、面部表情或手势向他者发出疼痛体验的信号。看到信号的他者就会在经验与意义建构的共同本质基础上体会共情。事实上，他们也许会退缩，并且神经影像学研究表明，他们可能体验到不一样但相似的神经激活，就像自己亲身感觉到那种痛苦。[6]这说明了经验的共同本质。与此同时，同一个人可能正在经历他人无法察觉也看不到的情感痛苦。即使他们尝试表达出这种痛苦，其他人也可能无法理解或共情。我们无法表达出来的经历就说明经验具有私人性。[7]

这两种主体性向度看似矛盾，但它们构成主体经验一个基本且重要的动态过程：我们相互依存又是个体存在，我们共享一个世界又是孤单一人，而且二者都对经验的本质至关重要。事实上，它们像是同一张屏障的两面，因此被称为**雅努斯之面**。这种两面性也为孤独创造了必要条件。孤独就存在于这种阈限之中，并且是这种阈限的一个结果。孤独因此是人类经验的根本问题和状况，而非衍生物。

主体性确立自我、生存与情动

分化过程是主体性的基本结构。这里将要探讨的其他主体性结构都来自此，并隐含于其中。但为了清楚起见，我在这里依次阐明每一个结构。第二种主体性结构是它对确立自我的作用。主体性是创造自我的过程。自我是相互依存的，不仅是因为它生成于有机体和环境的相互作用中，更根本的正是这种分化过程将有机体确立为异于环境的事物。这种分化可以被认作自我的最基本特征之一。

23

这种观点看起来与所谓关于自我的单纯观点相反，也就是自我的存在导致主体性的生成，而非反之。毕竟，我们存在的事实似乎不容置疑。但是我们为什么存在，为什么我们作为将自我体验为异于环境的存在而存在？从我们对大脑和神经系统构造的理解来看，将自我确立为有意识和有感情的存在，以此认为我们自己的存在是理所当然，这是神经过程的结果。正是这些过程让我们感受到自我与存在。与其说"我思故我在"（笛卡尔），不如说"我感故我在"或"我感故我思我在"。经验确立存在并先于实质。

主体性可塑

作为拥有高级认知水平的人类，自我对我们来说比纯粹的感觉能力更为复杂，并且许多人类学家和文化心理学家已经注意到塑造自我的各种方式，以及自我在不同社会和文化中的不同建构。[8]特别地，心理学家北山忍（Shinobu Kitayama）和黑兹尔·马库斯（Hazel Markus）指出，相比北美和欧洲社会所青睐的自我的独立性构建，日本人更赞成自我的相互依存性构建。[9]正如北山忍的观点，这些不同自我之所以可能，正是因为主体性具有可塑性或可锻性，以及主体性构成自我的动态方式。[10]

同样重要的是，主体性的过程可以通过暴力和创伤、精神分裂症等疾病以及其他经历被根本改变。人类学家拜伦·古德（Byron Good）指出，文化现象学进路将经验视为一种不变的、新康德主义式过程，可能为"主体性理论提供一个极为不充分的基础"，特别是因为它们往往忽略了这些复杂的心理体验以及社会、历史和政治过程对主体性塑造的作用。[11] 古德认识到共情在人类学研究主体性时所扮演的角色，不过他的确提醒人们，共情不能局限于关注口头交流的内容。人类学家若昂·比尔（João Biehl）在其聚焦单一对话者的优秀专著《维塔》（*Vita*）中，以及在他合编的《主体性》（*Subjectivity*）一书中表明，主体性是一个持续不断的关系性过程，其中的个体努力从模糊不定与不可通约的环境中获得意义，因此关注这种生命经验可能需要新的民族志方法，甚至包括美学。[12]

一旦自我被确立在这个最基本的层面，生存就成为一个意涵丰富的概念。在将自我与环境区分开来的同时，作为一种副产品，人们也确立了生存观念。也就是说，如果这个自我的完整性无法得到保护，它只会通过死亡和分崩离析而再次成为环境的一部分。自我意味着生存，而生存意味着靠近促进其生存的事物，并远离威胁其生存的事物。情动的基本组成部分由此发展而来，而这些成分是从最基本层次的感觉形式开始的。为了生存，有机体必须能够感觉到什么有助于它的福祉，什么会威胁它，并且做出相应的反应。对于达马西奥这样的情感研究者来说，作为生存必需的基本自我构成推动了神经系统中感觉的发展，然后促进鸟类、哺乳动物和人类的情感生命进一步细化。对于心理学和神经科学中的诸多情感研究者而言，生存的进化机制是对情感的最佳理解。[13] 因此，主体性的第三个结构就是它的情动本质：主体性确立情动，而情动是一种支撑生存的感受能力，对主体性至关重要。

主体间性与社会

25　　主体性的雅努斯之面有助于阐明**主体间性**的含义，而主体间性是这部分讨论的第四种主体性结构。因为主体性是自我与他者（他人和环境）的分化，因为二者可以相互渗透，同时主体性具有向内和向外两个方面，因为我们人类是依赖亲系养育与相互依存的社会动物，所以我们的主体性自然不是一个独立实体，而是一个由社会和他者的主体性共同建构的过程。正如精神病学家、人类学家劳伦斯·基尔迈尔（Laurence Kirmayer）所言："经验自身一开始就是人际与主体间性的。"[14]

　　作为人类，我们的生存就不只是一个人的事。与所有其他哺乳动物和鸟类一样，人类后代完全依赖于母亲哺育才能降生于此世，才能生存下去。这一事实越来越多地被灵长类动物学家、比较心理学家等学者证实，以解释为什么我们会在哺乳动物和鸟类之间看到包括共情与感激在内的亲社会情感，以及包括安慰、帮助与合作在内的亲社会行为。[15]人类后代并非天生就能自给自足，他们在成熟前有一个特别长的发育期。在这个发育期的任何时候，如果他们的照护者不再抚育他们，人类后代就会死亡。即使成人以后，我们人类仍然在食物、居所和其他生活必需品方面依赖无数的他者。这表明，正如生存依赖于感受和情动（也就是有感觉力）一样，人类的生存也依赖于**社会情动**（social affect）：感受到自我和他者、归属、共情、接纳、信任、亲密，以及缺乏这些的社会拒绝、排斥等等。这类缺乏是令人恐惧的，因为它涉及生存的威胁和死亡的可能。因此，社会拒绝和排斥通常会为人类及其他哺乳动物带来极端的压力，这也就不足为奇。[16]

这段进化史表明为什么我们对归属感的需求是基于生理学与心理学原理而生成，比如人类身体对关怀、情动的触摸的反应。[17]这似乎解释了相比肉体死亡，为什么人们有时更害怕社会性死亡（尴尬、排斥、摒弃）；这也有助于解释为什么羞耻和恐惧尴尬可以成为行为的强大激发因素。在谈到可能的尴尬时，美国和日本人都会经常说出"我宁愿死！"这样的话。

然而，正如我们是社会性存在，我们的生物学与心理学本质也使我们成为每一个个体。如前所述，主体性、意识和自我的结构确立一种心智、身体和人的分离感。这种分离感的重要方面会随着人类的发展进程而增加。例如，非常年幼的孩子需要时间才能发展出足够复杂的心智，也就是一种理解他人与自己心智状态不同的能力，这是心理学家所谓的"心智理论"。四岁之前的儿童往往无法通过"错误信念测试"（false belief test）。在这个测试里，他们需要认识到自己所知道的事物可能不为他者所知。在发育过程中，对受排斥可能性的敏感与人脑的发育同步增加。儿童认识到人可能是不诚实的和不值得信任的，认识到人可能会说出并非他们本意的话。尤其在青春期这样一个归属至关重要、对受排斥尤为痛苦的时期，大脑经历的重要成长与社会认知息息相关。[18]

26

主体性、孤独与社会

我们人类是一个悖论。我们既是社会存在，依赖自我与他者的联结而生存，又是从独特视角体验事物的个体存在，而这些视角并不总与他人共享或能够共享。这两种状态都基于我们的生物学和心理学原理。然而，我们人性的这两个方面共同导致一种内在的紧张和潜在的孤独。一方面，我们有一种深刻的生物性和进化需求，就是想要归属并共享同一个世界，去拥有亲密、信任和安全。另一方面，我们越来越认识到，我们常常**没有**归属、**不被**接纳，以及**无法**分享一个世界。正是这场拉锯战让我们陷入了孤独。

重要的是，社会结构可以改善或恶化我们共有的这种内在状况：帮助我们实现共情、真诚的亲密关系和人际联结，或使这种联结更加艰难。人类如此基本和内在的事实对任何从事社会科学研究的人来说都应该是重要的。然而，正如人类学家贾尼斯·詹金斯（Janis Jenkins）深刻指出："将人类文化中心智要素（价值观、信仰、意义）置于情动要素（情感、预感、感受）之上的人类学传统推动了认知人类学子领域而非情动人类学的兴起。"[19] 事实正如我们将会看到的，即使是共情也常常被归为一种主要的认知方式。然而近几十年来的人类学对主体性产生浓厚兴趣，进而对内在情感或情动状态产生好奇。[20] 主体性和情动之间的自然联结源自主体性的一个关键结构，即感受事物的能力：以自己感知到幸福或不幸福的方式来体验感觉和情感。事实上，主体性最常被定义为个体的认知和情动状态。人类学家谢丽·奥特纳（Sherry Ortner）曾在一篇具有影响力的主体性研究文章中遵从这个范畴，将主体性定义为"激活行为主体的感知、情动、思考、欲望、恐惧等模式组合"。[21] 然而，在回顾社会科学中一些有影响力的主体性理论家之后，如布迪厄、安东尼·吉登斯（Anthony Giddens）、马歇尔·萨林斯（Marshall Sahlins）和小威廉·休厄尔（William Sewell），奥特纳指出："在他们所有的工作中，有一个特别匮乏或单薄的领域……有一种忽视主体性问题的倾向，忽视主体是存在性的复合体，忽视主体是感受、思考、反思，以及创造与寻求意义的存在。"[22]

主体性的研究挑战

主体性的人类学研究领域存在一些主要挑战和可能的反对观点。首先，根据定义，主观状态是内部性的，它们似乎隐形，也难以被观察。如果研究者无法观察到它，就很难对它进行严谨科学的研究。这甚至导致一些人类学家得出结论，认为主体性和情动不值得研究，甚至难以研究。

其次，主观状态是个体性的，但人类学家们倾向于研究社会和文化中的群体。研究个体及其内心状态似乎会减损社群研究。这也似乎是人类学研究避免主体性的一个原因。正如若昂·比尔在其著作《维塔》中所展示的那样，如果熟练的民族志工作者注

28

意到方法论创新，他们仍然可以探索复杂的社会、政治和文化动态，因为这些动态会在个体的主体性中呈现出来。[23]

最后，也许因为主体性和情感是内在且隐形的，它们似乎并不像我们可以研究的其他东西那样真实或重要。人们会感受事物，但根本而言，感受事物真的重要吗？当然，更重要的是人们如何实际行动以及他们的行为方式。我们似乎更容易专注于能被观察到的行为和决策，而忽略情感、感受和其他主观状态。此外，由于人们经常对自己的内心状态感到困惑，常常不够精准地表达它们，那么过分关注内心状态而不是外部行为可能确实会产生误导。

这些都是合理的反对观点，但它们不会影响我们从事主体性研究。在这本书中，我是为了表明研究主体性和情动不仅可能，也是必不可少的。此外，我认为大多数人类学家和其他社会科学家已在间接参与各个方面的主体性研究了。主体性研究对人类学至关重要。

我之所以这样说，原因之一是我们所谓的社会在很大程度上是集体主体性的产物。如前所述，我将主体性定义为第一人称经验以及塑造这种经验的身心内部结构——也就是一个人经历一个分离于自我的环境，那个人经历了**什么**，以及他们**如何**经历。这包括一个人的自我经验（自我概念）、他们的环境以及他们"在这个世界上的存在"。这个定义包含了作为个体认知和情感状态的主体性概念，但我觉得它在某种程度上更精确，因为认知和情动状态不是随机产生的，而是身心构造在内部结构化的自我。因此，塑造经验的主要结构是生物性、心理和生理，但它们随有机体与外部环境（包括其他个体以及政治经济结构）之间的互动而相互依存和同步发展。

　　如前所述，对研究孤独非常重要的一个主要结构就是将自我确立为分离于环境的东西，并且是为了生存而体验幸福和苦痛的东西。如果我们没有主体性，如果我们没有情感、欲望、恐惧和什么是更好、更坏的观念，那么我们就不是有情众生。有情就是去感受。此外，所有有情众生都会接近他们认为会改善生存、福祉或快乐的事物，而远离导致痛苦和死亡的事物。因此，有情众生在其神经系统和认知能力允许的范围内，会寻找或创造有利于其生存和繁盛的环境。我们所说的社会以及所有政治、经济、文化等社会制度都是那些内在状态的表现和产物，它们反映了我们创造条件以维持繁盛和减少痛苦的愿望。我们研究这些制度和结构就是研究主体性的外在表现形式。

　　类似地，我们的主体性远非无动于衷的内在状态，而是由我们所诞生和生活的环境塑造的可渗透之物。像布迪厄这样利用"惯习"的人类学家和社会学家一直讨论着这一点。包括我们周围人在内的环境塑造了我们的所思所感，甚至会决定我们**可以**思考或感受的极限，而且我们在很大程度上无法察觉与意识到它们的塑造方式。因此，我们的主体性总是与我们的环境、与他者的主体性对话。主体性是社会性的。它甚至在社会情境中不断涌现：首先是一个胎儿及其母亲，然后是一个被诸多他者包围的人。母婴关系实际就是主体间性的典型实例。自我总是与非我一起发展，而主体性在子宫里就开始其固有的社会性，因此所有的主体性都是主体间性。

从发展来看，所谓主体性明显是生物与环境相互作用的产物。这个环境不仅包括我们的自然 / 物质环境，还包括我们的政治、社会和经济环境。[24] 在生物属性层面上，我们有生存需求以及体验与驾驭这个世界的进化机制。然而，作为社会动物，我们出生在一个不仅是自然和物质还是社会的环境中。我们出生在家庭和人际关系中，出生在社会、政治和经济结构中，这些都塑造了我们大脑和身体的发展，包括我们的个性和心理。我们所谓的**文化**是物质-社会环境与我们生物属性之间相互作用的结果。因此，自然环境、社会环境和生物学是理解文化的最重要因素。

社会与情动

社会不仅是人类理性的集体表现，也是人们情动的集体表现。情动早已存在于社会制度、社会规范以及我们所说的"文化"之中。情感既塑造了环境，也被环境塑造。决定幸福和繁盛的既是理性问题，也是感受问题。我们喜欢某些事物，不喜欢其他事物，但我们不一定能解释**为什么**会这样。即使我们可以想出原因，它们也常常是心理学家所说的虚构：讲故事是为了让我们感受到自己理解为什么喜欢或会做某些事情。但归根结底，我们许多行为都受感受和情感的引导，我们想要什么和我们害怕什么并不由理性来严格界定。这就是为什么我们的社会制度总是反映我们的情动状态。

如前所述，情动在本质上也是社会性的。当我们思考情感时，我们倾向于将其视为个体的过程。但情感不仅仅是个人的。一方面，情感有进化和文化根源，是所有人性的进化产物（因此不仅仅是个体的），并且受到我们所处文化的影响（因此，再次不仅仅是个体的）。此外，几乎所有的情感本质都是社会性的，它们与我们如何感受彼此的方式有关，也常常伴随着我们对他人的信号。

事实上，如果我们看一下**情感**（emotion）在英文中的词源，我们会注意到一些非常有趣的事情。这个单词起源于某种公众或社会的骚动或煽动。换句话说，当这一词最早出现于 16 世纪时，它不是被用来描述个体感受，而是描述集体行为，后来它才开始指代强烈的感受。而几个世纪以来它只被用来指代强烈的负面情感。直到 19 世纪，这个词才开始被用来指代包括更微妙和更积极感受在内的任何一种感受。[25]

从这个角度来看，主体性的研究并非不可能或无关痛痒。它确实对我们的文化与社会研究至关重要。假如我们研究一个社会或文化的规范、实践、信仰、器物和制度，这就等于研究主体间性在集体层面运作的历史和过程。如果是这样的话，那么我们必须警惕对人们主观状态的忽视。我们可能只看到主体间性的外在表现，但忽略行动者的主体间性状态。我们自然科学和社会科学的每一个领域（特别是表观遗传学领域）都认识到生命就是环境和有机体之间的持续协商：有机体的内心状态会随着环境的变化而变化，而对于那些能够改变环境的有机体来说，他们会通过改变环境以促进自身的生存和繁盛。

因此，情感研究不应该被局限于心理学或神经科学，人类学可以发挥重要且关键的作用。达马西奥和其他学者的研究为消

31

除认知和情感之间的明确区别而做了大量工作。人类学家凯瑟琳·卢茨（Catherine Lutz）是情感人类学的主要贡献者之一，她将认知和情感的区别称作"理性和情感的性别等级制度，这种区别扭曲和分裂了关于人类行动的理解"。[26] 这项工作试图为卢茨所描述的"中层"（midrange）空间作出贡献："民族志田野调查所提供的独特见解将通过丰富关于人与自然之本质的中层理论，推动情动研究的理论构建，而这个抽象理论之下的中层理论更接近当下的历史，它非常重要却被忽视了。"[27] 因此，我从人类心理和行为的概括性理论中汲取经验。这些理论主要来自心理学，并以经验研究（往往基于实验）为基础。我试图将这些理论与民族志田野调查联系起来，而后者是具体的、现实世界的、混乱的，以及同时富有细节与模糊的。

另一个对主体性和情动人类学研究的重要贡献者是塔尼娅·鲁尔曼（Tanya Luhrmann），她指出："人类学家使用'主体性'这个词来指代主体共有的内在生命，特别是政治主体的情感体验。"[28] 鲁尔曼认为，情感的心理模型有助于主体性的人类学研究："如果主体性是政治主体的情感体验，那么阐明情感的心理结构只会给我们更多的证据，来论证铭刻在我们身体之上的权力，以及道德判断是一种发自内心的行为。"[29] 当我们试图理解后续章节关于孤独与自杀的民族志发现时，奥特纳、卢茨、鲁尔曼以及其他人类学家的著作就尤为重要。

人类学家在探索社会具体情境中的情感方面发挥了至关重要的作用，包括人类学在内的跨学科方法最能让我们看到个体与其社会之间的相互作用：主体间性的内在维度和社会、政治和经济结构的外在维度之间的不断相互作用。除了一些明显的例外情况，心理学家和神经科学家主要研究个体，偶尔研究少数人之间的小规模互动。经济学家、政治学家和社会学家可能会研究更大规模的过程，但往往忽视主体间性和情动的重要作用。然而，我们知道这些过程是同时进行并相互依存的。因此，我们可以从关注内在与外在自我的相互作用、相互映照中受益。

　　事实上，这种相互作用如此重要，以至于它不仅出现在学术著作中，还经常出现在文学作品中。一个明显例子就是简·奥斯汀的作品。在奥斯汀的小说中，她巧妙地研究了政治经济学如何塑造角色的主体性（感知、认知和情动）。不仅如此，她还记录了政治经济学转型（工业革命转移地主的权力）导致主体性转型的方式。与此同时，她也认识到生物学原理的作用。人类具有很长的进化史，人类情感和感受不能被简单还原为政治经济学问题。因此，即使那些政治变革发生，友谊、爱情、忠诚、透明度、信任等基本方面也仍然保持不变。她的作品可以被解读为两种力量之间的持续协商：政治经济学转型引起主体性转变，而我们更缓慢改变着的生物学背景维持主体性恒久不变。事实上，后者这种恒常感是我们今日仍然可以共情她小说角色的一个原因，即使她那个时代的政治经济学背景与我们的时代存在显著差异。

33

谁才算主体？

　　我在这里提供最后一个关于主体性、情动和情感的重要注解。纵观我们的思想史，我们对谁"才算"是一个人的认识已经发生改变，并且随着时间的推移变得更加广泛，关于人之本质的理论也发生相应变化。近来，包括人类学在内的许多领域重新对亚里士多德的美德伦理学产生兴趣。为了平衡对苦难和伦理人类学的关注，亚里士多德的美德伦理学已被纳入"善的人类学"讨论之中。我认为这是一个积极的发展，但我希望这种研究能够表明，将其他文化传统关于"美好生活"的意义建构和概念化纳入其中，可以补充"善的人类学"的成就。毕竟，我们必须记住，对于亚里士多德而言，美德伦理并不适用于或无法扩展到所有人，而是为特定类型的人（城邦公民，通常是男人）所设计的规范和标准，它甚至没有扩展到其他城邦的公民。[30]古典和现代哲学和理论一而再、再而三地将男性、成年人、运用理性和语言作出决定的这些特定类型的人放在优先位置，这些人没有身心残疾，处于中心地位而非边缘（比如享有特权、受过教育、不是酷儿以及未被奴役）。[31]应该清楚的是，这幅图景无法代表全人类，这是一种认识论的无知。作为这幅图景的一部分，认知和理性发挥核心作用，而情动被挤到一边。至少部分原因恰是情动更为普遍，也是享有特权的男性与女性、儿童、奴隶、其他边缘文化和社会的人、精神或认知障碍的人、非人的动物等共有的特点。女权主义研究、残疾研究、底层研究、批判性种族理论和其他领域都反对这种关于"人"之含义的规范化与不容置疑的观点。关注情动会为我们提供进一步努力的方向，而它应该在理论和民族志中引发巨大转变。成为一个有生命、有感情的存在就是有感受的能力，这是我们所有人的共同点，而非复杂推理或使用某种语言的能力。情动转向就是转向比"理性"更基本、更具包容性的人性维度。因此在我看来，情动更富有启发性。它使我们能够解决、削弱和纠正这种怀有偏见的分歧。我将后者称为"理性标准"的正统观念。直到今日，它仍然不合理地限制了我们的科学、我们的理论、我们的研究，进而限制了我们关于人性和人之本质的结论。

主体性研究的共情与三角剖分法

如果我们想要理解孤独这样的主观状态和自杀一类行为，那么社会和主体性之间的动态就尤为重要。这是本书主要处理的两个主题。不仅在日本，在如今越来越大的世界范围，我们正在见证孤独与自杀的流行，而后者几乎是每个发达国家公民的主要死亡原因之一。本书认为，如果我们关注自杀者的主观状态，我们就可以更好地理解自杀一类的行为，而共情可以促进我们的理解。自杀是一种结果，也是一种症状，我们需要了解其原因。但相比将自杀仅视为个体精神疾病症状的传统方法，不同的是自杀越来越像是同样病态的社会症状。本书每一章都深入探讨的研究假设是，社会的系统性过程正使人们感到自己没有价值、被忽视、无人关心和可有可无。这些主观状态所带来的精神状况使自杀成为一种可行，甚至是必要的选择。如果我们要解决这个问题，我们必须探索社会与主体性之间的动态。我们必须揭示将自己推向孤独社会，并驱使人们走向孤独乃至死亡的社会、政治和经济实践。

35

这一方面涉及个体和他们的主观状态，另一方面涉及社会。本书的方法论建议是，我们应该通过对主体性的深入理解和明确采用批判性共情方法，将脱节的个体和孤独社会结合与联系起来研究。**批判性共情**（critical empathy）涉及在运用共情的同时意识到这个方法的潜在好处和固有局限，以及认识到主体经验与社会、政治和经济结构之间的双向作用。从方法论上讲，它将多重叙事放在彼此之间以及它们与研究者自己观点之间的对话中，欣赏研究者的多样性、自反性和认识的谦逊，并考虑到所有相关主体之间可能出现的共情和无法共情。在努力研究日本孤独和自杀问题很多年之后，我才得出一种目前看来相对简单又直接的方法，去平衡多重叙事和批判性共情。我将这种方法称作**三角剖分法**（triangulation），因为它涉及第一人称、第二人称和第三人称这三个方面。这些方法描述的内容是更"近经验"（experience-near）的第一人称、不那么"近经验"的第三人称或以对话和辩证方式参与主体经验的第二人称。

第一人称是个体的主体叙述。如果我们要理解主体性，我们必须注意人们自己话中的叙述。第一人称叙述是"我"的叙述：一个人如何看待自己的经验并将其与他人联系起来。第一人称叙述需要且取决于读者或听者的共情。这是三种方法中最"近经验"的方法。脱节并不仅仅是客观现实的一个方面。如果我们更客观地思考一下，我们可以得出这样的结论，即现代社会和现代世界中的人们比人类历史上任何时候都更加紧密地联结在一起、更加相互依存。但这并不意味着人们会感到更加紧密联结。正如本书所示，从主体性来看，人们正在经历脱节。为什么会这样？

36

特别是在日本这样长期以来一直被认为是高度集体主义和公共主义的社会中。

第二人称方法不是指叙述一定来自孤独之人，而是通过对话参与那个人的主体性。我们知道第二人称即"你"，指某人称呼另一个人。这就是我对那些尝试思考他者主体经验的小说和非虚构作品（作家、电影制作人等）的分类方式。虽然这些人不一定从自己的经历说起，但他们对别人的第一人称经历很感兴趣。他们对主体性好奇，想探索如孤独和欲自杀者心态的主观状态。第二人称叙事很重要，因为这些作品辩证且富有想象力地处理了这种主体性。当读者或观众被邀请去探索语境和经历时，就好像自己就是参与者或直接观察者一样。不应将这些叙事视为纯粹空想，尤其是当它们在所批评的社会中引起广泛共鸣时，它们起到了社会评论和社会批评的作用。正如我所示，许多关于日本孤独和自杀的电影、电视节目和书面记述可以为这些问题提供重要启示，是值得与正式学术研究和报告一起思考的。与第一人称叙事一样，我所说的第二人称叙事也依赖于共情才能易于理解和有效。

第三人称叙事包括新闻报道、统计数据、诸多关于自杀和孤独的学术研究等。这些"远经验"（experience-far）叙事往往对主体经验不感兴趣。他们更关注行为和主观状态的外在表现，而非状态本身。他们最不重视共情诉求。正如我们将会看到，他们可能在某些情况下无法表现出共情。

我认为将这三类人称叙事都纳入学术探讨有益于研究社会与主体性之间的相互作用，这就是我在本书中试图做的工作。这是因为纳入所有三种类型叙事会涉及许多种观点，让我们看到叙事之间和叙事类型之间的紧张关系。有关自杀和孤独的统计数据为我们提供了重要信息，但如果它们的结论与第一、第二人称叙事不一致，我们或许认为结论是错误的。如果预防举措不结合第一人称叙事，成功预防自杀的可能性就比较小。但最重要的是，如果我们相信孤独和自杀实际上是某种潜在问题的症状，如果我们倾听并处理相关人员的主体叙事，我们可能会更好地理解这些潜在问题。

定义共情

如果主体性通常被理解为个体的认知和情动状态，那么共情可以被视作理解他人这些状态并与之共鸣的能力。这自然使得共情成为人类学家和其他对主体性研究感兴趣的人所好奇的话题。但共情特别令人好奇的一点在于它指出了共享一个世界的成功和失败。成功的共情可以使个体感觉彼此更亲近。共情失败则凸显经验的独特性、个体性和私人性。

共情立足于自我和他者的屏障处。因此，它毫无疑问完美反映了主体性的雅努斯之面的本质。然而，许多学术研究倾向于只强调其中一面，显示共情如何使成功分享共同经验成为可能，或揭示失败的共情容易发生在对经验独立性和个体性的强调时。处理共情的最佳方法是认识到共情与主体性结构化的双重本质密不可分，而后者可令我们解释共情的成功和失败。站在共享与独立的交汇处，共情似乎也与孤独息息相关。它引出一个问题：孤独在多大程度上与给予和接纳共情的障碍有关？

如果共情确实是主体性本质的核心，那么它也会有很长的进化史。这一点正得到越来越多的证实。正如神经科学家让·德塞蒂（Jean Decety）在一本关于共情的社会神经科学的书的序言所写的那样："人类及其祖先的共情能力是在数百万年的进化史中发展起来的，而发展方式直到现在才变得清晰。虽然不可能回到过去直接观察这些发展，但我们可以通过整个系统发生光谱，从可以观察到的神经解剖学的连续性和差异性中获得这些发展证据。"[32]

在同一本书中，心理学家丹尼尔·巴特森（Daniel Batson）指出，大量研究者的共情定义有许多矛盾。他指出："之所以将共情一词应用于如此多不同的现象，部分原因是研究者援引共情回答了两个完全不同的问题：一个人怎么知道另一个人在想什么和感受什么？是什么导致一个人对另一个人的苦难做出敏感和关心的反应？对于一些共情的研究者来说，这两个问题的答案是相关联的。然而，更多人只想回答第一个问题而毫不关心第二个问题，或者只想回答第二个问题而不关心第一个。"[33]

巴特森指出八种会被称作"共情"的心理状态：

1. 理解包含他人想法和感受在内的内心状态；

2. 展现与被观察的他者一致的姿态或神经反应；

3. 去感受另一个人的感受；

4. 凭直觉或将自我投射到他人的处境中；

5. 想象另一个人如何思考和感受；

6. 想象一个人在另一个地方的感受；

7. 在目睹他人苦难时感到痛苦（共情痛苦、个人痛苦）；

8. 对另一个经受苦难之人的感受（同情、怜悯、共情担心）。

虽然这每一种共情都不同，但它们可被凝结为一个较小的分类。我就在本书中采用这样的简化处理方式。大致遵照心理学家巴特森、南茜·艾森伯格（Nancy Eisenberg）、灵长类动物学家弗朗斯·德瓦尔（Frans de Waal）等人的著作，我将共情理解为一个由情动和认知组成的多维结构。我将以上第1、4、5、6种心理状态称为**认知共情**（cognitive empathy），将第2、3种称为**情动共情**（affective empathy）。当二者皆在时，我使用完全意义的**共情**一词。我将第7种状态称为**共情痛苦**，将第8种称为**同情**。这两种状态虽然与共情相关，但这两种状态是不同的。

艾森伯格和理查德·法贝斯（Richard Fabes）将共情定义为"一种来自他人情感状态或状况的情感反应，这与他人的情感状态或状况相合（congruence），而且至少涉及自我与他者之间最低程度分化"。[34] 研究者们并不认同这种"相合"的含义。一些如社会神经科学家塔妮娅·辛格（Tania Singer）这样的共情研究者将"相合"作为同构的大脑激活来探索：如果有人目睹他们的配偶经历痛苦，他们自己的疼痛网络的神经激活表明他们正在经历共情。[35] 对其他研究者来说，相合性并不要求共情者与他们的共情对象具有相同的情感体验。因此，如果我看到某人经历了恐惧或愤怒等情感，我不需要自己经历同样的情感（恐惧或愤怒）来与之共情。

艾森伯格和许多追随她的人始终关注区分共情及其经常引发

的两种状态：怜悯（与所谓的同情一样）和个人痛苦。它们的关键区别在于，怜悯是"以他人为导向的、希望他人感受更好的愿望"，而个人痛苦是利己主义的。[36] 怜悯会导致利他行为，而个人痛苦（也称为共情痛苦）会促使以一种利己主义的方式提供帮助，也就是减轻一个人在目睹他人苦难时所感到的痛苦。近来的同情心研究也将同情心视为一种多维结构。克拉拉·斯特劳斯（Clara Strauss）及其同事认为同情心由五个要素组成："（1）认识到苦难；（2）理解人类经验中苦难的普遍性；（3）对经受苦难之人共情并与其痛苦相联结（情感共鸣）；（4）对受苦之人引发自己的不适情感（如痛苦、愤怒、恐惧）保持忍受，并对受苦之人保持开放和接纳；（5）采取行动来减轻苦难的动机。"[37]

敏锐的观察者可能会注意到，所有这些共情定义都集中于对他人产生共情的人身上，而不是另一个人如何接受或回应"共情者"。这可能是许多（当然不是全部）心理学和神经科学研究的自然偏见。而人类学带来了对社会互动和文化的关注。心理人类学家贾森·思鲁普（Jason Throop）和道格拉斯·霍兰（Douglas Hollan）编辑的《民族精神》(Ethos)杂志特刊汇集了许多美妙的共情人类学研究。这些研究阐明共情能够运作和失败的多种方式，不仅关注共情的给予者，还关注到共情的预期接受者，以及在共情过程中运作的社会和文化背景。[38] 基尔迈尔和霍兰的文章尤其关注共情的困难以及共情失败或被误解的多种可能性。[39] 奇怪的是，正如霍兰所指出，即使接受者确实说自己体验到共情，但这种体验的发生时间或属性可能与共情者所认为的不一致。[40]

这种情况就是共情之社会经验的模糊性，也是我在理论和方法论上关注共情而非同情的原因之一。共情失败对理解孤独的起因和动态具有直接的影响。另一个原因则是，同情特别针对他者苦难以及减轻苦难。共情虽然会在另一方面促使同情，但更侧重于理解他者的经历并与之共鸣。共情涉及苦难经历但比苦难更广泛。因此，我认为共情是作为学术和探究行为的人类学的一种恰当且富有成果的领域，而同情可能更适合干预层次。在理想情况下，为避免共情的滥用，共情和同情应相辅相成。

本书以多种方式运用共情。首先，如果没有共情，第一人称、第二人称和第三人称的三角剖分方法论是不可能实现的。其次，我认为共情与孤独密切相关。第三，我认为社会缺乏共情是孤独社会的一个主要特征，而共情是社会性和文化性抗逆力抵御孤独和脱节的重要方面。

41

最后，共情对于学术工作本身和主体性人类学方法论进路至关重要。因为第一人称叙事的呈现取决于学者和读者的共情。也就是个体的感受以及他们如何看待世界。而理解这一点需要我们从他们的观点出发并**感同身受**（feel into）。**感同身受**是德文 *Einfühlung* 的直接翻译，后者即共情（empathy）一词的词源。

理想情况下，将共情作为一种方法论的学术处理涉及最完全意义的共情：即由认知和情动维度所组成的共情，并且不会因共情痛苦而挫败。这种"完全"的共情是我在这里使用这个词的方式。共情的认知维度意味着能从另一个人的角度出发，理解为什么他们会以自己的方式看待事物，以及为什么他们会有特定感受。共情的情动维度是一种**感同**（feeling with）或情感共鸣。这意味着当我们考虑他人处境时，我们能够利用自己的感受来理解我们正在经历的事情以及其他人可能正在经历的事情。当我们在情感层面产生共鸣，我们不会只是冷漠、理性地考虑他们的处境而不考虑我们自己的情动。避免共情痛苦意味着我们不能让自己的感受覆盖我们想要理解的事物。这个过程与我们无关，而是关乎我们试图了解的其他人（们）。我们既不会把自己的感受说成是在为他人发声，也不会假装我们的经历在某种程度上代表他人的经历。在与正在经历痛苦、苦难和边缘化的群体打交道时，以及在处理严重和慢性孤独等主体性折磨时，这种不屈服于共情痛苦的能力尤为重要。重要的是要平衡共情，并且从事共情研究的学者要认识到共情的局限性和复杂性。忘记这一点将陷入一种错觉。人类学家克利福德·格尔茨（Clifford Geertz）在他对共情的经典批判中警告过这种情况，他强调人类学家不应该使用"非凡的共情"（extraordinary empathy）作为捷径或特权方式来代表和讨论他人的经历。[41]

我所说的第一人称和第二人称叙事的价值在于，它们使我们能够在学术行为和阅读学术行为中产生共情。它们就是格尔茨所说的"近经验"。这是主体性研究的重要组成部分。既然研究主体性是对理性和情动两方面的研究，那么它就应该包含两者。这并不意味着我们抛开理性而只谈感受。远非如此。我们认识到自己的感受确实很重要，并且可以**帮助**我们理解、研究他人的感受。完全放弃共情将无法认识到情感和情动在支持和促进理解方面的基本作用，这意味着忽视关于认知与情动之间密切联系（假设不是相互依存的联系）的大量新近研究。[42]

42

新自由主义与物质主义

本书的论点之一是，孤独的社会趋势与物质主义有关，特别是过分强调福祉的外在物质条件，而忽视了福祉的社会和情动维度，也就是那些与主体性最密切相关的维度。当这种片面走到极端时，便将人类简化为生产者和消费者，而他们的价值取决于他们的生产力和消费力而非内在价值。我稍后会谈到内在价值这个术语。如果我们是没有感觉、没有情感、没有内在生命的机器人，这种片面就不是问题。我们可以更多用纯粹的物质主义方式构建我们的社会、我们的政治、我们的经济和我们的媒体，最大限度地提高生产力和促进经济发展。

但我们不是机器人，我们有内在生命。作为人类意味着不仅要有行为和理性，还要有情动。正因为如此，**"我们是否重要"**（whether we matter）对我们来说很重要，而最重要的是我们对其他人是否重要。我们的生活幸福与意义在很大程度上取决于此。在一个我们并不真正重要的社会中，我们可以被替代，我们可以被当作物质对象而非有情众生对待，我们很容易感到不被需要、脱节、意义缺乏和孤独。因此，我们需要找到一种快乐的媒介，去平衡外部物质条件对我们福祉的重要性与内在、主体和主体间情动状态的重要性，而后者包括我们对彼此的感受。

人类学常常批判新自由主义作为一种将人类推向物质主义和工具化的根源。关于这类批判我可以讲很多，但我认为它需要两

43

点说明。首先，我们必须认识到，要解决人类被非人化以及人成为流水线的一颗螺丝这种问题，需要同时解决外部和内部因素。我在上文已经阐述过某个社会之中人的主体间情动与这种情动在社会制度中外在表现之间的动态。正如我在本书中所论述，我确实相信市场管制放松和取消社会福利保护的趋势已经影响到日本的政治、经济和社会制度，而其影响方式可以通过日本社会中人的主体性来解读。系统动力学理论应用于社会的一个常见原则是系统会塑造行为。也就是说，如果人们确实变得更孤独、更脱节，我们应该从社会中找出造成这种情况的原因。我们甚至可以从主体间性与社会结构之间的动态中看到一个反馈循环。

这种反馈循环或恶性循环的迹象在日本社会中似乎很明显。日本的流行书籍、杂志、电视节目以及整个互联网都不断提到日本所处的"不稳定"（precarious）状况。事实上，研究日本的人类学家安妮·艾利森（Anne Allison）于新书《不稳定的日本》（*Precarious Japan*）中为这种状况提供了极好的调查和分析。[43]许多研究日本的学者和评论家不仅提出自杀率的情况，还强调了关系和亲密性质的转变、就业与企业文化的意义和性质转变、对政府和大型企业的信任度下降、极低的生育率、日本年轻人风险承担的意愿下降以及许多其他因素。一段时间以来，日本社会已经意识到有一场危机正在酝酿之中。

反馈循环当然可以双向进行。在本书的最后两章中，我探讨了良性循环是怎样发生的。在这个循环中，社会中的人们可以接纳一种建立在人际联结、关系性和不可化约的人生意义、抗逆力和同情之上的情动，而外部社会结构反映并支持这种主体性的态

44　度、信念和感受。虽然这个研究社会幸福和繁盛的领域对于自然科学和社会科学来说是相对新颖的，但越来越多的实证研究支持表明我们应该进一步研究它。例如，作为联合国的一项倡议，《世界幸福报告》(The World Happiness Report)从150多个国家收集数据，以调查社会幸福和主观福祉的成因和条件。此外，虽然日本所面临的物质主义和过度新自由主义的潜在问题有不同的外在表现，但当今世界许多国家都普遍存在这个问题。

第二点说明与**新自由主义**这个词有关。虽然它意味着市场完全放松管制、自由放任的经济哲学以及万事万物（包括人类）的商品化，但这与芝加哥大学经济学家米尔顿·弗里德曼（Milton Friedman）的初衷大相径庭。人们普遍认为是他将该术语作为一种经济哲学方法加以推广。而对弗里德曼来说，新自由主义实际上代表无拘无束、自由放任的个人主义与集体主义之间的一个中间地带。在知名文章《新自由主义及其前景》("Neoliberalism and Its Prospects")中，弗里德曼指出个人主义和集体主义的谬误。[44]他认为，对于完全自由放任的个人主义来说，国家在维持秩序和规范契约之外别无他用，而这种方式"低估了私人通过协商和联合去篡夺权力并有效限制他人自由的危险。它没有看到价格系统无法执行的某些功能。除非价格系统以某种方式提供这些功能，否则无法有效地完成它所擅长的任务"。[45]

政府必须履行的一项不能交给市场的职能是"减轻严重的苦难和痛苦"。关于这一点，弗里德曼写道："最后，政府应具有减轻苦难和痛苦的功能。我们的人道主义情感要求为那些'人生一无所获'之人提供必需品。我们的世界变得太复杂并相互纠缠在一起，而我们变得太敏感，以至于不能把这一职能完全让渡给私人慈善机构或地方职责。"[46] 因此，他认为："新的信念必须避免两种差错。它必须高度重视对国家权力干预个人具体活动的严格限制，同时它也必须明确承认国家必须履行重要的积极职能。"[47]

彼时，弗里德曼更担忧的是集体主义在经济和政府政策中的主导地位，因此他强调走向自由主义的需要。但对他来说，新自由主义恰恰是对两个极端的拒绝，重要的是政府对帮助社会边缘化群体所起的重要作用。然而，最近这个词的含义已被简化为放松市场管制，成为一种自由放任方法、个人主义，以及从所有社会福利活动中移除政府行为。这似乎正是弗里德曼希望避免的两个极端之一。

政治经济与主体性

因为日本的资本主义与美国、西欧的资本主义有一些重要区别，新自由主义的问题以及政治经济与主体性的关系在讨论日本时具有特殊意义。因为重视集体而非个人作为针对外国和外国企业竞争的代理人，日本的资本主义被称为集体资本主义（collective capitalism）或企业资本主义（corporate capitalism）。出于这个原因，战后日本的许多早期企业都与国家有着密切联系，并且许多企业仍然保持着这种紧密纽带，而这种联系被美国等国家视为高度干涉。这些企业是根据特定政策创立的，旨在将企业打造为替代式"家庭"以及主要为男性员工提供的忠诚场所：雇用应届大学生，提供终身雇用制，让员工加班或参加公司团建到深夜的长时间工作要求，并制定了无法开除任何员工或用兼职、临时工代替他们的政策。1946年，日本政治学家丸山真男（Masao Maruyama）对日本政治经济及其社会后果进行了极具影响的分析。他在《极端国家主义的逻辑和心理》一文中提出一点，即战后日本这个国家是建立在自由主义的特殊调适之上，这种自由主义保留忠诚、等级和民族主义的传统价值观，这使日本难以完全摆脱法西斯主义倾向。[48]丸山真男的思想影响了研究日本现代化的历代学者，日本社会的许多方面都可以被视为日益增长的民族主义政治经济和集体资本主义的产物。甚至作为家庭主妇与掌管财务的家庭经济学家，日本妻子仍能在丈夫长期不在家的情况下管理家庭。她们被解读为建立一个能支持丈夫的生产力，从而支持大企业和国家本身生产力的女性角色的结果。

继丸山真男之后，瑞图·维吉（Ritu Vij）等日本研究的学者争论日本是否曾经历过类似于西方资本主义民主国家的自由主义轨迹。如果没有，那么新自由主义的经济改革就会失败，因为它们没有考虑到政治经济的外在形式是日本人主体间性的相互依存表现，而这些改革旨在通过削弱维持日本经济稳定的长期结构（包括终身雇用制和其他政策）来刺激日本摆脱经济衰退。简而言之，新自由主义的重组可能不会与日本人在主体性和情动层面产生共鸣。维吉为此写道："在缺乏'自由时刻'作为整个社会生活的特征的情况下……释放日本政治经济的文化制度规范限制可能会适得其反，这不仅预示着政治经济危机［还有］主体性危机。"[49]维吉认为政治经济是"主体性的外部结构"这一观点与本书一致。[50]对维吉来说，"新自由主义转向"的成功不是由经济指标来衡量，而是由"为〔新自由主义〕提供可能构成条件的主体性成功重塑"来衡量的。[51]

维吉在她的书中最后问道，这种主体性危机的迹象是否存在。作为一名政治经济学学者，即使她确实提到蛰居族现象，也就是那些蛰居自己家或卧室长达六个月到数年的日本人，她本人并没有参与直接回应该问题的民族志研究。本书提出的研究可以回答她与其他学者的此类困惑。当从民族志角度审视日本年轻人的主体性时，尤其审视那些经历和表达孤独、寻求或缺乏人生意义以及考虑自杀或自杀未遂之人，我们看到明显的主体性危机迹象，这似乎与日本近年来经历的政治、经济和社会变革有关。我认为这表明维吉的直觉是正确的。在与之观点相同的类似作品中，最著名的是安妮·艾利森的《不稳定的日本》，它记录了整个日本社会中这种危机和动荡的主体经验，极具说服力。[52]艾利森的书提供了一个关于日本社会更全面的概述，但我这本书尤其侧重主体性视角下的孤独和自杀问题。

注释

1　Bourdieu（1990，53）.

2　我想到的另一个象征是中国的阴阳。它还有一个额外的优势是，可以显示每一方在其构成中都包含了另一方的一部分。然而，雅努斯这个比喻的优点在于，它是可以用来看的面孔，指向主体性的感官和视角本质，即向外和向内。因此，这幅画面可以让人理解自我与世界接触的同时也会内省的双重性质，共享一个世界的同时也有隐私和孤立，相互依存的同时也有独立性。

3　Rochat（2009b，303）.

4　在宗教、精神和神秘的语境中，甚至也在最近关于正念的学术研究中，关于"非二元"经验的讨论确实出现过。也就是说，经验不涉及主体或客体，或者其中的主体／客体的分化消失了。这样的经验是否可行，已超出本书的范围。尽管如此，我在这里提出的主体性模型，强调自我与他者之间的屏障是动态的、可渗透的，而分化本身基本就是一种建构，并不排除非二元经验的可能性。例如 Dunne（2011）。

5　Damasio（1999）.

6　Singer et al.（2004）.

7　在死亡中，一个人独自离开，被抛下的人不能跟随他们。然而，那些被抛下来的人可能会觉得那个人仍活在他们的思想和内心中。这再次说明了主体性的两个方面：共同经验和孤独。一个人的存在，尤其是他所关心的人之存在，不是纯粹外在的东西，他们的存在体现在一个人的主体性之中。就像当人离开，这种体现并不会停止一样，而当人死亡时，这种体现也不一定会停止。正如何塞·穆里尼奥（Jose Mourinho）谈到博比·罗布森（Bobby Robson）的去世时所说："一个人只有在最后一个爱他的人去世时才会死去。"Jones and Clarke（2018）.

8　Damasio（1999）将更高级别的自我称为"延伸的自我"（extended self），并将其与"原我"（proto-self）区分开来，也就是生物体自身与其环境的基本分化。

9　Markus and Kitayama（1991）.同样参见 Kondo（1990）。

10　北山忍阐明文化如何作为可供性发挥作用："在任何特定文化背景

下的人们通过社会化逐渐发展出一套认知、情感和动机过程，使他们能够在相当常见和反复出现的文化情境类型中很好地发挥作用——自然地、灵活地和适应地"（1245）。自我和主体性是可塑的。他写道："成为一个自我（即一个有意义的文化参与者）需要人们适应公共意义和情境（或文化实践）的普遍模式"（1247）；"鉴于这种文化共享和认可的观点，主要的文化任务是创造和肯定一种社会关系，在这种关系中，自我融入和适应这种关系被视为参与"（1260）。Kitayama et al.（1997）.

11 Good（2012）.

12 Biehl（2005）；Biehl et al.（2007）.

13 Ekman（2003）.

14 Kirmayer（2008，462）.

15 例子参见 Waal（2009）。

16 大量数据支持这样一种观点，即由于差异而更容易被排斥和边缘化的个体和群体，其自杀和精神健康障碍的风险也更高。例子参见 Haas et al.（2010）。

17 Gordon et al.（2013）.

18 Blakemore and Choudhury（2006）.

19 Jenkins（1996，72）.

20 Ortner（2005）；Luhrmann（2006）；Biehl，Good，and Kleinman（2007）.

21 Ortner（2005，31）.

22 Ortner（2005，33）.

23 Biehl（2005）.

24 我认为这是 Ortner（2005）提出的论点，但她使用的术语有些让人困惑。她首先将"主体性"定义为主体的内部状态和塑造这些状态的文化形态，但后来又说后者（文化形态）塑造了**主体性**。如果"主体性"包括文化形态，那么它本身就不能为这些相同的文化形态所塑造，否则这就是个死循环。相关段落如下："我所说的主体性是指激活行为主体的感知、情动、思想、欲望、恐惧等模式的综合。但我也总是指那些塑造、组织和激发情动、思想等模式的文化和社会形态。的确，这篇文章将在对这种文化形态的考察和行为主体的内在状态之间来回穿梭。"后来，她写到"特殊的文化关系塑造和激发主体性的方式"。我认为，只把内在状态称为主体性，同时承认这种状态与文化形态相互依存地存在，这要清楚很多，也更标准。此外，正如我在本书中所论述的那样，相互依存是一条双向的路径：文化形态和社会结构也是由主体的主体间性"塑造、组织和激发"。他们确实是这样一种呈现。这是对集体能动性理论进行重构的一种方式。

25 牛津英语辞典（第 11 版）中关于情感（emotion）的词条。这并不是说情动状态的概念是新近或者只是在 19 世纪才出现的。在西方传统中，亚里士多德描绘过各种各样的"激情"（passion），比如"好奇、爱、恨、欲望、快乐和悲伤"。它后来也被笛卡尔和其他人详细阐述过。有趣的是，在亚洲传统中，即使佛教非常注重精神和情动状态的调节，但在藏语或梵语中，没有与"情感"密切相关的术语，最接近的术语可能是通常被翻译为"折磨性情感"（afflictive emotions）（这所包含的折磨性精神状态不被西方视为情感）。

26 Damasio（2006）；Lutz（2017，186）.

27 Lutz（2017，188）.

28 Luhrmann（2006，356）.

29 Luhrmann（2006，359）.

30 Annas（1993）.

31 我认为"世俗伦理"（secular ethics）概念是发展一种伦理方法的坚实基础，这种方法可以是普遍的、跨文化的，并且可以在不同的传统之间协商。与亚里士多德不同，"世俗伦理"的概念方法中最基本的人类价值是同情。部分原因是，基于生物学的同情（如在实践中表现出来的亲系养育）是人类以及所有哺乳动物和鸟类生存的基础，而其延伸形式的同情是社会凝聚力、合作和其他伦理追求的基础，也支持我在本书中讨论内在的和非工具化的价值。

32 Decety and Ickles（2009，vii）.

33 Batson（2009，3）.

34 Eisenberg and Fabes（1990，132）.

35 Singer et al.（2004）.

36 Eisenberg and Fabes（1990，132）.

37 Strauss et al.（2016，19）.

38 Throop and Hollan（2008）.

39 Kirmayer（2008）.

40 Hollan（2008）.

41 Geertz（1975）.

42 虽然这在格尔茨的时代可能没有那么令人反感，但最近的大量研究都集中在克服情感和理性之间的错误鸿沟上。这是近来大量神经科学研究的一个主题。更通俗易懂的研究，可参见 Damasio（2006）与 Lane and Nadel（2002）。

43 Allison（2013）.

44 Friedman（1951）.

45 Friedman（1951）.

46 Friedman（1951）.

47 Friedman（1951）.

48 Maruyama（1969）.

49 Vij（2007，199）.

50 Vij（2007）.维吉是这样解释这个短语的："关于政治经济学是'主体性的外部结构'的主要观点，就是要认识到现代资本主义经济的制度化，以及国家和市场各自边界设定（一个历史政治过程）的重要性，因为它创造了社会意义和主体都在其中可以形成的结构。日本的生产主义精神不仅构建了经济，还构建了国家和主体。因此，工作因其对社会（而不仅仅是个体）利益的贡献而受到高度重视。"Vij（2021）.

51 Vij（2021，198）.

52 Allison（2013）.

第二章　孤独尤甚，不愿独死：
互联网集体自杀

最可怕的贫穷是孤独和不被爱的感觉。

——特蕾莎修女

很抱歉给您带来不便

美奈：我已决定今日死去。很抱歉给您带来不便。

丹：好吧，我不会阻止你，因为我觉得你并没有想好。如果你确实想死，那么请悄无声息地离去，不要给别人带来麻烦。跳轨是不可能的。我听说冻死或一氧化碳中毒的尸体仍会很好看。好吧，我不得不说，你死后再后悔就来不及了。晚安。那么，我的回答让你满意吗？

以你现在的样子，即使到来世，你也会走投无路。

美奈：瑞穗君，你已经死了吗？你想和我一起走吗？在我死后的来世，我也会自杀。我绝对不会给任何人造成困

扰。我上小学时就离家出走了。我觉得没有人还记得
我。我会躲在树林里服毒，然后跳进预先准备好的洞
里去死。

贯太郎：等等！美奈，不要死！

美嘉：我真的很想自杀。我真的很想自杀是因为每个人都欺
负我，我不想上学。上帝，我想死。啊！我想死！！！

如如：现在好像没人了……美嘉同学，很高兴认识你。美嘉
同学，你也被霸凌了吗？

美嘉：你想去富士山下的树海吗？我正要去。很高兴见到
你。我是美嘉。我们可以做朋友吗？

如如：我也是。我多次尝试自杀，尝试勒死自己。最近我割
过腕。但我失败了。

美嘉：你想什么时候去呢？

如如：我个人更想寒假去。森林里会很冷。如果我们四处
游逛，我觉得我们会饿死或冻死。还是说，我们去
上吊？

美嘉：如如同学，谢谢你！我们什么时候去？我一直都
有时间！请你打我家里的电话：（×××）×××
××××。请其他人不要给我打骚扰电话！如如
同学，只有你才能给我打电话。我们就这么说
定了？

美嘉：啊……死亡。

如如：懂了。我今晚会给你打电话。因为我要下课了，所以
现在不得不走。我不知道我什么时候还会在线……

马尔西（网站管理员）：　无论如何，我并不是要阻止你们　
　　　　自杀。但我想要你俩认真对待发表这些言论的责任，
　　　　因为这很令人作呕。美嘉通过贴出自己的电话号码来
　　　　寻找自杀同伴。这样的行为往往会给那些没想好要
　　　　不要死、缺乏自杀勇气的人带来一种陪伴感和死去的
　　　　勇气。这种心态来自我们人类的"从众心理"。有自
　　　　杀倾向的人往往会因为朋友很少而上当。他们很容易
　　　　"依赖"于"相互信任的关系"。如如，打电话前请先
　　　　好好考虑一下。美嘉，当心你可能最终拖累一个不会
　　　　自行自杀的人。反正我不会要求删除这段对话，因为
　　　　你们两个人好像已经留下联系方式了……好吧，这是
　　　　你们自己的生命，你想结束它是你的选择，但请不要
　　　　寻找同伴！[1]

　　这段对话发生在 2003 年，来自一个互联网自杀网站的文字记录。它在本例中是一个聊天网站，我只删除了联系信息。目前尚不清楚其所涉及的个体是否已经自杀。如今，包含个人联系信息的帖子会被网站管理员或版主立即删除。这个特别的网站已于 2018 年关闭，但其他许多网站仍然存在。

　　这些对话的语气可以代表自杀网站的绝大多数讨论。但是为什么人们希望和陌生人一起死去呢？这个问题驱使我开启研究的旅程，以确定这些年轻人正在经历什么样的精神痛苦和存在性苦恼（existential suffering）。

1998年：转折点

1998年这一年是日本自杀问题的转折点。在此之前，也就是在自杀率飙升之前，日本文化一直被认为是容忍自杀的，是将自杀视为个人选择和个人责任的问题，而非精神或公共健康问题。[2] 日本中央和地方政府并没有把注意力放在自杀预防上。然而日本的"自杀大国"（jisatsu taikoku）称号与整体自杀率关系不大，却与声名狼藉的高度仪式化自杀形式有关，例如切腹（日语 seppuku 或通常被称为 hara-kiri）、心中（shinjū，即伴侣殉情或家庭一起自杀），以及第二次世界大战中的"神风特攻队"飞行员。[3]

在1998年自杀率飙升之前的一个世纪里，日本已经有过三波自杀率高峰。明治政府曾在1899年左右开始收集自杀数据。[4] 在此之前则没有可靠的数据。[5] 三波自杀浪潮的第一波发生在1913年至1921年，第二波发生在20世纪50年代末，第三波发生在20世纪80年代中期，而1998年标志着第四次也是最近一次自杀高峰的开始。[6]

1912年，日俄战争英雄乃木希典将军在明治天皇葬礼后立即与妻子双双殉情。随后日本出现了一段自杀率不断上升的时期，学者称之为"现代性和西方个人主义引发一种慢性和衰弱现象的标志"。[7] 日本史学者弗朗西斯卡·迪·马可（Francesca Di Marco）指出，这一时期的许多人将自杀视为对现代性和西方化的抗争，是西方思想与日本传统家庭观念之间冲突的结果。[8]最终，日本自杀率随着 1937 年侵华战争的爆发而下降，并一直持续到 1945 年第二次世界大战结束。[9]

日本的第二次自杀高峰出现在 20 世纪 50 年代末，被认为是反映出二战后由社会、经济和意识形态变化所引发的日本社会紧张局势，其中包括 1947 年新宪法下传统家庭制度（ie）瓦解以及曾是日本国教的神道教的角色改变。[10]值得注意的是，这一时期日本年轻人和老年人自杀率都很高。因为二十多岁群体的自杀率是世界上最高的，日本被称为"年轻人的自杀天堂"和"年轻人的自杀大国"。[11]1958 年，日本的自杀率为 10 万分之 25.7（男性为 30.7，女性为 20.8）。迪·马可指出："美国占领结束之后，日本人就越来越认为他们的社会已经功能失调，而且人们越来越意识到自杀可能反映了更深层次的日本社会不适应。"[12]迪·马可还引用了社会学家见田宗介（Munesuke Mita）对战后自杀的理解："日本人当代不适之症是面对城市化和机器文明时的异化结果和迷茫之感。"[13]尤其在年轻人群体中，日本自杀率在 1958 年达到顶峰之后就开始下降，直至 1986 年第三波浪潮来临。[14]

1986 年结束了这段将近三十年的低自杀率时期。那一年自杀人数激增至 25523 人，是二战结束以来的最高数字。这一增长在年轻人中尤为显著，他们的自杀率增长了 30%。[15]当时有两起著名的群集自杀事件，其中第一起发生在 1986 年 1 月，一名初中男生在遭受霸凌后自杀；第二起是十八岁偶像女歌手冈田有希子于 1986 年 4 月自杀。[16]这两起事件都被大众媒体广泛报道，而每起自杀都会引发一连串的自杀事件。[17]在 1986 年这次自杀高峰之后，日本自杀率再次下降，直到 1998 年又一高峰来临。

有趣的是，群集自杀一直是每一次自杀浪潮中反复出现的特征。1903 年，第一高中精英学校的十八岁高中生藤村操于日光的华严瀑布跳崖自杀。在 1903 年至 1907 年间，这个地方发生了40 起自杀事件和 140 起自杀未遂事件。[18] 另一波类似的群集自杀事件发生在 1933 年，一名二十一岁女大学生松本贵代子在同学富田昌子的陪伴与见证下跳入三原山的火山口。[19] 在她自杀后的1933 年至 1936 年间，有一千多人跳三原山自杀。[20] 藤村和松本似乎都是决绝自杀（suicide of resolve）。松本留下的一张纸条表示她反对传统婚姻制度，拒绝婚姻中被规定的女性角色。而藤村的自杀被广泛认为是一个人在循规蹈矩的国家对自由意志的哲学表达，部分理由是他在一棵树上刻下的文字中提及哈姆雷特和古罗马诗人贺拉斯。[21]

最近一次自杀率飙升是从 1998 年开始，这并不是日本第一次出现这种情况。然而这一次的情形并不同。直到 1997 年，大约十年内的自杀率一直保持稳定：每 10 万人中有 18 至 19 人自杀。1997 年记录在案的自杀人数为 22410 人。1998 年有 32863 人，这一数字在一年内增长了 47%。这不是一个小插曲或某种反常。1999 年自杀人数为 33048。[22] 自杀率在接下来的十年里一直保持这种高水平。2003 年，自杀人数增加至 34427 人。

在日本，每年因交通事故死亡的人数约为 10000 人。按比例计算，每年死于自杀的人数是死于车祸的三倍多。[23] 这些数字在比较视野中也很突出。2003 年，日本的自杀率高达 10 万分之 27，而美国的自杀率为 10 万分之 10.8，自杀仅是后者的第 11 大死因。[24] 在 1998 年自杀率飙升之后的十年里，日本的自杀率在原八国集团中位居第二，仅次于俄罗斯（2004 年每 10 万人有 34.3 人自杀），而明显高于法国（2002 年，10 万分之 17.8）、德国（2004 年，10 万分之 13.0）、加拿大（2002 年，10 万分之 11.6）、美国（2002 年，10 万分之 11.0）、意大利（2002 年，10 万分之 7.1）和英国（2002 年，10 万分之 6.9）。[25]

1998 年之后，自杀在日本历史上首次被公认为一种公共健康问题，预防自杀措施开始逐渐出现。[26] 国立精神神经医疗研究中心成立了一个自杀预防工作组。2005 年，厚生劳动省启动一项旨在降低自杀率的政府倡议。[27] 除了非常高的自杀数字本身以外，导致这种反应的另一个关键原因是公众看法发生转变，他们不再把这些事件视为决绝、选择或反抗的自杀；相反，自杀者的主观状态可能是不同的。

探寻原因

为什么 1998 年日本自杀率会如此急剧上升？这是一个从未得到充分回答的问题。一年之内如此急剧的增长表明某种社会压力已达到临界点。但是这种压力的性质是什么？造成它的原因是什么？

与此前自杀潮相比，在没有战争或其他重大历史事件可供解释的情况下，人们对 1998 年自杀率飙升的默认反应是将其归咎于经济。事实上，当时日本经济已经有一段时间处于紧张状态，

54

并给社会施加了越来越大的压力。媒体和公共专家指出，此前社会的失业率非常低，而现在自杀率上升必定是日本中年男性的经济和心理不安感的结果。最常见的解释是一个三阶段模型：（1）长期的经济衰退导致（2）失业或担心可能失去经济保障的人罹患抑郁症，然后造成（3）自杀率上升。此外，1997 年经济衰退进一步冲击日本，山一证券、三洋证券和北海道拓殖银行等几家日本知名金融机构纷纷倒闭。

有充分理由相信，日本的经济困境是导致自杀率飙升的重要因素。但也有理由认为，经济停滞导致抑郁并最终造成自杀的解释模型本身就过于简单化。一方面，自杀率横跨不同年龄和性别。日本中年男性确实属于自杀率急剧上升的一类群体，但日本的年轻人群体也是如此。此外，日本政府为解决经济停滞而采取的政策本身可能就产生了未预后果，造成额外的不安和焦虑。

二战后的日本经济增长稳定且快速，成为仅次于美国的世界第二大经济体，而这个地位直到 2010 年被中国取代。日本曾被视为一个建立在独特文化精神与价值体系之上的经济奇迹，这个体系包括"终身雇用制"（shūshinkoyōsei）以及"家庭-企业体系"，也就是把企业作为员工的家庭。[28] 一旦员工被企业聘用，企业会照顾他们余生，为他们提供完善的社会保障和健康福利，并每年逐步涨工资。社会学家中根千枝（Chie Nakane）将其称为"纵式社会"（tate shakai），其中的员工晋升是依据年资。[29]

55　　但自 20 世纪 90 年代初以来，日本经历了长时期的经济停滞。在寻找解决方案的过程中，历任政府开始引入新自由主义经济政策的探索。这包括让企业更轻易地解雇正式员工，并用临时工取代他们，从而修补曾经成功的终身雇用式准家庭-企业模式。1996 年和 1998 年《劳动者派遣法》（Agency Worker Law）的修订就增加了可以雇用的临时工和派遣工的数量。

这是大量企业正式员工（日语称之为 sarariiman，即"工薪族"）第一次被解雇。大多数人从来没有考虑过被解雇的可能性。他们被临时工取代，而这些临时工没有正式工的薪酬、工作保障和福利。随后在首相小泉纯一郎（2001—2006）的领导下，日本引入更多的新自由主义政策，将邮局和其他机构私有化。经验丰富的中老年职工的被解雇比例更高，而更多的临时工被再次雇用。

结果，企业价值观和实践发生了变化。经济挑战也毫不例外地变成社会与文化挑战。对诸多日本男性来说，失业不仅意味着失去经济来源，还意味着失去尊严和自我价值。享誉国际的日本作家村上春树描述道，每当工作时间在东京市内走来走去，他就会遭受到人们的蔑视，如果去购物情况更糟。在日本这样做很是罕见，但身为作家的他不需要坐班。在日本，白日不穿西装、打领带而在城市中走来走去的男人会招来好奇或轻蔑的目光。

性别与年龄

在 2005 年，日本男性自杀率为 10 万分之 36.1，女性为 10 万分之 12.9，而四十至五十四岁的中年男性自杀人数是同龄女性的五倍。这类数字被引用来证明自杀与近期经济衰退和失业率上升之间的联系，从而验证了关注日本中年男性是合理的。[30] 然而，尽管在大多数年龄组（但不是全部）中，男性的自杀率高于女性，但日本女性每次成功自杀前的自杀尝试始终多于男性。根据厚生劳动省的报告，自杀已遂者的男女性别比例通常约为2.5∶1（2017 年是每 10 万人中的 24.5∶10.4），但自杀已遂女性曾经的自杀未遂率是男性的两倍（2017 年是 29.3∶15.3）。[31] 这表明日本企图自杀的男性和女性人数大致相等。在关注自杀的年轻女性时，46.7% 的二十余岁女性和 45% 的三十余岁女性之前曾尝试过自杀，而男性的这一比例分别为 15.5% 和 17.8%。[32]

突然飙升的自杀率媒体报道也忽略了年轻人的故事。[33] 虽然1998 年四十至六十岁男性的自杀率在一年内跃升至 35%，但十九岁以下人群的自杀率在一年内跃升至 35%，其中女性占 70%。[34]

据估计，日本自杀未遂的青少年是自杀已遂的一到两百倍，而成年人的自杀未遂与自杀已遂的比率要低得多，为 10∶1.35。[35] 因此，即使 1998 年十九岁以下青少年自杀死亡有 720 例，这数字看起来很小，它却意味着日本大约有 70000 到 140000 例自杀未遂。自杀未遂通常被理解为一种求救信号和精神痛苦的表现。自杀未遂预示着个体未来自杀的高风险。[36] 因此，重要的是要认识到，如果我们要了解仅作为某种症状的自杀的根本问题，就不能仅仅依赖自杀已遂的统计数据。从这个角度出发，我们会发现1998 年自杀率飙升表明日本社会存在一个更大的问题，这个问题甚至比自杀流行的数字本身还要大。出于某种原因，日本经历了一场精神痛苦的海啸。

在关键的 1998 年过去大约二十年之后，现在又是什么原因导致自杀率的突然上升？这个问题仍是一个谜。在十六年后的2014年，厚生劳动省承认，虽然自杀率的飙升肯定主要是由20世纪90年代初泡沫经济破裂引发的，但仅靠经济解释不足以理解这种上升为什么持续了十多年之久。[37]

在2010年左右，整体自杀率再次开始缓慢下降，这可能是由于自杀预防政策的积极实施。日本政府为此庆祝或许为时过早。根据厚生劳动省2015年度自杀预防报告所述，整体自杀率下降并不包括二三十岁群体。[38]厚生劳动省于2018年6月19日发布报告进一步指出，自杀仍然是十五至三十九岁人群的首要死因。事实上，日本是七国集团中唯一一个将自杀列为该年龄段首要死因的国家。[39]2020年，日本的自杀率再次出现些微上升，女性又一次成为自杀的主要群体。这表明1998年开始最后一次自杀"浪潮"可能还没结束，而且事实证明它比以前的自杀潮更加棘手与持久。

由于经济停滞，日本1991年到2000年的那十年被称为"失去的十年"。但2001年到2010年这十年现状几乎没有得到改善，这个词已更新为"失去的二十年"（ushinawareta 20 nen）。对于一些学者来说，这些日本年轻人的自杀率表明了"失去的二十年"的影响。[40]他们认为，对日本不稳定未来的悲观情感是年轻人自杀的主要驱力。[41]

我认为经济因素对日本的自杀率上升发挥了不容置疑的作用。但经济学无法摆脱社会和文化力量，这些力量已被证明同样强大。经济停滞带来政治变革，改变了企业管理的法律，改变了数百万日本人的工作性质。他们被解雇，他们害怕被解雇，人到中年又不得不重新进入就业市场，而临时工没有工作保障、地位和福利。这些工作场所的变化影响了人们的身份认同、人际关系和家庭生活。从依赖一个安全的制度到生活在一个极其不确定的新制度下，它以一种深刻的方式影响日本社会，并极大改变这个国家的气氛。但仅靠经济因素不可能解释日本年轻人和日本女性的高自杀率和自杀未遂率。如果不去探究日本年轻人的经历，不探究为什么他们的自杀数量比以往任何时候都多，我们会始终处在迷雾之中。

《完全自杀手册》

1993 年，一本不寻常的书在日本出版，也许更不寻常的是它成为全国畅销书。这本书是鹤见济所著的《完全自杀手册》。[42]这本书讨论了上吊、服毒和溺水等十一类自杀方法，并说明如何使用每一种方法、会经历的疼痛程度、所需准备程度、致命程度，甚至是描述死后身体的外观。书中语气实事求是。这本书现在仍有标志性意义，被认为是那些欲自杀者的自杀方法圣经。

不出所料，这本书曾受到严厉批评。虽然它从未被政府审查或禁止，但一些地区不允许将其出售给未成年人。许多批评者认为这本书会导致自杀率上升。事实证明并非如此，至少不会马上如此。其他人对这本书的评价更积极。

回想起来，作者鹤见济在书中预见到未来二十五年内一个非常重要的主题："生存困难"或"活着很难"。现在有很多相关主题的书。鹤见济不是提倡努力、尽力和全力以赴（gambaru）来生存的日本传统文化价值观，而是为发现生活过于艰难而难以为继的人们提供一条出路。他认为，如果知道还有一条出路，人们应对生活的压力或许会更小。购买本书的读者评论似乎印证了他的想法。

在日本亚马逊网站上，有人这样评价这本书：

在十年前，我遇到了这本书。彼时的我正在遭受严重的骚扰，尽管我不完全称之为霸凌，我也开始考虑自杀。我身边的老师都说："不要自杀。让我们一起加油吧，因为还有美好的未来等着你！"但我无法信任这类言辞。当我在没人的校图书馆度过午休和放学时间，我向图书管理员倾诉了我的遭遇和感受。我猜测她会说出类似其他老师说过的话，但图书管理员告诉我："我或许应该阻止你自杀，但如果你觉得自杀不错，那我也觉得没问题。我会给你一些有用的东西，要不明天再来这里吧。"她给了我这本《完全自杀手册》。她甚至说："有了这本书，你就可以选择死亡的方式。你现在可能不确定，但你会找到一种让你觉得'就是这样！'的方法，然后你就可以做到了。"从那天起，每当我遇到困难时就开始读这本书。我始终没有找到一种让我觉得"就是这样！"的自杀方法。但事实是，多亏了这本书，我才能继续活下去。想到"我随时都可以死去。好吧，我会死的"，它给予我很多慰藉。谢谢你，我的图书管理员。[43]

59

当我在 2019 年读到这条评价时，我发现有 123 人认为它很有用。这本自杀手册为难以活下去的人提供了安全感，而这种情感似乎与这位评论者产生共鸣。这也与自杀网站访客所发布的叙述非常相似。另一位评论者写道，他们发现这本书比恐怖电影更可怕，他们读完就失去自杀的欲望。[44]

另一位评论者的评论有 976 人认为有用，而这个人作为一个长期有自杀倾向的人分享了她的看法。相比其他人告诉她应该努力、不应该自杀，因为自杀会让家人在内的很多人感到难过，她却觉得这本书更令人感到宽慰：

> 从我还是一名初中生时，我就一直想要自杀。我不断尝试自杀，但一次又一次失败了。每次我在网上搜寻的自杀方法都显得很可疑，我无法真正相信任何一个方法。但是这本书提供了具体的信息，比如，你可以在不太高的地方上吊，你可以从第十层楼跳下。所以我发现它非常有帮助。当我读到作者的最后一句话时，我的内心感到了放松："我不想说不要自杀这样的无聊话！我的真正目标是通过分享我的想法，让人们可以在想死的时候自由地死去，而想活的人可以活下去，从而提供一些让生活变得更轻松、更容易应对的方法。"在我遇到这本书之前，每当我告诉别人我想死时，他们总是对我说"不要浪费你的生命"或"努力并尽更多努力地生活"诸如此类的话。所以我听到这样的话就感觉压力很大。但这本书不同。这本书让我很感激的是作者如何理解自杀者的感受，并让我们觉得这没什么大不了。最后我想说

60

的是，即使有人会说，"不要自杀，你有没有想过你会伤害多少人、让多少人痛苦？你想让你父母哭吗"？那些想自杀的人却没有关心自己的人。我自己也被家人抛弃了，没有朋友，没有钱，也没有工作。我的父母和兄弟辱骂我说道："请你快点死吧，你这个废物。"因为我有这样的家人，在我死的时候没有人会为我哭泣。当人们面对那些走投无路、生活在孤独中的人说出"你父母会伤心"这样的话时，那些孤独的人会觉得"这世上有很多种人。不要不在乎我"。孤独的现实对自杀者来说最常见了。[45]

死以"川"之形

2003 年 2 月 11 日，一位年轻女孩打开了一间无人居住的公寓的门。她走进去后发现有三个人并排躺着，显然是睡着了。这三个人包括一名二十六岁的男性和两名二十四岁的女人。他们的躺姿被她后来描述为类似"川"字的形态。他们旁边有一个七轮炉（传统日式炭炉），其中有一些煤炭球。所有的窗户都被透明胶带紧紧封着。这些受害者死于一氧化碳中毒。[46]

当被问到她在那里做什么时，这个女孩向警方承认她实际上早已知道这个自杀计划。她在网上认识了这几人，最初也同意参与集体自杀，但她退缩了，决定不会按时前往。后来，出于对所发生之事的好奇，她就前往那间公寓，看见的尸体正是此前与她联系过的人。[47]

这起事件以其引人注目和印象深刻的细节引发全国关注并被广泛报道。然而，这并不是互联网集体自杀的第一例。此前，一名三十岁男子和一名三十二岁女子被发现死于公寓内，死因相同。在"川"之集体自杀事件发生后，媒体开始定期报道互联网集体自杀事件，提供详细的死亡描述以及诸多自杀网站的存在，而在这些网站上，人们可以聚集在一起讨论自杀甚至计划集体自杀。[48]

第二年，也就是 2004 年 10 月，人们发现七名年轻男女死于埼玉县一个停车场的小型货车中。车上有四个七轮炉，所有的窗户都被透明胶带封死。这是几年来最大一起互联网集体自杀。后来在 2006 年，又出现九位相识于网络的人一起自杀。[49]

在 2003 年 2 月 11 日至 2004 年 12 月 31 日的两年间，日本五家主流报纸共发表了 599 篇互联网集体自杀文章，以及一共 156 个电视节目报道过这个现象。[50] 研究自杀的学者警告道，广泛的媒体报道可能会招致更多互联网自杀的连锁反应。[51]

奇利柯医生咨询室

当我开始研究互联网自杀时，我试图确定日本互联网首次作为协助和实现自杀的工具是在何时。互联网集体自杀曾被定义为通过自杀网站相遇并一起死于一氧化碳中毒。而对于最早的互联网集体自杀是什么，仍没有一致观点，也很难确定。因为在建立互联网集体自杀（intānetto shūdan jisatsu）这个新类别之前，早期案例先被视作普通的"心中"（即集体自杀，稍后会更详细地解释它）。上野加代子指出，日本主流报纸《朝日新闻》首次在2000年10月提及互联网集体自杀，并指出当时日本共有4万个关于自杀的网站，其中有150个网站专门讨论"如何自杀"。[52]

　　然而，这个时间点之前早已有利用互联网便利于自杀的知名案例，最声名狼藉的案例之一发生在1998年这个转折点。这并不令人意外。一位二十七岁年轻男子创建一个名为"奇利柯医生咨询室"（The Counseling Office of Dr. Kiriko）的网站。他利用这个欺骗性名字吸引潜在受害者，为他们提供氰化钾以帮助他们自杀。有六个人接受了他的氰化钾，其中一人就因摄入氰化钾而死亡。[53]

62

互联网集体自杀的形式

　　第一起互联网集体自杀的媒体报道曾轰动一时。这些报道涉及用于集体自杀的汽车图像与煤炭照片，并详细描述用于线上联系和组织自杀的方法。这些报道引来精神病学家和自杀预防专家的严厉批评，他们说这种报道可能会导致模仿效应。在开始收集互联网集体自杀数据的两年里，互联网集体自杀的人数增加了两倍（从2003年到2005年），而2005年共有91人死亡（34例案件）。不间断的新闻报道终于平息。在2006年后，警察厅也不再披露每年的互联网集体自杀人数，以减少自杀模仿的发生。这使我们很难清楚了解互联网集体自杀到底是在增加还是减少。

然而，集体自杀新形式的不断出现表明这一现象并未停止。在我开始研究互联网集体自杀几年后的 2008 年初，一种新的自杀方法开始流行：硫化氢中毒。制造这种有毒物质的技术在网上流传。仅这一年就有 1056 人使用这种方法自杀。他们的平均年龄为三十一岁，表明互联网自杀主要吸引的是年轻人。

继一氧化碳中毒和硫化氢中毒之后，21 世纪头 10 年出现了使用推特这样的社交媒体和社交网络服务（SNS）的集体自杀新趋势，并出现 #suiciderecruitment!!（"# 自杀募集！！"）和 #wannadie（"# 想死"）这样的话题标签。没有道德原则的人也开始以恐怖的方式对有自杀倾向的人下手。

座间连环杀人案件

日本座间连环杀人案件是 2017 年 8 月 22 日至 10 月 30 日发生在神奈川县座间市的多起凶杀案。二十七岁凶手白石隆浩在自己租住的公寓里杀害了九位受害者。

其中一名受害者的哥哥因担心失踪的妹妹，打开了她的推特账号，这起系列案件才浮出水面，白石隆浩继而被警方抓捕归案。当这位受害者不再回复哥哥短信时，哥哥查看了她的推特账号，因为受害者哥哥曾帮她设置过账号，所以知道密码。他发现她一直在用 #SuicideRecruitment（"# 自杀募集"）这个话题标签，并在失踪前发布过一篇"我想死，但我害怕一个人死去"的推文。他看到妹妹曾和一名特别可疑的男子有过接触。然后他开始

63

用她的账号发推文，想看看是否有人知道这名男子。有一位女子回复说她好像知道他是谁。随后，这名女子与警方合作并联系上白石，并与他在警方监视下的场所进行会面。随后警察尾随白石回到一间公寓。他们在那里发现了冰柜和收纳箱，其中装有 9 个被砍头颅以及 240 块其他人体部位和骨头。[54] 白石在被捕前一共引诱并杀害了九人：一名二十岁的男子与八名女性。这些女性年龄分别为十五岁、十七岁（两名）、十九岁、二十一岁、二十三岁、二十五岁以及二十六岁，其中三人是高中生。

白石承认自己曾使用推特寻找有自杀意念的人。他有一个账号名为 Kubitsuri-shi（"上吊士"）。在这个账号中，他发表过诸如"上吊不痛"和"如果你遇到严重困扰，敬请咨询我"之类的言论。在谈到使用煤炭球这样常用的自杀方法时，他发帖说"烧炭自杀确实很痛苦"，并建议人们绞死，表示他是来帮助任何想要上吊的人。[55] 他还承认使用网络搜索来寻找有自杀意念的帖子和话题标签，并表示他会回复这些人。他会告诉他们，社会充满了苦难，他是来帮助他们的。[56]

白石还有另一个账号叫 Shinitai（"我想死"）。在这个账号中，他使用话题标签 #jisatsuboshū（"# 自杀募集"）来假装他有自杀倾向，从而吸引受害者。在他被抓捕后，几个通过推特与他联系过的人站了出来，揭露更多他引诱受害者的方法。一位女士说她曾在推特上写道，"我正在寻找一个陪我一起死的同伴"，并附上 #jisatsuboshū 的话题标签。白石回复了她，然后开始两人的联络。她回忆道，白石一直坚持想要杀她，因为看到遭受精神折磨的人是如此痛苦，他非常希望能减轻这种痛苦。[57]

64

自座间杀人案以来，涉及推特的类似案件还有很多。2018 年7 月，有五人被发现死在同一间公寓。其中一位三十七岁的男人就是这间公寓的住户。其他死者包括两名二十多岁的女性、一名四十多岁的女性以及一名身份不明的男性。这位公寓住户发表过一些推文，希望能招募其他人与之一起死去。[58] 社交媒体的使用使得阻止人们引诱受害者或与之一起自杀变得更加困难。在传统网站上，版主可以发现并删除此类帖子，但在社交媒体平台上，这种监管并不常见。

自杀的传统观点

按传统来说，自杀在日本被认为是一种个体自由意志的表达。[59] "决绝自杀"的说辞仍然是一个非常流行的概念，表明自杀可以是一个有自由选择的个体理性决定，因此自杀是一个在必要时值得尊重的选择。[60] 日本人类学家北中淳子（Junko Kitanaka）认为，尽管日本自 19 世纪后期以来就成立了精神病学，但精神病学家很少能影响日本人界定自杀概念的方式。她认为这可能是因为日本人长期以来将自杀正常化，甚至美化它，并尊重它作为个体自由的行为。[61]

在我的研究过程中，尤其是在与日本人聊天和访谈时，我意识到这种传统观点确实有积极的一面。它并没有将自杀作为道德错误的道德判断施加给死者家属，而是通过不评判或不去谴责自杀，保留对自杀者或被抛下者之精神痛苦的尊重。

同时，传统观点所缺乏的是对自杀预防的促进。人们必须认识到，自杀并不总是由个体经过认真思索后作出的理性决定。相反，即使是在自杀的那一刻，人们对死亡的态度往往是矛盾的。[62] 作为预防自杀的领军人物之一、日本"生命电话"（Inochi no Denwa）自杀热线的创始人，斋藤由纪夫（Yukio Saito）在与我的对话中很遗憾地表示日本政府几十年来对自杀预防缺乏兴趣。[63]

任何尝试跨文化理解自杀都是一项复杂任务，最终会挑战西方对自杀的标准定义，也就是把自杀等同于"故意自我伤害"（deliberate self-harm）。[64] 即使人们已经尝试从社会文化角度理解自杀，但西方主要是通过个体病理学的视角来理解自杀。许多统计数据表明，超过90%的自杀未遂者患有抑郁症或精神病等精神障碍。然而，自杀言论在日本的主要特征之一是文化美化，也就是赋予某些自杀以积极文化价值。[65] 在三岛由纪夫和江藤淳两位知名作家的自杀案例中，公众反应和大众媒体报道所涵盖的是对于他们英雄主义的赞扬。总的来说，相比美国，日本文化对自杀的看法更宽容，并且在许多情况下，自杀在道德上被视为成熟和责任的标志。

莫里斯·彭盖（Maurice Pinguet）在其著作《日本的自愿死亡》（*Voluntary Death in Japan*）中断言："关键一点是，在日本，从来没有人在原则上反对死亡的自由选择，而西方意识形态一直难以就此发表意见。"[66] 他对此补充道："如果日本文化确实具有值得我们持续关注的独创性，那么最终必须在形而上学和唯心主义的缺失（absence）情况下找到这种独创性。"[67] 他将这种"缺失"归因于佛教的影响，尤其是强调万物无常的曹洞宗的影响。而这种"缺失"并不是"缺乏"（lack）。对彭盖来说，自杀在缺失之中成为"一种强烈的过度……一种严苛的需要……日本决心在原则上从不放弃，就好像她明白当人们放弃自己的死亡自由时，有多少辉煌和宁静的本质会从他们的文明中消失"。[68] 尽管彭盖选择的语言似乎带有东方主义痕迹，但日本有一个传统是"日本人论"（日本思想家宣扬的日本独特性理论），而且彭盖指出"自杀大国"一词正是日本人自己在 20 世纪 50 年代首先创造的。[69]

当自杀在日本不被美化而被视为一种病态时，它通常被认为是一种"社会病态"。日本的经济衰退经常被视作造成这种社会病态以及抑郁症和自杀的原因。日本思想有一种强烈的倾向是指责社会并寻找个体之外的原因。[70] 然而，完全无视个体也会带来问题。人类学家玛格丽特·洛克（Margaret Lock）在她对蛰居族（即社交退缩儿童）医疗化的批判性研究中，提出对日本有社会导向的医学话语的警告。她认为，这种话语并不一定是解放，而是潜在的道德化和霸权化。简而言之，以社会为导向的医学话语有过度强调人们痛苦意义的危险。[71] 因此，仅仅将注意力集中在决定性的结构力量上可能会侵蚀个体主体性的有效性和特殊性，并可能抹杀能动性。人类学家苏珊·朗（Susan Long）在日本临终问题的研究中认为，"选择"不等于"自主权"，因为选择（例如决定如何死亡）在既定语境和环境中是有限的。[72] 既然个体的选择无法脱离社会限制，这不禁令人质疑我们所认为的"个体"和"社会"究竟是什么。

在我看来，作为日本自杀的两个突出因素，自杀的文化美学维度及其被视为社会病态的结果也是令日本自杀预防复杂化的两个因素。一方面，将自杀视为特定情况下的负责任行为仍是一种强烈倾向。另一方面，将自杀因素的因果效力视为社会的而非个体的，阻碍了日本制定明确的自杀预防政策。前一种视角催生出这样的论点，即预防自杀会残酷剥夺个体在极度循规蹈矩的社会中可以采取的为数不多的自由与重要行动之一。后一种视角将自杀的全部责任归咎于社会，认为在整个日本社会重构之前，高自杀率将是一个难以动摇之效应的必然后果。因此，这两种观点代表了两个极端，这是由于他们没有充分认识到个体因素和社会因素是相互依存的关系。

"心中"：一起死去

如前所述，第一批互联网集体自杀案例被视作"心中"（shinjū）。可以将其粗略翻译为"集体自杀"（group suicide）或"结伴自杀"（suicide pact），但正如我将要说明的那样，有一些细微差别可能会使这些翻译产生误解。探讨与日本自杀相关的术语是有价值的，因为这些术语表明日本看待自杀的方式开始发生转变：从将自杀视为一种选择和个体责任的可以容忍的观点，转向一种更西化的观点。这种观点认为自杀是一种精神健康或公共健康问题，因此需要预防。

在自杀研究中，**结伴自杀**一词是指两个或更多人之间约定好一起或同时死去。它与大规模自杀不同，后者是指一大群人可能出于宗教、意识形态或军事原因选择一起死去。结伴自杀通常发生在朋友或爱人这样亲密的个体人际关系之间，并且自杀原因多种多样，原因在本质上通常也是高度个体化的。

日本有多个术语涉及不止一人的自杀。如果是恋人关系不能被这个世界接受，他们希望来世团聚，于是选择一起死去，这种传统观点就可以用 jōshi 这个词来描述。而 shinjū 一词描述的是一小群人一起死去的情况。这个术语并没有确切翻译，而且它所具有的特殊历史和文化内涵，使之与我们最初理解的"结伴自杀"不尽相同。

一方面，所有死者的知情同意并不是将死亡视为 shinjū 这种结果的先决条件。例如，"一家心中"（ikka shinjū）、"家族心中"（kazoku shinjū）和"亲子心中"（oyako shinjū）描述的是家庭成员一起死去，但不一定是一起决定自杀。相反，它们通常涉及父母之一或父母双方决定全家人必须都要死去。他们会杀死配偶和孩子等其他家庭成员，然后自杀。

在日本以外的地方，比如西方，这些行为根本不会被视作集体自杀，而是他杀-自杀。在日本，此类案件通常被认为是父母担心自己死后的其他家人无法继续生活在这个世界上。约瑟夫·戈培尔（Joseph Goebbels）与其妻子玛格达（Magda Goebbels）是一个臭名昭著的案例。当纳粹德国马上走向尽头时，他们在一起自杀前毒死了熟睡之中的孩子。在日本，人们倾向于将"心中"视作不幸的自杀。但在西方情况通常并非如此，未经家人同意而杀害家人则是谋杀。因此，我们应该清楚的是，

"心中"一词不应被译为"结伴自杀"，而更接近于"一起死去"（dying together）。

　　自杀显然是一个令人困扰的现象。此外，这些互联网集体自杀还有几个独特且令人不安的方面：人们线上相聚在一起并与他人公开讨论他们的自杀计划，他们想与陌生人相见并与之一起自杀，以及这类自杀方式越来越流行。自杀通常被认为是独自行为。如果自杀可以被分享，人们期待或至少希望，与之分享的人会劝阻那个人不要自杀，而不是他们一起确定自杀的意愿并解释一起自杀的方法。互联网集体自杀表明自杀可以是社交性的，而且一个人可以和陌生人一起自杀，这至少对某些人来说可能比独自自杀更好。"心中"等一系列表示一起死去的术语表明，长期以来自杀在日本具有社交性质。"一起死去"的文化历史悠久。

不负责任的自杀

　　在 1998 年以及互联网集体自杀事件兴起后，日本社会对自杀的态度开始发生转变，他们的态度从接纳转变为逐渐加深的担心。新潟青陵大学的心理学教授碓井真史（Mafumi Usui）成立过一个专门讨论日本自杀话题的热门网站。在美联社的一篇文章中，他被引述道："抑郁、年轻人和互联网，这是一个非常危险的混合体……在日本贫困时期，家庭出于必须，会一起做更多的事情，比如一起洗澡或一起吃饭，尤其是在农村，社群更为重要。但现在所有事情越来越是个体的事。这使人们更加孤立并可能会考虑自杀。"[73]

碓井的评论呼应了资本主义近代日本家庭崩溃的普遍共识：扩展家庭不太常见了，许多家庭有两个上班族父母或一个单亲家长，他们只有一个孩子留在家中。但重要的是，这种情形将自杀与社交孤立联系起来。自杀不再因为它是困境之中的最佳选项，从而是一种理性选择。它成为了孤独的产物。

2004 年 10 月，我在九名日本年轻人的互联网集体自杀后看到过类似的评论。彼时一位日本人在 BBC 新闻网站上写道："20世纪 70 年代的我们并不富裕，但我们有梦想。如果我们努力学习和工作，我们就能买电视机、汽车等等。我们从未想过我们的公司会破产，或者我们会因经济衰退而被解雇。我们既悲观，又脆弱。一旦我们失去了某种生活模式，我们就很难找到新的模式［原文如此］。现在的日本成年人正在努力寻找新的梦想或生活目的。我们必须改变，否则我们难以向年轻人展示他们想要的更光明未来。"[74]

还有其他更为批判性的观点。互联网集体自杀被视为"轻率"或"不严肃"的自杀方式。那些自杀者被认为是没有充分思索过自己的死亡理由。

AERA 杂志在 2003 年发行了一期题为"死亡理由"（Shi ni Itaru Wake）的自杀主题特刊。这期杂志涉及 100 位十五至十九岁日本青少年的访谈数据。[75] 在回答调查问卷中"您想死去的原因或场合是什么？"时，一些受访者的回答是"只是有点感到无聊""我活着很累"和"当我不确定自己是谁时"之类的陈述。这些回答与自杀网站访客的陈述非常相似。一位尝试过自杀的人在访谈中说道："当我想到自杀时，我并不是特别想死。我只是想让生活停下、休息一下。死或者没死成，都没关系。"[76]

心理学家兼大众社会评论家香山丽佳（Rika Kayama）在回应此类言论时写道："有一种感觉是，死或不死就像抽签。人们既没有自杀的决绝，也没有任何明显的原因，就这样灵魂飞升了（即死去）。我不禁觉得这是一种气氛和时机的问题。人们甚至没有任何真正想死的决心。"[77]

还有人认为，自杀之人无法理解生命及其深度和重量，而是将生命视为某种轻飘飘且不那么真实的事物。他们也以同样不那么真实的方式看待死亡。[78]电脑游戏、电视节目、电影等都被援引和指责为造成死亡的原因。[79]2003 年，生物学家和社会评论家池田清彦（Haruhiko Ikeda）说："我想告诉他们'别这样毁掉自己'。我们还能对一个没能力再活四十年的人说些什么呢？"[80]还有类似评论表明，自杀对于生命末期的人而非年轻人来说更容易理解。

当我读到社会评论家和心理学家关于互联网集体自杀的各种评论时，似乎这些自杀的根本原因既不明显也不清楚，因此很少引发他人共情。相反，这些自杀被视为不负责任、草率的行为，而那些参与其中的人则被贴上模仿者的标签，被认为是他们的意志太弱才不愿独自死去。

互联网与互联网集体自杀对青少年的危害

一些学者和社会评论家将自杀率的上升与互联网对日本青

年的消极影响联系起来。[81] 对互联网集体自杀持负面态度似乎是因为畏惧自杀的传染。在江户时代，近松门左卫门的知名歌舞伎剧造成"心中"事件的增加。江户幕府随后禁止为死于"心中"的个体提供丧葬服务，这是一种遏制"模仿"自杀人数上升的措施。[82] 不管在江户还是如今互联网集体自杀的案例中，人们认为自杀的"形式"会像传染病一样传播，因此必须遏制这类自杀。

尽管互联网的兴起与自杀率上升之间的确切关系尚不清楚，互联网的使用似乎也确实导致蛰居族（即社交退缩综合征）现象的增加，这一现象指的是超过 100 万的日本人停止上学或工作六个月以上（在多数情况下长达数年，甚至十年以上），他们留居家中从不出门，有时甚至都不离开自己的房间。[83] 在 20 世纪 80 年代，这类群体的大多数人被诊断为精神分裂症与抑郁症。据日本精神病学家町沢静夫（Shizuo Machizawa）说，许多这类人现在都没有这两种临床病症，但还是很难与他人交往，因此选择蛰居家中。[84] 町沢指出，互联网的便捷似乎让他们自给自足：尽管他们缺乏社交技巧，他们仍然可以通过网络方式与他人建立情感上的亲密关系。[85] 蛰居族与互联网集体自杀有明显相似之处，他们主要的交流工具是互联网，而这些个体缺少社会互动和社会支持。然而，无论是互联网集体自杀还是蛰居族都不能简单以经济衰退作主要解释依据。

最后，在谈到青少年时，大众媒体和研究人员都倾向于将自杀归咎于两个主要原因：霸凌（ijime）和被称为"受验地狱"（juken jigoku）的竞争性学校考试制度。他们指出，许多青少年的遗书这样写道："我就是个败笔，因为我没有考上 ×× 大学。""我害怕考试不及格，我失去了生活的希望。"或者"我被 ×× 霸凌了。他们对我做这做那，因此，我要去死。"这些文字有时可能表明自杀行为是对霸凌者的报复，并可能写下欺负他们的学生名字。但有趣的是，大多数网络约死案例似乎都没有以自杀作为报复的这一方面。很明显我们不能将所有自杀案例都简化为"受验地狱"或"霸凌"这样一两个原因，即使这些因素可能在许多自杀事件中很重要。

互联网自杀预防的兴起

互联网集体自杀已被视作自杀的一种新类型，并在日本社会中引发不同反应。一旦警方将互联网集体自杀确立为档案记录的新类别，政府就会迅速采取行动。厚生劳动省要求对预防互联网相关自杀进行研究并提供相应资助，并于 2006 年在国立精神神经医疗研究中心成立自杀预防中心。[86] 该中心共有九名内部研究人员和十名外部研究人员对互联网自杀及其预防方法进行研究。其中一份报告对互联网自杀预防的困难以及此类自杀形式增加的可能性表示担忧。[87] 该报告的摘要总结道，互联网自杀的受害者主要是年轻的日本人，他们是互联网的高频用户并会与陌生人同时自杀。[88]

72

共情与主体性

在我看来，最初日本对自杀的解释表明人们对自杀者缺乏共情，这既源于他们对这种现象本身的不理解，也导致了这种不理解的缺乏。人们对一连串自杀事件的最初态度是困惑，有时甚至是公然嘲笑和厌恶。当我意识到日本政府和媒体开始认真对待自杀问题时，也意识到这些努力因缺乏对那些考虑、企图和实施自杀之人的主体性理解而步履维艰时，我才觉得研究这些人的主体性非常重要，因为它会努力弥合这种共情的错位。

这些人是如何评估他们的处境才使自杀成为看似最好或唯一的出路？更深层次的问题是，什么样的主体性结构和过程会导致个体以一种看似正确或唯一的方式来评估他们的处境？一旦我提出这个问题，我就觉得它开辟出一条无论是方法论还是主题上的全新探索途径。这些探索都是为了理解自我、他者、人际关系，以及人生意义与价值。

采取此条路径的一个切实结果是给予近经验的第一人称和第二人称叙事更多关注，并为这些叙事提供发声空"间"（即日语 ma），从而让闻者和读者能够听到他们。共情障碍通常是因为人们没有花费时间去倾听，而是根据自己的预设立场和意见急于作出评判、分析和行动，没有认识到另一个人的经历可能与自己完全不同但同样真实。我将在下一章重点讨论高频访问自杀网站的个体的第一人称叙事。在后续章节中，我则专注于电影和电视节

73

目中的第二人称叙事，这些剧目是以社会评论的形式讨论孤独和自杀主题。

注释

本章部分内容来自对 Ozawa-de Silva（2010）和 Ozawa-de Silva（2008）的大量更新与改写。

1　Za Keijiban（2003）。

2　Cho（2006）；Ozawa-de Silva（2008）；Pinguet（1993）。

3　Di Marco（2016）；Pinguet（1993）；Ozawa-de Silva（2008）。

4　Di Marco（2016，29）。

5　不同于迪·马可的是，Inamura（1977，21）给出自杀数据的开始收集日期是一年后的 1900 年。

6　Takahashi（1997，2006，1998）；Ozawa-de Silva（2008，2010）；Di Marco（2016）；Inamura（1977）。

7　Di Marco（2016，34）。

8　Di Marco（2016，34—35）。

9　正如法国社会学家埃米尔·涂尔干（Emile Durkheim）在 1897 年的自杀研究中指出，人们普遍观察到战争期间自杀率往往会下降。参见 Durkheim（1951）。

10　Di Marco（2016，113）。

11　Takahashi（1998，26；1997a，26；1997b，19）。

12　Di Marco（2016，112）。

13　Mita（1971，2006）；Di Marco（2016，113）。

14　Di Marco（2016，154）；Takahashi（1997b，19—22）。

15 Takahashi（1997b，16）.

16 Takahashi（1998）；Di Marco（2016，154）.

17 Takahashi（1997b，16—19；1998，59—64）.

18 Di Marco（2016，35）.同样参见（1998，iii）.

19 Di Marco（2016，71—73）；Takahashi（1998，126—29）.

20 Takahashi（1998）；Di Marco（2016，71—73）.

21 Di Marco（2016，35）.

22 Keisatsu Chou Seikatsu Anzen Kyokyu Chiiki ka（2006）；Takahashi（2001）.

23 Takahashi（1999）.

24 Keisatsu Chou Seikatsu Anzen Kyokyu Chiiki ka（2006）；McIntosh（2004）.

25 Jisatsutaikougaiyou（2006）.

26 Cho（2006）；Motohashi（2006）.

27 Motohashi（2006）.

28 Allison（2013）；Vogel（1980，1993）.

29 Nakane（1972）.

30 Desapriya and Iwase（2003）.

31 "Heisei 29nen Ban Jisatsu Taisaku Hakusho"（2017）.

32 "Heisei 27nen Ban Jisatsu Taisaku Hakusho"（2015）.

33 "Heisei 27nen Ban Jisatsu Taisaku Hakusho"（2015）.

34 Takahashi（2001）.

35 Takahashi（1997a，2001）.

36 "Heisei 27nen Ban Jisatsu Taisaku Hakusho"（2015）；Takahashi（2001）.

37 "Jisatsushasū No Sūji"（2014）；"Wakamono-Sō No Jisatsu Wo

Meguru Jyōkyō"（2014）.

38　"Heisei 27nen Ban Jisatsu Taisaku Hakusho"（2015）.

39　"Jisatsu Taisaku Ni SNS Sōdan"（2018）.

40　Maita（2016）.

41　Amamiya and Toshihito（2008）；Maita（2016）.

42　Tsurumi（1993）. 有趣的是，就在此书出版的两年前，1991 年，一本些许类似的书在美国出版，即德里克·汉弗莱（Derek Humphry）撰写的《最后的出口：临终者的自我解脱和协助自杀实例》（*The Practicalities of Self-Deliverance and Assisted Suicide for the Dying*）。尽管该书更侧重于安乐死和医生协助的自杀，但在美国成为畅销书，并因作为自杀的"方法"手册而引发争议和批评。

43　Maccha no jo（2018）.

44　Kasutama（2018）.

45　Ten Ten（2016）.

46　Con（2006）；Shibui（2007）.

47　Horiguchi and Akamatsu（2005，19—26）.

48　Con（2006）；Horiguchi and Akamatsu（2005）；Shibui（2007）.

49　Hi-ho Kai-in Support（2007）.

50　Horiguchi and Akamatsu（2005）；Horiguchi and Emoto（2005，31—49）.

51　Horiguchi and Akamatsu（2005）；Takahashi（2009）.

52　Ueno（2005）.

53　"Takuhai Dokubutsu de Jisatsuhoujoyōgikeishichōsōsanettotūji Chūmonka"（1998）.

54　"Twitter 'Hangers' 'I Want to Die' Identify the Identity of Eight Housewives"（2017）.

55　"Suichiro Takashi Shiraishi's Suicidal 'Hanging Neck' Is a Hot Topic!"

（2018）.

56　"Twitter 'Hangers' 'I Want to Die' Identify the Identity of Eight Housewives"（2017）.

57　"I Escaped from the 'Hanger' in This Way"（2017）.

58　"Netto Ga Tsunagu Shūdan Jisatsu Ato Tatazu"（2018）.

59　Cho（2006）; Takahashi（1997a）.

60　Kitanaka（2011）.

61　Kitanaka（2011）.

62　例子参见 Takahashi（1997b，1999，2001）。

63　Yukio（n.d.）.

64　Desjarlais et al.（1995）.

65　Pinguet（1993）; Takahashi（1997a，1999，2001）; Traphagan（2004）.

66　Pinguet（1993，3）.

67　Pinguet（1993，11）.

68　Pinguet（1993，13）.

69　Ueno（2005）.

70　例子参见 Uneo（2005）。

71　Lock（1986，1988）.

72　Long（2005）.

73　Woman（2006）.

74　Akira Tsutsumi（2004）.

75　Shi Ni Itaru Wake（2003）.

76　Shi Ni Itaru Wake（2003，10）.

77　Shi Ni Itaru Wake（2003，10）.

78　Ohsawa（1996）.

79　Ohsawa（1996）；Saito（2003）；Usui（2002）；Machizawa（2003）.

80　Asahi（2003）.

81　Kagawa and Mori（2004）；Okonogi（2005）；Muta（2007）.

82　Asakura（2005）.

83　Borovoy（2008）；Machizawa（2003）；Saito（1998）.

84　Machizawa（2003）.

85　Machizawa（2003）.

86　Takeshima（2009）；Ueda（2005）.

87　Horiguchi et al.（2005，19—26）.

88　Horiguchi et al.（2005，19—26）.

第三章 联结脱节者：自杀网站

　　他不信任她的感情。还有什么孤独比不信任更使人孤独呢？

　　　　　　　　　　　　　　——乔治·爱略特《米德尔马契》

自杀网站

　　我在 2003 年开始研究自杀网站。正是在那一年，自杀网站现身。在我整个研究过程中，我见证了这些网站的演变。2003年，人们对这些网站所持的是无所谓的心态。这些网站没有得到很好的监管，人们继而经常分享个人联系方式和自杀方法的细节。人们有时会寻求自杀鼓励，其他人偶尔也会回应。少数一些网站还会积极鼓励人们自杀。一开始很少有人提供如何应对自杀意念或寻求帮助的信息。

　　直至 2006 年，大多数自杀网站声明，任何帖子只要涉及电话号码、地址或者组织自杀的时间、地点等个人信息都会被版主立即删除。此外，他们强烈鼓励网站管理员举报任何表明或暗示自杀计划的帖子。这些网站开始改变为自助团体性质。

出于实践和伦理原因，研究自杀的民族志很难开展，因为识别和访谈有自杀倾向的人并不容易。我决定密切追踪自杀网站，关注人们发布的内容，从而了解他们访问这些网站的原因。我想知道为什么年轻人没有受到经济衰退和失业的直接影响却有更高的自杀风险。

我最初的研究兴趣是为了理解频频访问自杀网站的年轻人的精神痛苦和自杀意念。我曾被这类话语震惊："我太孤独了，以至于不能独自死去"（自杀网站上的一篇文章），以及"任何人都可能和我一起死去"（和一位陌生人互联网集体自杀的女子留下的一张纸条）。这些话语对我产生了很大的影响。我开始认识到自杀意念、强烈孤独和想要与他人联结之间的密切关系。然而，我的重点是收集网络帖子的叙事，揭开自杀网站高频访问者经历的社会苦难、存在性苦恼和精神痛苦，以了解日本年轻人自杀的根本原因。

2006 年底，在日本谷歌网站中输入"**自殺**"一词，结果出现 3140000 个网站，而使用"**自殺の方法**"（jisatsu no hōhō，即"自杀的方法"）检索到 22600 个结果。自杀相关网站"隔都"（Ghetto）报告说，在 2003 年 10 月推出网站后的前三年里，网站的访问量不到一百万。[1] 另一个网站"自杀网：自杀倾向者的放松地"（Suicide Site：A Relaxing Place for Suicidal People）报告说，网站从成立到 2006 年底共有超过 300 万次的访问量。[2] 这两个网站每天都有一千次或更多次访问量。

2018 年，搜索"自殺の方法"一词出现了 6700 万个结果，但更多结果是与预防自杀相关，这类结果比 2000 年甚至 21 世纪头 10 年要多得多。而且搜索"自殺サイト"（jisatsu saito，即"自杀网站"）不再显示相同数量的线上自杀讨论网站。甚至如"隔都"此类存活时间最长的网站也不再出现在搜索结果的顶部，取而代之的是自杀预防网站。但是，如第二章所述，其中一些自杀活动已转移到社交媒体平台。

自 2003 年 9 月以来，我频频浏览过四十多个日本自杀网站。虽然参与式观察是民族志的标准方法，但我发现，在四十多个自杀网站上追踪无数自杀者的陈述也提供了一种方法，以深入理解他们的苦难和他们寻求与他者交流的动机。在四万多个关于自杀的可用网站中，我通过网络检索诸如"自殺サイト""集团自殺"（shūdan jisatsu，即"集体自杀"）或"自殺クラブ"（jisatsu kurabu，即"自杀俱乐部"）等关键词来缩小研究范围，以便确定哪些网站是由一个固定版主组织和运营，同时这些网站具有公告板服务（BBS）（现在更广泛称其为论坛）和聊天室等功能。[3] 我的研究还依赖一个对最受欢迎的自杀网站进行排名的网站。[4]

自杀网站的组成要素

大多数我浏览过的自杀网站由这几项标准要素组成：一份网站指南、一个论坛、一个聊天区、其他网站的链接，以及一块关于运营网站的网络管理员或版主的区域。

大多数自杀网站声称自己是以预防自杀为目的，也就是作为自杀倾向者可以公开分享和讨论自己困扰和痛苦的空间。[5] 然而人们指责这些网站对儿童产生消极影响。例如，有一个反对自杀网站的网站名为"招募者引诱集体自杀：自杀网站的恐怖！"（Lured into Group Suicide by Recruiters：The Danger of Suicide Websites）。这个网站警告说："自杀网站是交流自杀想法的场所。许多网站都有自杀方法的介绍，而且人们可以通过这些网站找到自杀同伴。这些网站上有时会出现生动、具有说服力的文字，也会有善于游说的招募者引诱个体自杀。有时，有些人最初尝试阻止某人自杀，但被那个人说服，并最终成为自杀未遂的案例。"[6]

在某些情况下，版主完全隐身。但在其他情况下，版主的角色清晰可见，并像一位咨询师一样定期回复网友评论。在某个网站上，一些网友评论清楚地表明，他们访问该网站是因为他们觉得版主是支持和理解自己的。

我决定把注意力放在BBS论坛的原因是，我发现这些网站最有助于理解考虑自杀者如何在网上表达他们的想法。因为我不想影响到这些网友，所以相比浏览聊天室，我更喜欢这种方法。与聊天室不同的是，BBS允许个人在网站上发表他们的评论，并且知道这些评论会公开，任何人都可以阅读。BBS论坛各不相同，有的是诗歌专栏，有的是关于某个主题或话题（例如"来世"）的持续讨论，还有很少引人评论的零散独白。[7]

应该讨论一下自杀网站访客的人口统计数据。虽然我们很难确切知道是谁访问自杀网站，但我们可以从他们的帖子推断出，大多数网友是学生，或是没有固定工作且不上学的年轻人（尼特族）。许多人自称二十多岁，或是年龄在十四到十八岁之间的初中生和高中生。2004 年，大约是自杀网站开始流行的同时，日本社会开始对越来越多的尼特族表示担忧。这些年轻人与西方"千禧一代"有一个共同的鲜明特征：他们被视作懒惰、以自我为中心、对寻求有报酬的工作不感兴趣，并且依赖父母养活自己。

解剖自杀网站

网站管理员一般是自杀网站的创建者、运营者，并充当版主来决定是否删除某些帖子，且在某人似乎有高度自杀倾向时对其进行干预。有时，当网友发帖表示他们感到绝望或想要"消失""泯灭"或死亡时，网站管理员会询问此人的更多相关信息。他们或许会发帖说"我是来倾听你的"，或者给出"如果你能坚持几天，这种感觉就会过去的"这样的建议。尤其是当他们正在寻找一起死去的同伴时，网站管理员可能会采取严厉的态度来劝诫网友。

此类网站的网站管理员通常是自杀未遂或曾有强烈自杀意念的人。他们经常在网站的个人史部分提到这一点。后来其中一部分人最终成为半专业咨询师。与大多数专业咨询师不同的是，网站管理员将网友视为"他们中的一员"。

一位自称为"煮蛋"的网站管理员自 2003 年以来一直运营自杀热门网站"隔都"。"隔都"是最早出现的自杀网站之一，包

78

含 BBS 论坛和实时聊天室这两项标准构成要素。该网站由几个标题类似于"自杀倾向者的草地"的论坛、一个名为"自杀站"的外链区和两个聊天室组成。其中一个聊天室对所有网友开放，另一个仅限于会员。煮蛋在网站描述中说道："成立这个网站的主要目的是讨论自杀和精神疾病。我们欢迎那些不想仅仅讨论自杀等敏感问题，而是希望与类似遭遇的其他人相互联结的人。对于那些遭遇严重状况但仍想生活下去的人，我们建议您拨打全国热线电话［生命电话］。"[8]

煮蛋进一步解释说，网站会禁止某些特定活动，它们包括"发布地址和电话号码等私人信息"，"刺激他人实施自杀或其他非法行为"，以及"带有地点、日期和时间等精确信息的自杀通知"。[9]网站还禁止发布自杀方法的详细介绍、跟踪骚扰，以及对其他帖子的严词批评。

煮蛋在网站指南中写道：

> 你好呀！
>
> 欢迎光临隔都！我叫煮蛋，是网站管理员。本网站含有自杀相关的信息，故被称为自杀网站。本网站的主要目的是为有自杀意念和精神疾病的人提供互助交流的渠道，并让大家讨论生命与死亡。但如果有人想默默念叨也没关系。
>
> 本网站欢迎善良的人，即使他们特立独行，例如有自杀意念、精神疾病者或蛰居族［社交退缩］、艺术家、极客、西装革履者、书虫、家庭功能失调者、外国人、和平主义者、骚扰和跟踪的受害者。

我是一个三十多岁的人，住在日本海沿岸的一个小城市。我觉得自己只是一个普通人，宅家没工作就无法照料自己。当我出门时，我会努力调整，让自己显得更干净利索。

现在我想特别告诉三十岁以下年轻人一件事。如果可以，请你尽量活到三十多岁。即使感觉生活无聊或乏味，也要努力活到那时。我之所以这么说，是因为我们的心智是逐渐走向成熟，是一年比一年稳定的。到了那个年纪，生活就会轻松很多了。

你可能会想："这是真的吗？"但我觉得等你到三十多岁时，你就会明白我的意思。如果你没有忘记我的话，如果你后来发现我说的是真话，那么请把这件事告诉其他年轻人。

如果你发现自己被情绪激动的讨论所困扰，被一叶蔽目，那么你应该远离这个话题，深呼吸，回到客观现实。

如果你马上要发脾气了，你可以试着保持宽宏，冷静地看待这件事。如果你仍然情绪失控，请想象一个河畔般的平静画面，让你的心情平静下来。

如果你发现自己经常情绪失控，你或许可以寻找简单的人生目的，或去探索不是其他人强加给你的自我实现方式。顺便提一句，就像食物成分一样，简单自然的人生目的或自我实现的方法往往更安全，而且它们不会有副作用。

单方面不尊重他者个人尊严的人往往也会失去自己的力量。在如日本这样建立在高度信任基础上的社会里，那些习惯致力于智慧和知识、理性和谦虚、能够尊重他人宝贵权利的人易于获得最大收益，即使他们由于残疾等原因各不相同。社群也是如此，即使时间阶段和社会环境也会发挥作用。愿理性之福与此网站的爱好者同在。[10]

煮蛋还有一个博客叫"精神的游牧民"。他在这个博客常常写他读过的书、评论最近的新闻和社会话题，以及偶尔分享有关自己的活动和过去的信息：

> 顺便说一句，隔都的老版网站名称是"自杀圈子"，后来它作为隔都而重新开放。在我二十多岁的时候，我专心致志于使用自杀网站，而且我创建了一个自杀网站。当我创建隔都的时候，我正期待春天的到来，因为我住在正值隆冬的地方，那里下了雪。顺带一提，我请假离开大学，打各种各样的零工。即使我没有任何资质证书，我还是从事了计算机工程和编程工作，还管理过计算机服务器。这些经历和我对亚文化的兴趣帮助我创建了这个网站。
>
> 顺便说一句，我过去曾自杀未遂过。但我并没有选择杀伤力很大的方式，而且我的尝试都是暂时且低级的，更接近于自残行为。我的自杀意念没有那么严重，我感觉自己比以前温和许多。很长一段时间以来，我没有太多和别人谈论自杀意念的机会，但我常常失去理智，然后说些失控的话。不过这样写下我的过去是件好事，因为它让我能够反思自我和过去。这就是为什么使用自杀网站并表述自己遇到的问题对我来说很有意义。[11]

80

主　题

随着研究的深入开展，我在自杀网站的论坛上开始看到反复出现的独特话题。以下小节包含自杀网站上一些按主题分组的代表性帖子。我会呈现这些网站的叙事和引用，并配以最少的注解，以便使自杀网站访客的表达方式对读者来说一目了然。我只有在必要时插入上下文作为背景材料，以便读者更好地欣赏这些帖子。

【孤独】

> 我成为学校里的行尸走肉。
>
> 我就像一个幽灵……
>
> 我会总是如幽灵般孤独生活并死去吗？
>
> 某人，请爱我……
>
> 我好孤独……
>
> ——影子[12]

当我加入聊天室时，我的依赖状况变得更严重。一人独处时，我会感到焦虑。我甚至一秒钟都离不开电脑。我是因为不被任何人需要而感到焦虑。只要我被告知自己是必需的就已足够。这样我会有一些内心的平静。我会做任何要求我做的事情，以免被人讨厌……我好孤独。我不能一个人活下去。我想变得强大……老实说，我越来越不确定我活着是为

了什么。因为我不相信真爱，我只寻求一些言语……我想要

被爱和被需要。

——沙耶 [13]

我不能忍受孤独了！但我不会信任任何人。我无法信任

任何事，除了我自己与我的宠物。

——琪琪 [14]

每当我独自一人时，我就感到孤独……我感觉我想死，

但我也好害怕自杀。

——登登 [15]

我从初中开始就是一个人，我非常孤独。

当然，我在大学也是一个人，我独自吃午饭。

因为我没有朋友，去上体育课和课余活动是非常痛苦的。

我从没想过，上了大学我还是这种情况。

我想逃离所有。

——忧忧 [16]

我好孤独！即使在学校，我也孤独得想死。

——舒舒 [17]

朋友们，朋友们，朋友们，朋友们。

什么是朋友？我身边的人都开心。我所认为的朋友们都

消失了。当我联系一个我认为是最好的朋友时，她只给我冷

漠的答复，现在她有男朋友了。即使我说"我们再出去玩一次吧"，她的回答也只是含糊其词。发生什么事了？是我变了吗？难道不是你变了吗？真好啊，你看起来好开心。真好，我想你除了我还有很多其他的朋友。多好啊，我嫉妒，我羡慕，我羡慕这世上的一切。为什么你们可以做我做不到的事情？无论我多么希望发生却怎么也不发生的事情？够了，够了，我不认识你们。我不认识曾经的朋友。你们这群人消失吧！我不需要情感。我恨一切，恨、恨、恨、恨、恨——我恨一切。

——友友[18]

我想一个人待着，但我希望有人在我身边。

——蟒蛇[19]

我不想一人独处。即使我是个败笔，我仍希望有人爱我。

——黑介[20]

82　最近一段时间，我不知道为什么我还活着。我上学、打零工，没有什么特别的日常生活。但我交不到朋友，可能因为我不信任别人。我总是压抑自己，表现出虚伪的自我……我唯一想到的事就是生命与死亡。我真想知道为什么我要活着。

——神祇[21]

　　我想变正常。我在假装正常。如果人们发现我不正常，他们所有人都会离开我。然后我就是独自一人了。

——龙猫[22]

【没有人生意义】

　　我为什么被生下来？我到底是谁？我要去哪里？我感觉人生没有任何意义，因为我真的不懂。

——绫[23]

　　不是我想死，而是我不想继续活下去了。

　　人生有快乐的时刻，但艰难与痛苦更甚。

　　不是因为我被霸凌才活不下去，而活下去就是一种挣扎。

　　我无法怀抱希望走入这个世界，无法为我的未来寻找人生目的。

　　上学时，很少有人告诉我，要有未来的梦想或目标，因为我没有任何才能或能力来实现我的梦想。

　　我首先就没什么激情或兴趣可言。

——毒药[24]

　　我想死。我想死。没有活下去的意义。一旦我死了，每个人都会有一段轻松快乐的时光。我就是一个绊脚石。

——爱心[25]

　　我不理解人生意义

　　我想依靠一个人……

　　我没有死去的勇气

　　我想在某处消失

　　我不懂为什么我要上学

——可可 [26]

　　我也常常觉得我应该消失！我应该从这个世界消失得无影无踪。我知道我父母会很难过，而且这对他们来说是相当不孝的行为。这就是为什么我不能死……但我一直活在质疑中，不知我活在世上是否有意义。我觉得，如果我能感觉到我活着是与他人有关，他们对我感激或我让他们开心，那么活着对我来说是有意义的，但不幸的是，我一生中没有这种感觉。

——帕菲 [27]

　　并非有什么糟糕事。

　　多么难得的特权啊——即使有人告诉我应为活到现在而感恩，我也不觉得有什么。

　　我没有喜欢的事，我也没什么困难，我就是单纯没有动力做任何事。我能做啥？

　　我没有动力工作，没有动力去见任何人，我只能吃吃喝喝以及睡觉。

　　我怎么才能有动力？我做什么才能感到快乐？我再也受

不了了。我为什么要被生下来？

我想为活着而开心，我想遇到能让我这样开心的人。

我想要对我的妈妈和爸爸说谢谢。

我想被爱，我想被呵护。

仅仅存活于世上就很艰难了，如果我从来没存在过，那也就算了。我的存在带来过什么好处？如果我不存在，妈妈也许就不会和爸爸分开。

我只是一块死都死不了的垃圾。

——匿名[28]

【感受不到关心】

我初生的双手正抓什么呢？

为什么无论我做什么或在哪儿，我都不被原谅？我不记得我做错了什么

好像我从新生儿时就被驱逐

请有人看看我、注意我

即使我大声呼喊，大声呼喊

它也不被任何人听见

并不是我想要的太多

我只想有块自留地，哪怕它很小

无论我做什么，我都会被嘲笑

84

无论我受到什么对待，我都不会抱怨

即使我失去珍贵之物，也没人安慰我

这冰冷的世界继续运转，似乎无事发生

我能去哪个安宁的地方？

我能与谁和平相处？

我从小感到独身一人

我所做之事都难以令这感觉好转

我就一直看着人群

请有人看看我、注意我

即使我大声呼喊，大声呼喊

它也不被任何人听见

——无名 [29]

即使我关心其他人，也没人真心关心我。我连自己仅有的极少数朋友都不能信任。我只有我年迈的母亲。我找不到工作。我一直很孤独。如果我妈妈走了……我好害怕我的未来。我想消失得无影无踪。我还有什么理由存活于世？

——淳淳 [30]

我一无所有

我一生都在昏睡，没有任何努力，而其他人一直过着充实的生活。

因为我一无所有，所以别人没理由关注我，但我想被某人需要，我想成为一个对某人来说很特殊的人。

我想被赞赏、认可和渴望。

——蛙 [31]

不被需要的人就没有活下去的意义，对吗？

我说的是我自己。

——废物[32]

【归属】

我没有可以归属的地方。

——动物园[33]

除了我刚刚提到的主题，这里的帖子还反复出现过许多其他主题：难以信任他人、被遗弃和被背叛的感觉，以及感觉如废物或垃圾（即日语 gomi，意为会被丢弃或扔掉的东西）一样不被需要或不受欢迎。另一个频繁出现的主题是渴望归属感、渴望一个地方能让人感觉在自己的存在或角色中是自在的。在日语中，ibasho 就指代这种情况，它也可以被宽泛地翻译为"生态位"（niche）。缺乏 ibasho 并想找到一个归属之地是网友们在自杀网站反复表达的情感。

尽管有一些人访问自杀网站是寻找同伴一起死去、寻求死去的鼓励或去发布如何实施自杀的信息，但其他人是来寻求安慰或活下去的勇气。虽然互联网因提供各种自杀方法相关的信息并对日本年轻人产生消极影响而受到指责，但它也创造了新的沟通形式与新的空间。在这里，人们至少可以找到某种适当的社群以及某种归属。

以下是对两位网站网友关于归属主题的长时间交流的文字摘录：

我不想上大学。现在我家里没有我的空间［归属］。我辜负了父母的期望。我不知道怎么办。我受不了了。我想死。

想死想死想死想死想死想死

想死想死想死想死想死想死

某人！

我想死。

我想死我想死。

我想消失得干干净净。

我没被选去跳芭蕾了。

我想死我想死。

我想死啊啊啊啊……

——芭蕾女孩[34]

亲爱的芭蕾女孩：

你是不是没有通过芭蕾舞推荐录取的大学入学考试？从时间点来看，我猜测你是遇到这个情况了。我找了找适合你这种情况的选择。似乎想要追求芭蕾的人倾向于想办法搬到东京上大学并加入有名的芭蕾舞工作室。另一种选择似乎是进入东京地区的教育学院，从而尝试成为一名芭蕾舞老师。其他人则出国，在学习英语的同时加入知名的芭蕾舞工作室。当然，最好的办法是咨询这方面的专家，但这也不容易，因为你的父母是芭蕾舞老师。我想一下是否有办法和芭蕾舞专家谈谈你的情况。

关于你父母和他们学生的期望，真的没必要满足他们。这是你的未来。你能通过满足你父母或其他人的期望来谋生吗？你能借此赚钱吗？谁会知道你父母的期望？他们可能会想："我希望我们的女儿选择上医学院或成为一名公务员，而非芭蕾舞者，因为跳芭蕾竞争太激烈了，很难以此为生。"你应该忽略任何关于你父母学生的期望。他们毕竟对你来说是陌生人，与你的未来无关。当你离开父母家时，你和他们学生的关系就会结束。

一旦你不再难过，你应该想想芭蕾舞对你来说意味着什么，不必担忧你父母和他们学生的期望。然后你也许会开始对你未来有所领悟。

——彼方[35]

对我来说，没有什么能和芭蕾舞一样重要。我一直跳芭蕾舞是因为它在家中为我创造了一种归属。像自我催眠一样，我使自己相信我热爱芭蕾舞。最好的证明是我现在根本没有动力去跳芭蕾舞了。

每次我说我想逃一次芭蕾舞课，我就觉得周遭空气变得沉重。我不知道该怎么办了。

——芭蕾女孩[36]

如果你不想跳芭蕾，我觉得你没必要从事它。只要你想，你可以随时找到归属。事实上，你自己不是在学校创造了你的归属吗？难道你的朋友是你父母提供给你的吗？也就是说，你开始独立于父母并创造你自己的归属。这就是人们开始工作的原因。

为何不尝试提前去学校，在放学路上顺便去一些咖啡馆，或者周末一个人出门，在麦当劳或美仕唐纳滋一边喝咖啡、一边看来往人群？你可以观察店里的人。那里有商人、职场丽人、家庭主妇、大学生、店员、车站职工以及司机，他们都拥有无关芭蕾舞的归属。

观察对你归属有利的事物，就好像去逛街或去动物园一样。如果你仍想继续将芭蕾舞作为爱好来从事，那么请你找一份可以负担芭蕾舞课程的工作。一旦你找到工作或上大学，那么你将拥有你的归属。当你不想见任何人时，我强烈建议你去没人认识你的市中心独自喝咖啡。你最终不会因为孤单和退缩［蛰居］而感到沮丧。

——彼方 [37]

下面的文字是另外一段关于归属的对话：

我是一名高中生。我在学校遭受了严重的孤独和疏离，所以我想死。我逃一天课后，再回到学校，人们用一种"你为什么来学校"的眼神看着我，这真的好艰难啊。学校没人叫我的名字。人们都不理我。

在二年级和三年级刚开始的时候，我其实很受欢迎。有一天，我被其他五个朋友排斥在外，整整一个月我都被他们当作一个根本不存在的人。

我真的想死。我应该上吊吗？有一次我尝试上吊，但我没能坚持，因为窒息很痛苦。

当我走向一栋高楼大厦，想着从顶楼跳下去，我却提不起跳楼的最后一点勇气。所以我只在那里晃荡了一会儿。然后有人报案，警察来救我。

"如果你死了，你的父母会非常伤心。死去不是很傻吗？事情会越来越好的。学校不是一切。你可以退学。"许多人都尝试这样鼓励我。

但我很痛苦。我真的非常痛苦。我很难摆脱想死的愿望。我想问尝试过自杀的你们一个问题：我怎样才能真正死去？请给予我死去的最后一点勇气。

——想自杀的学生[38]

我也是同样的情况。上高中还不到半年。

我想知道我自己的地方［归属］在哪里。如果我消失了，没有人会难过吧。那样的话，我就能消失了，对吗？

我会真得消失吗……？

我受够了。

——亚历克斯[39]

人们很容易读到此类对话，并将青少年描绘为夸大自己遭遇而没有真正的自杀风险。这对某些人来说也许是真的，也是日本在 20 世纪 90 年代和 21 世纪初的常见反应。因为他们的困难显

88

得并不严重，当时这些个体也很难引发人们的怜悯。话虽如此，重要的是在此期间的日本青少年自杀率是飙升的。无论这些困难在外界看来是否重要，它都促使人们寻找自杀网站而非普通论坛，去发布他们的自杀意念。这些行为导致了实际的自杀未遂和自杀既遂。在第二章中，我讨论过记录在案的实际自杀案例，这些案例可以追溯到线上讨论和联络。在某些案例中，相关文字甚至是关于自杀网站本身的，例如以下对话：

> 今生一无所有。
> 活着没有意义。
> 我能做什么让自己快点死去？
> 我真得受够这世界了。
> 我想死。我想现在就死。
>
> ——哦不 [40]

> 无论如何，我写下了我的告别信。
> 无论如何，我去了精神病医院。
> 我被告知我罹患严重的临床抑郁症。
> 无论如何，我开始接受药物治疗。
>
> ——哦不 [41]

> 是的。真的痛苦。有类似经历的人会懂这种感觉。每天的生活都是如此痛苦，没有一个安全的地方。如果你能找到你的归属，那就太好了。哦不，你的工作辛苦吗？如果你还

活着，请回复我。

————翼[42]

亲爱的你们：

我们是哦不的家属。非常抱歉为你们带来不便。

哦不已于昨日去世。我们注意到哦不将这个网站写在日记中。这就是我们写下这些文字的原因。

尽管你们全力支持与帮助，但事情就是这样了。无言。

非常感谢你们对哦不的支持。你们帮助过哦不很多，我们为任何不便致以诚挚的歉意。非常感谢。

作为临时归属的自杀网站

89

一些日本研究者已将互联网视作预防自杀的重要工具。日本主流自杀预防热线"生命电话"于2006年接受电话咨询的同时引入互联网咨询，这是因为人们意识到一些有自杀意念的年轻人更喜欢互联网互动。据"生命电话"创始人所言，选择线上咨询的人中有超过70%在三十岁以下。对于"互联网世代"（internet generation）的年轻人来讲，对互联网的依赖早已成为日常生活的一部分，而且它在自杀和社交关系中的作用多面且复杂。

自杀网站的管理员和版主一般都会回复已发出的帖子，鼓励发帖者坚持下去或与他们联系，以便版主可以倾听他们关于精神痛苦的详细信息，从而安慰他们。正如下面那段摘录文字所示，网站管理员"鬼神"会特别关注有自杀倾向的网友帖子。与煮蛋一样，鬼神建立的热门网站是从 2003 年开始活跃的。

网友有时会在离开几年后再次回到网站。似乎他们在经历困难时期或有强烈自杀意念时就会访问这些网站，而当他们感觉好些时就不再访问。一位昵称为"瑕疵"的大学生写道，他们自从十五六岁就开始访问"自杀者交流网"（Suicidal People to Communicate with Each Other）网站，如今已然五年。瑕疵说道，尽管他们有自杀念头，但这个网站让他们活了下来。瑕疵特别喜欢在睡觉前访问这个网站：

> 在很长一段时间后，我又来到网站发帖。当我还是一名想要死去的高中新生时，我曾经在这个网站发过帖子。我想办法活了下来。现在我正在大学读二年级。我讨厌学校，但由于各种原因我最终选择了教育学专业。最近，我一直想在明年之前自杀。然而偶尔睡前浏览一下这个网站的评论给予我坚持［全力以赴］的勇气，让我想要坚持下去。我希望访问此网站的人可以最终过上更加轻松的生活。
>
> ——瑕疵[43]

下面的帖子来自网站管理员鬼神所运营的自杀网站"鬼神揭示板"（Demon God's Bulletin Board）。鬼神是论坛的积极参与者。一位名叫芳惠的网友这样写道：

90

我在数年前发现了这个网站。很多年前我想死去但没能杀掉我自己。当我整理书签时，我惊讶地发现这个网站仍然活跃着。我很开心看到您的网站仍然活跃，因为大多数精神健康相关的旧网站都已经关闭。我每天都在死不了，但真的很想死的状态下度过。我的日子只剩下呼吸。我的人生无任何价值与意义可言。我对人生感到非常厌倦，但我打算再活一年左右。我想来这个网站发布一个请求，也就是寻找一个愿意与我一起死去的人，但我知道我的帖子会被删除，或者这个网站甚至可能因为此类帖子而被关闭。我不想再尝试另一次失败的自杀未遂了。

——芳惠[44]

下面的帖子来自一位年轻女性以及回复她的人，还有网站管理员鬼神：

一年前我发现这个网站时，我从没想到我会在这里发帖。我为活下去付出了很多努力，努力不让自己充满遗憾，即使我可能不得不从批判的角度来反思我所做的事情。但今年只有遗憾，一切如此。在这一年里，我的人生完全改变。即使我试图走出家门，我对可能遇到的事情感到焦虑和恐惧，又阻止了我外出的脚步。每天我都在想，如果我能"重置"一切，那将是多么轻松，即使这意味着死亡。与其不断被无尽恐惧困扰、没有出路，莫不如现在就结束我的生命。这是我的选择，即使人们告诉我这只是逃避。试图成为一个坚强的人似乎毫无意义。

——玲子 [45]

亲爱的玲子：

祝好。没关系的，因为来这个网站的人都不是很坚强。当人们为一件事努力工作时，后悔随之而来。即使努力工作的人也有黑暗的一面。死亡无法"重置"你的人生。死后只有空虚和虚无。如果你让自己保持平静而不是强迫自己，最终时间会为你打开一个出口。请不要勉强自己。

——鬼神 [46]

亲爱的玲子：

死亡并不能成为你的紧急出口。如果你尝试这样做可能会带来进一步的伤痛。最终它要么是一次彻底的自杀，要么是一次失败的尝试，但我认为结果是一样的。你不需要努力。如果你无法继续前行，则无需采取任何行动。请珍惜当下和此刻。

——沙沙 [47]

这是另一条帖子，以及鬼神的回复。

正如我的帖子标题，人生意义什么？我没有爱好，我甚至不出门。每天我都很害怕我爸爸，而且我不能玩游戏。唯一释放压力的方式就是去割腕，把压力发泄在无生命的物体上。在被告知我不能做这些事后，我还应该死吗？

——女孩 A[48]

尝试寻找人生意义是没有必要的。一旦我们死去，我们甚至不会去想这些事情了。

——鬼神[49]

某些情况下，自杀网站访客的来来去去证明了孤独感受的变化和无常本质。煮蛋在鼓励他的网友尝试活到三十多岁时暗示了这一点。网友们袒露道，环境的变化促使他们被社会接纳，从而掐灭他们的自杀意念：

顺便提一句，我的环境已经变了，现在我身边都是接纳我的人，所以我完全不再想死亡的事。曾有一刻我真的很想死。

——久留[50]

想死却"没有特别的理由"

不知为何，我很孤独……一直孤单……我希望我从未来过这个世界……人生好长……我会奉上我的生命！如果谁想要，请来拿走。

——爱丽丝[51]

92　　　我无缘无故地活着。我无缘无故地想死去……但我害怕疼痛，我害怕在地狱遇到阎罗王，活着并不那么重要。我不知道我想去做什么……我只想死。我想知道为什么。

——无缘无故[52]

我的人生没什么错。并不是因为我遇到经济困难或什么类似的事，我只是没有继续活下去的理由。[53]

不是我想死，而是我也不想活着了。[54]

我好累。继续活下去的意义是什么？但我也不想死在痛苦中。我想消失片刻。

——流浪者[55]

还有很多帖子没有明确将死亡意愿和意义缺失联系在一起。然而，很多帖子表达出人生应该做什么的不确定性，这似乎是对意义缺失的更浅层次意识。这些个体似乎处在边缘地带，因为他们不希望遭受任何可能涉及死亡的痛楚。但他们表达出一种情感，也就是无论生死都对他们没有太大影响。自杀往往有行动上和意图上的暗示，但这些个体表现出极大的被动。他们寻求无痛的死亡，而与他人一起死去似乎可以消除一些死亡的痛苦。

在日语中，nantonaku 的含义是"无缘无故""不知为何"或"没有特别的理由"。当一个人不能想到一个恰当理由或找不到理由时就会使用 nantonaku 一词，比如"不知为何现在我想去吃一个汉堡"，或者"我不知道为什么但就是无缘无故地不喜欢他"。

与"决绝自杀"相反，日本有大量自杀者想死去，但无法确定自己如此感受的特定原因。这是最近日本自杀潮的一个显著方面，也是此类案例未能引起部分日本评论家共情的原因之一。

想和他人一起死去

即使我想死，我也无法死去。

我难以死去的原因是我害怕死去，即使我愿意。我觉得我可以和某人一起死去。

我会等待想［和我一起］消失的伙伴。

93

——矮子[56]

哈喽，是否有人和我一样想飞到空中？

嘿，如果两人一起来，自杀就不恐怖！

所以我正在寻找同伴。有人一起吗？

——肯[57]

我一直想要死去，并且一直在思考自杀方法。

请让我和你们一起死去。

——一生[58]

如果可以，你愿意和我一起死去吗？

——饼干[59]

我不想再受苦了。但我太害怕独自死去。有没有人愿意和我一起死去?

——艾莉 [60]

你们有自杀倾向吗?那你们想和我一起死去吗?我不敢独自死去。我想找到愿意和我一起死的人。

——一起 [61]

有人想死但不能一个人死去吗?请让我们一起死去吧。

——丸子 [62]

安眠药杀不死你们……有人想用其他方法死去吗?

——梦魇 [63]

你们愿意和我一起死去吗?顺便说一句,我住在群马县。

——群马 [64]

我一直想要死去,并且一直在思考自杀方法。
请让我和你们一起死去。

——苦难 [65]

如果可以,你愿意和我一起死去吗?

——跑跑 [66]

这部分引文让人想起此前关于互联网集体自杀的讨论，而且

我发现这是另一个反复出现的主题：想要死去，但不是独自死去。建议一起自杀的语气往往随意得令人咋舌，有时甚至是恳求或祈愿。这些人际关系的实质很难定义。一方面，这些个体是陌生人，彼此之间并不重要。另一方面，他们考虑一起做某事的事实（即使是自杀）会创造一种纽带以及需要一种信任关系。这在诸如"你会做我的朋友吗？你会和我一起死去吗？"此类帖子中非常明显。这是一种神奇的友谊，并且对许多相信死后生命会延续的日本人来说，这是一种在今生至来世之旅中的奇特陪伴。而他们或许没有勇气独自走这段旅程。正如我之前所引用的文字，一位女性和一位她刚在网上认识的男性一起死去，她在遗嘱中说道："独自死去是可悲的。任何人都可能如此。"[67]

人们在考虑自杀时，强烈的孤立感、孤独感和疏离感就其本身而言可能并不那么明显或独特，但选择与他人，尤其是与陌生人一起死去就不那么寻常。在日本社会，独自死去是被污名化的。当一个人死去时，家属在场是一种文化强制性（cultural imperative）。苏珊·朗写道："临终者的孤独可能性似乎是一个特别的关切。它不仅表现在话语中（例如 kodoku na shi，即'孤独死'），还表现在对 shini me ni au（死亡时刻的在场）的极大重视上。"[68] 在大多数一个人自杀的情况下，人们可能不会积极地希望别人与他一起死去。然而在集体自杀的情况下，避免"孤独死"的意愿似乎一直都有。甚至七轮炉的选择本身也很意味深长，因为它是舒适、亲密无间和集体行动的怀旧象征，如同人们聚在一起烧烤。

来　世

美轮明宏［一位影视名人］曾说，即使你自杀、死去并获重生，那也只是逃避。因为你没有战胜你的困难，所以你会在来生一次又一次地重复相同的事。所以自杀没有意义。

——咪咪[69]

主流观点是生命只有一次，但我认为生命会重复许多次。如此一来，我认为人们可以过上轻松的生活、善待他人、不绝望、不自私。我认为灾难中抢劫的发生是因为人们认为你只有一次生命。关于自杀，我不认为这是结束此生的办法，所以我不会这样做。我认为我下辈子只会再次经历同样的事情。

——骑士[70]

在自杀网站的聊天室和留言板中，关于来世的讨论并不罕见。然而，日本没有关于来世的标准观点。基督教徒仅占日本人口的不到1%，因此永恒天堂或地狱的想法在日本人中并不流行。日本受佛教影响更大，而佛教认为人们会在轮回中转世无数次。

尽管大多数日本家庭确实和某个佛教传统有联系，但这些纽带往往更为传统，只有在家人去世而需要安排葬礼时才会发挥作用。因此我们很难找到佛教徒修行人数的统计数据。虽然许多人会在某些节日（如新年）参拜神道教神社，但只有少数日本人自认为是神道教教徒。

这些来自宗教传统的思想已经渗入日本社会与文化中，促使许多人会在年中某个特定日子参与仪典。但是，每周末去教堂、清真寺或犹太教堂这样定期参加有组织的宗教活动在日本相对罕见。此外，不同于大型一元神教所要求的排他性隶属关系，日本佛教和神道教的宗教隶属关系通常被认为是非排他性的。

定期参加仪式的日本人通常隶属于"新宗教"（new religions）和"新新宗教"（new new religions）。这些宗派结合了佛教、基督教和其他传统元素，通常围绕一位具有超凡感召力的宗教领袖组织起来。特别是在 1995 年"新教派"（new religious sect）奥姆真理教于东京实施沙林毒气袭击之后，诸多日本人认为这些宗教运动是可疑的。

因此，日本的宗教构成证明了个体对来世的看法具有明显的开放性和多样性。一个类似的构想体现在 1998 年是枝裕和的电影《下一站，天国》（*Afterlife*，日文原片名为ワンダフルライフ，即"美妙人生"之意）之中，这部电影曾受到数百名"现实生活"中的日本人影响，而且部分内容是基于他们的叙事。[71] 电影中的来世既不是天堂也不是地狱，而是一个过渡的地方。在这里，个体可以选择从刚结束的生命中保留唯一一段记忆。这种观念将死亡视为从一种存在状态到另一种存在状态的过渡，而下一个状态不是永恒不变的极乐或痛苦。它对于理解日本人的自杀观点非常重要。我会在后文涉及日本大学生的自杀和死亡观点时重新讨论这一点。

解析主题

孤独与人生意义的缺失似乎紧密相连，它也被人们在自杀网站帖子里强调为自杀的原因。人们经常有一种内在矛盾。一方面，他们在独处时会感到强烈的孤独，但另一方面，他们对其他人感到不信任，而且他们不喜欢社交场合。在某些情况下，这些感觉似乎在与他人一起死去的愿望中结合在一起。换句话说，他们想要逃离今生的孤独与意义缺失之苦，并与另一个人或许多人保持联结，因为独自死去实在痛苦。

如前所述，许多自杀网站的网友谈及缺乏属于自己的位置，也就是一个生态位或可以归属的地方。这似乎类似于缺乏人生意义与人生目的以及希望拥有此类目的和意义的表达。许多人也感觉到无人关怀、接纳他们，并且没人做他们的朋友。当这些帖子放在一起，似乎它们共同缺乏归属、意义、接纳和他人的关怀。与此同时，他们也强烈渴望被他人接纳和关怀，而这种渴望会促使他们寻找归属与意义。

这表明，自杀网站访客的孤独感核心是缺乏被他人关怀以及对他人有意义的感觉。社会联结显得尤为重要，感受到他人的共情与同情也是如此。

这也许有助于解释与他人一起死去的强烈愿望。自杀网站访客的痛苦来源之一是孤独和社会联结的匮乏，因此他们不仅希望逃离此生的痛苦，也更希望摆脱孤独与脱节的痛苦。与他者一起死去就能满足这两个目的，或至少看起来如此。

作为摆脱痛苦的自杀

我之前指出，自杀网站的大多数访客是十几岁或二十几岁的年轻人，而其中许多人属于尼特族。与美国社会不同的是，日本社会并不强调青春期是一段生物性紊乱时期。[72] 相反，它被视为一个人在训练成为一个负责任成年人而进行激烈竞争的备考时期（为初中、高中与大学所录取）。[73] 然而，正如心理学家凯瑟琳·派克（Katherine Pike）和人类学家埃米·博罗沃伊（Amy Borovoy）所指出的，青春期在日本不是"作为自主和独立的萌发时期"，而是"作为社会整合、精力充沛和富有潜力的时期，并非过渡和反社会的动荡时期"。[74] 人类学家梅里·怀特（Merry White）也指出，日本的青春期是培育和训练个体成年后掌握社会关系的时期。[75]

当然，青春期在不同的文化中具有不同的意义，而且根据不同的文化逻辑有不同的时间段。在日本，"青年期"（即 seinen-ki，常被翻译为"青春期"）非常长，它可以从十五岁持续至二十四岁（根据厚生劳动省的定义），因为许多日本年轻人仍然住在父母家中，并在高中或大学毕业后继续在经济上依赖他们而生活。即使正读高中与大学时期（十五至二十二岁）被视为青春期，但这一时期在某些情况下可被推迟至三十四岁。[76]

日本非常强调人们在成年之前的这段青少年时期或青春期要

98 成为负责任的社会成员。日本人使用 shakai jin 一词指代"工作者",但它的字面意思是"社会人"。它强调归属感,但更强调社会责任感与社会角色。比如对于女性来说,成为一个成熟的成年人与母职密切相关,派克和博罗沃伊甚至也论述过"母职是走向成熟的唯一途径"这个普遍观点。[77] 高等教育尤其是两年短期大学仍然被视为女性被培养为好妻子和好母亲的时期。[78] 而对男性来说,成年与受雇于企业、承担家庭经济责任密切相关。

青少年自杀的特征往往是他们有惩罚他人的意图,例如"如果我现在死了,我会让所有那些霸凌者为自己感到难过"。但近来的集体自杀并没有表现出想要惩罚他人的迹象,一氧化碳中毒的自杀方法似乎也没有引人注目的吸引力。但它很受欢迎,因为它被认为是最不痛苦、最舒适的方法。此外,自杀在日本经常被形容为一种"承担责任"的途径。通过一个人与一个更大实体(国家、公司、一个人的荣誉守则)的紧密联结和隶属关系,一个人将实施自杀视作一种群体赎罪的形式。但是,像网络约死这样的青少年自杀和集体自杀似乎与之完全相反。正如社会学家埃米尔·涂尔干所言,自杀似乎不是源自某种联结感和自我牺牲感,而是暗示一种根本性的脱节或**失范**(anomie)。

然而,这些自杀也清楚地呈现出痛苦以及表示难以忍受痛苦的特点。强烈的情感化与非常厌恶痛苦、苦难似乎也是青春期与青年时期的特征。相对应的是,他们也缺乏对无常的觉察,也就是没意识到,包括当下的痛苦和孤立感在内的所有事情都会过去,没有什么是永恒的。这似乎呼应了网络管理员与版主煮蛋的建议。他曾鼓励自杀网站的网友们努力活到三十多岁,并且认为他们对痛苦的抗逆力会随着时间推移而增强。

《自杀俱乐部》与《妄想代理人》：
互联网集体自杀的流行文化表征

　　如果自杀不是被用作惩罚他者或发表某种引人注目的声明，如果它也不是作为一种牺牲或集体赎罪的形式出现，那么这些自杀是否为寻求某种好转的一种尝试，以及一种对孤独与疏离之苦的解脱？自杀网站访客于帖子中所表达的想法和感受在多大程度上是日本社会与青少年的更普遍反映？

　　为了回答这些问题，我们可以转向日本流行文化与媒体。如此一来，我们会发现日本自杀网站访客在个体叙事中突出的主体性危机是非常普遍的。而这足以成为诸多电影、电视节目、杂志和书籍的核心话题。从电视剧与故事片到书籍与网络出版物，众多社会评论都曾检视过当代日本的状况，并描绘了一幅黯淡的健康图景。他们不像"官方"那样围绕日本经济停滞以及病态和抑郁症的个体案例来解释日本自杀率飙升。这些信息来源表明，访问自杀网站的日本人不是孤立的病态案例，而是一种深层弊病的受害者与象征。这种弊病正困扰着日本社会。此类受害者的个体心理与一种亟需改变和疗愈的社会心理密不可分。

　　如前所述，这些信息来源可以提供一种"第二人称"视角并作为主体间性的补充研究方式。这种研究处于第三人称分析与第一人称报道之间。正如我们将会看到，第二人称视角在创作作品时广泛借鉴访谈与研究，这对是枝裕和这样的电影制作者来说尤为如此。无数 21 世纪的日本电影提供了某种社会评论，以反思困扰这个国度的社会弊病：自杀、失业、家庭破裂，以及孤立。[79] 近些年来，有大量专门讨论自杀问题的电影出现，例如《自杀俱乐部》《不活了》《自杀手册》与《东京奏鸣曲》。这些电影往往表露出政府与媒体报道所匮乏的共情与洞察。[80] 电影《自杀俱乐部》以及动画《妄想代理人》尤为有趣，因为它们引发日本人对可能涉及互联网集体自杀的文化和社会心理过程的关注。[81] 我聚焦于这两部作品不仅是因为它们直接涉及年轻人的自杀问题，还因为它们为日本集体与互联网自杀的兴起以及孤独、联结他者、来世等相关主题提供了有力的社会评论。[82]

日本研究学者桑德拉·巴克利（Sandra Buckley）在《当代日本文化百科全书》（*Encyclopedia of Contemporary Japanese Culture*）的序言中，用很大篇幅来检视最近日本电影对孤独、孤立和不稳定的表达。正如她所述："无论这个公开讨论的场所是电影、晚间新闻、漫画、手机短信、新小说还是真人秀，当代文化生产平台与信息经济循环都调整了现实的参与度，因为它们都持续影响并塑造着现实。"[83] 因此，即使这两个流行文化案例是高度戏剧化的，并不能被视为互联网集体自杀本身的真实呈现，但它们的确证实互联网集体自杀的某些特定方面，而正是这些方面激发了日本社会评论家的想象力。在媒体和政府的应对措施中，这些方面被很大程度地忽视了，即使它们对理解日本互联网集体自杀最为重要。

编剧兼导演园子温在 2002 年发行电影《自杀俱乐部》。这部电影的灵感来自一起日本青少年在山手线跳下站台的集体自杀事件，它或许也曾受到奥姆真理教沙林毒气袭击事件的影响。这部电影是一种关于后泡沫经济时代日本集体自杀和社会弊病的社会评论。它既尖锐，又令人不安。

影片开头是五十四名女生在新宿站台上手拉着手。当列车驶来，她们念着"一、二、三"便齐齐跳向轨道自杀了。与此同时，一日之内全国各地也正在发生着莫名其妙的自杀事件。一组警探受命调查此事。两日后，一群高中生正在学校楼顶一边吃午饭，一边讨论近日"少年集体自杀"事件。她们开着玩笑，站到屋顶边缘想要模仿跳轨自杀的女孩们。然而其中一些女孩居然在手牵手说完"一、二、三"后就跳楼身亡。剩下的女孩站在楼顶边无比震惊地看向楼下。之后她们也齐齐跳了下去，这令附近旁观的其他学生感到深深恐惧。

随着警探遇到越来越多的自杀事件，他们的调查逐渐显露出自我生活的空虚。当家庭自杀夺走了他的妻儿时，这位警探接到一名男孩的神秘电话，被问及他"和他自己的联系"。听到此话，这位警探便饮弹自杀。

同样涉及集体自杀事件的《妄想代理人》是由今敏创作的动画剧集。这部动画于2004年2月至5月播出。今敏以其长篇动画电影《未麻的部屋》《千年女优》和《东京教父》而闻名，他在这部动画中审视了一群苦于日本当代社会弊病的角色。

这部动画表明，日本社会对它所处的灾难状态浑然不察。《妄想代理人》的每集片头都描绘了各种极度令人不适的环境画面，而那些作为日本社会横截面的主要角色身处其中，面带微笑或

101

大笑。比如，一名女性立于城市高楼顶，用双手提着鞋子（在日本，这个画面象征着即将发生跳楼自杀）；两名男孩站在洪水泛滥的废墟中；随着一群鱼滑稽地游过，一名女孩微笑着直直立于水下，似乎正处于自我溺亡的过程；一名男子站在发电机顶部，背后是一大片蘑菇云；当地球表面发生大规模爆炸时，一位老人正站在月球之上。此外，片头曲的歌词也带有黑色幽默的讽刺意味："迷失的孩子是天空中盛开的美丽蘑菇云／迷失的孩子是潜入这片土地的小鸟／双手触摸阳光亲吻的草坪／他们试图与你交谈／梦境在公寓大楼的长椅上绽放／将命运藏入心中／平息你的忧郁／迈开双腿走向明天／无需担心惊涛骇浪。"[84] 这些文字似乎是社会告诉我们不要担心天灾人祸，与此同时，我们也正走向死亡。

102

《妄想代理人》的第八集聚焦于网络约死。相遇于互联网聊天网站的三个人在某个公共场所碰面，想要一起自杀。然而，斑马（一名年轻同性恋者）和冬蜂（一位正在服药的老人）这两人惊讶地发现，他们的第三位成员海鸥并不是成年人，而是一个小学女孩。海鸥很高兴见到他们，并以活泼的语气称呼他们，但这二人跑掉了。虽然她极力反抗，他们还是设法躲避她，因为他们震惊于和小孩子一起自杀的想法。他们找到一座废弃房屋，烧起七轮炉里的木炭，打算死于一氧化碳中毒。他们还服用安眠药并躺在地板上。但最终他们被海鸥的到来和建筑物的拆除声所唤醒。

这三人因自杀失败而心烦意乱，随后前往车站，打算跳轨自杀。但在他们跳下之前，另一位年轻人抢先一步，在火车即将驶来时，跳向铁轨而死。随着又一次自杀未遂，三人开始悲叹自己无法死去。最终，冬蜂在准备吃药时发现，自己只剩下一粒药了。无论是他还是观众都察觉到异样，因为他在本集早些时候已经服用过最后一粒药。就在此时，三人听到黑色乌鸦飞过身旁的巨大响声。老者恍然大悟。观众此时可能也如冬蜂一样意识到，他们三人其实早已经死了，而且是一直游荡的灵魂或鬼魂。如果我们仔细观察房屋拆除后的场景会发现，地上没有他们的影子。据推断，他们都已死于一氧化碳中毒。这一集以他们三人一起欢快地散步并吓到一些正拍照的游客而结束。游客在拍照时没有注意到他们，但当他们在数码相机中查看照片时却被震惊。这是另一个告诉观众这三个主角现在是鬼魂的线索。

　　这部动画的讽刺体现在诸多层面：一群早已死去的人一直尝试自杀，但他们因未能如愿而感到沮丧，并且在意识到自己实际已死之时，他们终于感到开心。没有一个角色罹患严重的抑郁症或精神病。相反，他们被刻画为做着不平凡之事的平凡人。甚至他们集体自杀的尝试，还有一位小女孩不愿被抛下，也被描绘成他们只是去野餐一样。虽然没有一个角色明确给出想要死去的理由，但一些草蛇灰线表明他们都遭受着严重的孤独。海鸥一直害怕其他两人会将自己抛下，坚持跟他们一起走，显然她从他们的陪伴中汲取了极大的慰藉。而斑马戴着一个心形的挂坠盒，里面有一张他和另一名男子的合照，那人大概是前任情人。冬蜂则被描绘为一个身患疾病的孤寡老人。他们的平凡普通被这样一个事实抹上一道亮色：他们似乎没有什么事情可为之活下去，故而将死亡视为一种充满喜悦的解脱——但解脱到哪里呢？他们在片尾

103

的欢乐嬉戏也极具讽刺意味，因为他们的状况没有任何改变，只是意识到自己早已经死去，他们才终于感到自由。作为鬼魂，他们不被看见，这表明他们的解脱可能是一种自由，一种从社会、社会角色、期望以及过于沉重的他人目光与评判中解脱出来的自由。

伊壁鸠鲁式自杀

《妄想代理人》与《自杀俱乐部》中集体自杀的参与者都被刻画为"平凡人"，而非抑郁、高度紧张或受折磨的个体。他们不是病态的、失去理智的人，也不是因为其他极端或不寻常的情况而自杀。这种描绘与自杀网站访客和日本大学生的呈现是一致的。即使人们很难确定自杀网站访客是否患有严重的精神疾病，但他们通常发表的帖子大意是"我的人生没有错，我没有遭受经济困难这样的事，我只是不知为何活下去"。[85]诸如"不是我想死，而是我也不想活"之类的情感暗示着他们不过都很平凡普通，与自杀者的常见描述背道而驰，而后者倾向于将自杀描绘为一种最后之诉求的戏剧性行为或是一种求助。它们也不是出于道德动机的"决绝自杀"，并非由直接、有形和紧迫情况所导致。然而，毫无疑问的是他们都正在经历存在性苦恼，并且这种普遍的焦躁状态可能无法归咎于精神疾病或抑郁症，而它在许多日本人心目中似乎与日本社会本身的状态有关。

在这些表征中，主体性的第二个显著标志是需要他人的存在才能死去。《妄想代理人》中的三位自杀者通过互联网相遇，然后一起从一个地方到另一个地方，从彼此的陪伴中获得慰藉。当小女孩被两个男人抛下时，她显然非常难过。

这自然引出了第三点：希望舒适地死去。人们希望尽可能无痛以及轻松地死去，与自杀的"平凡性"相一致。如前所述，一种理想型死去是仅仅"消失得无影无踪"。这似乎弱于将自杀视为绝望的"求助"，而后者是美国理解自杀的常见方式。并且这种想法表明这个特定的自杀形式背后可能有不同的心态。

大卫·塞缪尔斯（David Samuels）在《大西洋月刊》（*Atlantic*）一篇关于互联网集体自杀的文章中写道，这种自杀类型与寻求熟睡般休憩存在相似之处，这也是浮现在《妄想代理人》中的一个主题："'他们从哪里得知利用木炭的方法？'我问道。'网上有传言说，死于炭火就是死在睡梦中，'年轻的记者帅气而坦率，脸上有少许青春痘，他解释道，'这是一种非常轻松的方式。'"[86]

最后，关于个体选择或死去的决定。这一点非常重要。与日本的流行话语相反，即自杀是个体在日本集体主义社会中维护自主性的方式，结伴自杀似乎更像是个体放弃自主性，或将他们的自主性服从于某种集体决定与选择。

苏珊·朗指出，在日本，带着"平静的面庞"死去被视作一种优逝（good death），而孤独死引人担忧。[87] 平凡性、希望与他者一起死以及希望舒适地死去，互联网集体自杀的这三个方面与日本传统关于什么是优逝的观点相一致。医学人类学家凯博文（Arthur Kleinman）指出："自杀是一种医学问题，但它也是一种经济、社

105

139

会关系与道德问题，而且正如 9·11 自杀式恐怖袭击的全球化惨剧所表明，自杀也是一个政治问题。反过来，自杀预防则具有精神、社会、心理、经济、道德与政治意义。"[88] 凯博文所强调的自杀之道德维度关乎互联网集体自杀特征与日本"优逝"描述之间的一致性。与美国人关于自杀的普遍看法相反，谴责自杀的负面道德价值在自杀论坛上几乎不存在。因此，互联网集体自杀的道德判断存在着某种割裂。一方面是媒体和社会评论家所采取的批评立场，另一方面是《自杀俱乐部》《妄想代理人》等流行文化的社会评论立场，而后者关于自杀的道德指责更多针对社会本身，而非作为自杀受害者的个体。在这两者中，流行文化的社会评论描述更接近于互联网自杀论坛常常出现的经历和感受的个体表达。在主体性研究中，这些第二人称叙事是极具价值的资源。

鉴于这些互联网集体自杀的特点，我们或许想问这种现象到底有多新颖。无论是使用互联网与他人沟通并与之计划集体自杀，还是使用七轮炉的一氧化碳中毒，集体自杀本身在日本并不新鲜。除却这些方面，日本互联网集体自杀的许多特点都充满了涂尔干的"利己型自杀"（egoistic suicide）概念，即自杀源于个体没有充分融入社会，特别是他的"伊壁鸠鲁式自杀"（Epicurean suicide）子类概念。

涂尔干关于自杀的研究在日本具有很大影响力，诸多研究者参考涂尔干的自杀分类来讨论日本互联网集体自杀。[89] 涂尔干关于社会变迁与自杀率之间关系的洞察强烈地点燃了日本国内的一种意识，即日本社会的变化既是自杀率上升的原因，同时也是解决问题的必要条件。除了从社会因素的角度处理自杀问题之外，涂尔干的作品仍然具有影响力，因为他关于个体与社会密不可分的见解更符合日本人的观念。[90]

在利己型自杀中，涂尔干指出两种亚变体。一种是知识分子的利己型自杀。涂尔干举出拉马丁笔下拉斐尔的例子，这位主人公进入了"精神的与世隔绝"（spiritual isolation）状态，但我们同样可以把存在主义者置于此类型中，因为他们通过越来越多的内省，得出人生没有意义的结论，并想以一种戏剧性的、往往是暴力的方式来结束它，从而表明存在的荒谬性。[91]涂尔干以古希腊哲学家的名字将另一种利己型自杀命名为伊壁鸠鲁式。这种类型"更庸俗"："这个人不会悲伤地反思自己的处境，而是愉快地作出自杀的决定。"[92]伊壁鸠鲁式自杀是随时准备"了结此后再无意义的存在"。[93]涂尔干写道，在死亡时，"自杀者没有怨恨或愤怒，但同样也没有知识分子自杀时的病态满足感。他甚至比知识分子更缺乏激情。他对自己走向的结局并不感到惊讶……他只是尝试尽量减少痛苦。"[94]这些人并非寻求一种戏剧性、暴力和痛苦的死亡或者进行折磨的智识思考，而是"以讽刺的平静和理所当然的心情自杀"。[95]按照涂尔干的分类，伊壁鸠鲁式自杀很有意思，因为它可以解释由学校霸凌、对父母愤怒等情况导致的互联网集体自杀问题，却不能解释许多自杀者表现出直截了当、被动性和明显缺乏愤怒的情况。

劳伦斯·基尔迈尔指出，日本文化极度重视悲伤与哀痛，认为这是对无常和失去的恰当反应。[96]他写道："悲伤与忧郁或许被赋予积极的社会意义，因为它可以增强对世界转瞬即逝之本质的觉察。"[97]与此同时，这些自杀虽然以寻常的悲伤和失去为特征，但并不是道德人格或精神意识成长的例子，日本社会也不这样看待他们。相反，如前所述，互联网集体自杀被公众和媒体视为难以理解、震惊和可悲的。而他们在一定程度上推动日本国内逐渐开发有效的自杀预防手段。因此，基尔迈尔的观察或许有助于我们理解为什么日本在制定自杀与抑郁症的应对政策方面如此缓慢。日本文化可能更容忍与知识分子利己型自杀相关的精神状态，即对一个人存在性状态的探究，但现在人们意识到互联网集体自杀反映出一种非常不同的精神状态，而它与伊壁鸠鲁式自杀更类似。在互联网集体自杀的案例中，基尔迈尔的观察帮助我们理解自杀如何成为一种精神、情感和社会状态的结果，而这些状态与众不同，不能被归结为临床抑郁症那样的个体病症。

涂尔干理论虽然有所助益，但并没有完全解决"希望与他人一起死"这个互联网集体自杀最令人困惑的特征，也没完全解决非常想获得归属的问题。此外，自杀和孤独在日本流行文化中的盛行表明，这些主题甚至还会出现在不常访问自杀网站的日本年轻人生活中。下一章将通过访谈日本大学生来探讨这些问题。这些访谈的主题是自杀、孤独和人生意义。

注释

本章部分内容来自对 Ozawa-de Silva（2010）和 Ozawa-de Silva（2008）的大量更新与改写。

1 Ghetto（n.d.）.
2 Jisatsu Saito Jisatsu Shigansha No Ikoi No Ba（n.d.）.

3 公告板服务（BBS）是万维网的前身，这种网站让个人可通过调制解调器，使用拨号连接，共享文件，加入在线论坛和聊天室。BBS 在 20 世纪 80 年代和 90 年代初很流行，当时人们通常可以在家中上网。

4 Jisatsu Saito No Tōhyō Rankingu（2005）。

5 值得注意的是，现在网上有许多这样的支援网站和论坛，涉及各种各样的生活经历和状况，比如厌食症、自闭症或配偶出轨。像 reddit 这样的单一平台就包含数百个此类支援团体。有趣的是，在 20 世纪 90 年代末和 21 世纪初的日本，特别是自杀网站吸引了大量兴趣。

6 Hi-ho Kai-in Support（2007）。

7 Ozawa-de Silva（2008）。

8 Boiled Egg（2006）。

9 Boiled Egg（2006）。

10 Boiled Egg（2006）。

11 Boiled Egg（2006）。

12 Shadow（2016）。

13 Saya（2006）。

14 Kiki（2006）。

15 Den Den（2006）。

16 Melancholy（2017）。

17 Shu Shu（2006）。

18 Friends（2017）。

19 Boa（2006）。

20 Kurosuke（2006）。

21 Jingi（2006）。

22 Totoro（2006）。

23 Aya（2006）。

24　Poison（2018）.

25　Love Heart（2016）.

26　Cocoa（2015）.

27　Puffy（2016）.

28　Nameless（2016）.

29　No Name（2006）.

30　Chun Chun（2016）.

31　Frog（2018）.

32　Trash（2017）.

33　Zoo（2006）.

34　Ballet Girl（2010）.

35　Kanata（2010）.

36　Ballet Girl（2010）.

37　Kanata（2010）.

38　Suicidal Student（2013）.

39　Alex（2015）.

40　Oh No（2015）.

41　Oh No（2015）.

42　Wing（2015）.

43　Defect（2017）.

44　Yoshie（2018）.

45　Reiko（2017）.

46　Demon God（2017）.

47　Zaza（2018）.

48　Girl A（2017）.

49　Demon God（2017）.

50 Kuru（2006）.

51 Alice（2006）.

52 Nantonaku（2006）.

53 Ozawa-de Silva（2008，2010）.

54 Ozawa-de Silva（2010）.

55 Bum（2006）.

56 Chibi（2018）.

57 Ken（2019）.

58 Issho（2006）.

59 Cookie（2006）.

60 Ellie（2006）.

61 Together（2005）.

62 Maru（2006）.

63 Nightmare（2006）.

64 Gunma（2006）.

65 Misery（2006）.

66 Run Run（2006）.

67 Sasaki（2007）.

68 Long（2001，273）.

69 Mimi（2006）.

70 Knight（2006）.

71 Kore-eda（1998）.

72 LeTendre（2000）；Mead（2000）；Pike and Borovoy（2004）；White（1994）.

73 LeTendre（2000）.

74 Pike and Borovoy（2004，508）.

75 White（1994）.

76 Ozawa-de Silva（2008）.

77 Kinsella（1994，170—196）；Sugiyama-Lebra（1984）；Pike and Borovoy（2004，502）.

78 McVeigh（1997）.

79 Buckley（2009，xxx—xxxvi）.

80 Sono（2001）；Shimizu（1998）；Fukutani（2003）；Kurosawa（2008）.

81 Kon（2004）.

82 Ozawa-de Silva（2008）.

83 Buckley（2009，xxxv）.

84 英文原文翻译自 http://www.anime-kraze.com。

85 Ozawa-de Silva（2010，402）.

86 Samuels（2007）.

87 Long（2001）.

88 Kleinman（2002，x）.

89 Cho（2006）；Pinguet（1993）；Sadakane（2008）；Shimizu（2005，77—86）.

90 Durkheim（1951）.

91 Durkheim（1951）.

92 Durkheim（1951，282）.

93 Durkheim（1951，282）.

94 Durkheim（1951，282）.

95 Durkheim（1951，282）.

96 Kirmayer（2002）.

97 Kirmayer（2002，295）.

第四章　人生意义：探究日本年轻人
被需要的需要

"你这儿的人们，"小王子说，"在一座花园里种出五千
朵玫瑰，却没能从中找到自己要找的东西……"

"他们是没能找到……"我应声说。

"然而他们要找的东西，在一朵玫瑰或者一点儿水里就
能找到……"

"可不是，"我应声说。

小王子接着说：

"但是用眼是看不见的。得用心去找。"

——安东尼·德·圣-埃克苏佩里《小王子》①

在意识到自杀网站访客独有的精神痛苦和存在性焦虑之后，
我发现更多的问题：这些年轻人遭受了何种孤独与社交孤立？他
们想要的人生意义是什么？或者他们感觉人生缺少的是何种意
义？他们几乎没有回答这些问题。感觉没有人生意义和感觉不被

---

① 译文参考《小王子》，周克希译，上海译文出版社 2001 年版，第 97
页。——译者注

他者需要之间有联系吗？还是说，这是两个互不影响的因素？

我在本书开篇指出，包括政治经济在内的社会结构与主体间性之间存在相互依存关系。1998年自杀人数飙增以及随后几年的高自杀率，还有互联网集体自杀这样新形式的出现，这些可能只是新技术（即互联网）普及的后果之一，新技术为那些早已想死去的人实施自杀提供了便利。正如我曾指出，像日本人类学和政治经济学学者所预测的那样，这个情况也可能是社会结构变化的结果。如果是后者，我们不仅仅在自杀网站的那些人之中，可能还会在更普遍的日本年轻人的主体性中看到某种社会结构的共鸣。就像日本学者在广泛分析重大政治、经济和社会紧张局势时所预期的那样，如果这种共鸣是普遍的，人们不必对日本年轻人进行彻底研究就能看到它们的影响。

互联网集体自杀研究因此促使我进行进一步的调查，以确定网上分享的精神痛苦和存在性焦虑是自杀网站访客仅有的独特性，还是更为普遍和广泛地分布在日本年轻人中间。根据已有数据，大多数通过互联网集体自杀结束生命的人都是二十多岁（52.6%）和三十岁出头（22.1%）。[1]这与我自己关于自杀网站的民族志研究相吻合。因此，我试图探索日本年轻人的主体性问题，而这与自杀网站访客所凸显的话题具有相关性：他们如何看待人生意义？他们是否也觉得被别人需要很重要？他们认为有人需要他们吗？他们经历过孤独吗？他们在何种程度上、以何种方式经历孤独？

日本大学生不仅与自杀网站访客、集体自杀者的年龄相当，而且他们都还没有正式工作，也没有结婚。此外，正如长期研究日本人生目的（ikigai）的麦高登（Gordon Mathews）所观察到的那样，在安家定居或找到正式工作之前，大学里的年轻人仍处于为自己建构未来意义的过程之中。[2] 因此，我意识到，在自杀网站的网友帖子中寻找意义，可能会与大学生产生某种共鸣。

我在东京三所大学的客座演讲过程中招募了 24 名大学生来访谈：19 名女性和 5 名男性。他们来自三所不同的学校（东京地区的一所国立大学和两所私立大学）。学生们的专业各不相同，涉及社会学、人类学、心理学、宗教学和经济学。在我去过的所有班级中，女生比例都比较高，因此受访女性也比较多。这些学生并不能成为日本大学生的代表性样本，因为他们只是从东京这个城市地区招募，并且选择接受我的访谈的学生自然是经过自我挑选的。

访谈开展于 2009 年至 2010 年，当时我正在东京休学术假。大多数受访学生年龄在二十到二十四岁之间，但也有一些二十大几岁和三十岁出头的学生。人类学家南希·罗森伯格（Nancy Rosenberger）在关于日本单身女性身份认同的研究中指出，这个年龄段日本年轻人的特征通常是"后青春期的身份探索、不稳定性、注重自我以及'居间性'（in-betweenness）与可能性的感觉"。[3] 我根据一系列问题预设进行半结构化访谈，这些问题涉及他们如何看待自杀、人生意义、孤独、被需要的重要性，以及**优逝**对他们的意义。[4] 在此过程中，我遵循日本研究人类学家麦高登、安妮·艾利森、南希·罗森伯格等人用过的开放式访谈方法，这种方法是收集受访者关于主体经验、价值观和信念的生命叙事。[5] 访谈是在三所大学附近的咖啡馆进行，时长从 40 分钟到 2 小时不等。总的来说，男生花的时间比女生少。

我开展的半结构化访谈包括 14 个问题（见表 4.1）。有些问题只需要回答"是""否"或其他一个单词。还有一些问题允许回答关于生活故事和情节的更多叙事内容。一些诸如"你是否曾感觉到自己被需要?"此类问题被特意安排在访谈后段,因为这些问题需要受访者在花一些时间来反思自己的人生并适应采访节奏后才能回答。而我也将这个问题放在询问人生目的之前。在自杀网站访客之中,这两个问题是最重要的主题。

表 4.1

访谈问题
1. 如果死亡可以被描述为一种颜色,你会选择用哪个颜色描述它?
2. **优逝**与**恶死**二词对你意味着什么? 你能提供一些实际例子吗?
3. 如果来世可以被描述为一种颜色,你会选择用哪个颜色描述它?
4. 请选择最适合你的一句话: a. 死后,所有事情消失得无影无踪,没有什么会留下。   b. 人会去天堂或地狱。   c. 人会去某个地方。   d. 人会回到大自然(大地、尘埃、与宇宙合一)。   e. 人会重生或转世。
5. 请跟我讲讲你关于自杀的看法。
6. 自杀可以是一种优逝吗? 如果是,何时是?
7. 你对互联网集体自杀有何想法?
8. 你是否曾感受到"我并不独立,我只是随波逐流"? 如果有,是在何种情况中感觉到的?
9. 在什么时候以及在什么情况下,你觉得自己最"是你自己"?
10. 你是否感觉到你被需要? 这种感觉在人生中对你重要吗?
11. 人生目的或人生意义对你重要吗? 你有人生目的吗? 你认为你父母的人生目的是什么?
12. 你是否觉得自己没有归属? 如果有,是在何种情况中感觉到的?
13. 你在公共场合(工作方面)和个人方面的优势与劣势分别是什么?
14. 你认为你的自我形象与其他人对你的评价之间有关联吗? 二者之间,你更看重哪一个?

为了尽可能丰富地呈现他们的观点、经历和个性，我首先以不加分析的叙事形式直接呈现几个学生的陈述。为了阅读的流畅性，这些叙事不涵括我的采访问题，但一般来说，他们所回应的问题或话题是清楚的。

访谈涉及一些很重要的日语术语，所以我在叙事中穿插一些关于这些关键术语的分析、日本学术界如何处理它们，以及我如何翻译它们。这些术语包括 ikigai（"人生目的"）、ikiru imi（"人生意义"）、jibun ga nai（"随波逐流"）、ibasho（"归属"或"一个让人感到舒适的地方"）和 ikizurasa（"活着很难"）。我会依次谈及这些术语。

我没有预料到，几位学生曾亲身经历过自杀，还有一名学生曾多次自杀未遂。在讲述自己的生活故事时，他们经常变得非常活泼，而且有几人分享道，聊一聊对他们重要的事情对他们很有帮助。一些人说"不吐不快"（sukkiri shita）的感觉真好，还有一些人甚至说这是一种疗愈（iyasareru）。

香 织

我在东京一家咖啡馆见到了香织。她是一名二十八岁女性学生。当我问她是否有人生目的时，她回答道：

> 没有，拥有人生目的对我并不重要。坦白来说，我不需要它。我没有什么生活希望，也不乐观。如果我可以，我宁

愿死去。我嫉妒那些怀抱目的而活着的人。

我并不准备去自杀，但我继续活下去的原因是正义感和责任感，这对我来说很重要。我的父母为我的教育投入了大量的金钱和时间。他们付出的前提是我还活着。所以我不能死。如果我死了，我最终会让他们的所有努力白费。但如果只有我一人，即使我可能不会真的自杀，我也没有任何真正的理由继续活下去。

当被问及是否曾感觉到自己没有归属感时，她回答道：

有的。我一直觉得我家令我有归属感，所以我从来没有觉得自己没有归属。

下一个问题是关于自杀的观点，她回答道：

自杀有不同的类型。如果有人是因正当理由而死那也没关系，比如像佛祖那样解救别人，或者是为了和平。但除此之外的死去并不好。我不认为现在有值得赞扬的自杀……我对自杀的想象是不好的。但与此同时，我也能理解继续活下去有多难，因为人生就很艰难。

香织是一位表达能力与逻辑都很强的思考者。她一点也不吝啬时间来回应我的问题。她回答时深思熟虑，从不草率。她很清楚地描述出她的世界观以及她眼中的人生，而且她的语气冷静、

113

不带感情色彩。当她谈到自己的家人时，谈到和他们在一起总会感到轻松、喜欢自己时，她变得激动而开心。那么，她的如果可以便宁愿死去的想法是从何而来？为什么她会觉得人生是如此艰难？

浩　二

即使香织谈及人生没有目的与人生困难，她也明确说自己不会尝试自杀，并且她没有任何自杀的亲身经历。然而我访谈过的部分学生却有过。浩二是东京大学的一位三十岁男性研究生。以下是他回答我访谈问题的简略记录：

我本科专业是哲学，然后在这里的研究生院开始读心理学。我曾跟一位教授说，我想从宗教的角度研究心理学。他让我去拜访另一所大学的一位著名心理学教授，然后那位教授又推荐我去见另一位教授，他也是耶稣会的神父。这位耶稣会神父举办过坐禅课程。当我见到他时，我说："请您教我坐禅吧！"这就是我八年前开始冥想的原因。多么神奇的一次相遇。这就像是某种业缘。

我上高中的时候就已经是个败类。我哥哥和姐姐学业都很优秀，但我的高中几乎是东京所有学校中垫底的。我父母在教育上投入很多。而我年纪最小，还上了一所排名垫底的学校。所以我爸爸放弃了我。这对我来说是一次很好的经历。后来我一直考不上大学。我花费三年时间才通过入学考试。所以我经历过几次失败。

因为我现在修读心理学，倾听别人是我的工作。我希望我曾经的失败经历能在理解他人时派上用场。我现在三十岁了，自己一个人住。

嗯，我可以给你讲一个比较沉重的故事吗？这是我的研究主题，也是我给自己提的一个问题：我目睹几次自杀未遂。我目睹一个人被如此用力地几乎拖入死亡。他手里拿着刀，血流不止……

我很抱歉。当时正处黎明。在电灯下，他被死神拖进死亡。我试图阻止它，但我无能为力。是绝望的感觉……在某种程度上，这是个惊人的景象，他的上半身赤裸……那是我的哥哥。

他长期患有抑郁症。他曾三次自杀未遂。我讲的是他第一次——不，对不起，是第二次尝试。

黎明时分。当时我在写论文，所以我还没睡。然后我听到我妈妈的尖叫，所以我就上了楼。我看见服用过安眠药的哥哥神志不清。在这种状态下，他不断地用刀割自己的脖子。

说实话，我在那一刻的唯一感觉就是："如果他那么想死，为什么还要阻止他呢？"

十年来他一直饱受折磨。当时他快三十岁了。他一直遭受抑郁症的痛苦，他的情况非常糟糕，甚至有时无法讲话。

他想去读医学院。但因为高考成绩的问题，他最终上了一所不是自己首选的大学。他没能坚持下去。所以他回家为来年考试努力复习。因此我目睹到他有多痛苦。我在学习哲学，做冥想在内的各种事情，但没有一种办法能帮助解决他的痛苦。当他试图自杀时，我什么也做不了。我的身体反应就像在自动驾驶一样。我在想，我为什么要阻止他？

这就是我最终学习心理学的原因。我一直在想：我们为什么要活着？起初我经常想的是"我们为什么要阻止他自杀"，但我得出的结论是，我仅仅在脑中思考是不够的，所以我开始在临终关怀医院做志愿者。我仅凭自己无法理解死亡是什么样子，因此我在临终关怀院目睹老人们逝去之后，我终于能够体验死亡是什么了。

所以我想知道，我能做什么？我的回答是：我还活着，并且我还能继续活下去。所以我开始思考我为什么活着，活着意味着什么。这就是我在临床心理学中研究的主题。我希望这些问题能得到解释。我希望开展关于这些问题的研究。

我哥哥在大学入学考试的时候惊慌失措。我父亲自己也没能成为一名医生。所以他告诉我，我必须成为一名医生，如果我不这样做，我的人生就什么都不是。这就是我从他那里接受的极端教育。所以当我说我是一个败类时，我的意思是我不能继续在成为医生的道路上走下去。因此有一天，当我在医院上心理学课的时候，我在镜子里看到自己穿白大褂的样子，我很惊讶地想："哇，那个穿白大褂的人就是我！"

就在哥哥自杀未遂之后，我问他是什么感觉。他说他就像打开了一扇通往另一个世界的推拉门。"另一个世界"——

115

他就是这么说的。他说这个世界太令人痛苦了，所以即使自杀可能会有点痛苦，他也不得不相信推拉门后面的世界比现在的世界更好，虽然它实际上就是地狱。他想跳进另一个世界。

所以他不是为了结束他的生命，也不是为了一死了之。他渴望活在另一个世界。活在这个世界上对他来说充满苦难，所以他想活在其他地方。听着他的话，我意识到他并没有死，而是活了下来——试图活在一个不同的世界里。这不是要结束他的生命，而是要去别的地方。他要去的不是来世，而是这个世界之后的世界。那是一个很棒的地方。

但有趣的是，第二天，他讨厌自己被送到医院，说在那里接受治疗会很痛苦。我说："你刚才不是想死吗？"但我妈妈说，他在割伤自己时，似乎会小心翼翼地避开重要的身体部位。

他第一次自杀未遂是因为过量服用精神病院给的安眠药。幸运的是，他在服药时喝了酒，这令他的肠胃产生排斥反应，让他把药吐了出来。如果他把药和佳得乐之类的东西一起服用，那是会致命的。

奇怪的是，每次他尝试自杀时，我母亲都会找到他。一直如此。大概黎明时分，她会感觉到他发生了什么事，于是打开他的门去看看。如果不是我妈妈醒来发现了他，很多次他可能都撑不过来。她知道一年中什么时候最危险。就像大学入学考试前夕的 12 月。还有新年前夜。

我哥哥说，他知道按道理讲自杀并不好。但他说最可怕的是被某种未知的东西附身，自杀成为某种冲动。当他苏醒过来时，他浑身是血。甚至对我来说，当我看到他试图自杀时，他看起来就像被附身了一样。

自从这些经历以来，我开始思考活下去的意义。而且我开始觉得失败没什么。

有时我在想，我阻止哥哥自杀的愿望是否只是自我中心主义。难道我不应该尊重他想死的意愿，尊重他想去另一个世界的愿望吗？他是我哥哥，而且我爱他，所以我不想让他死，但也许我这么想就是自私。我赞成预防自杀，但我很矛盾，因为我也觉得如果有人想自杀，我应该尊重并尊敬他们的感受。如果有人想自杀，也许我应该同意。如果我哥哥死了，我的想法可能会不同——但他还活着。

有人生目的对我重要吗？我发现拥有目标是一种负担。现在，我在接受访谈，这对我来说很重要。我的座右铭是尽你最大的努力对待当下给予你的东西。现在，我用尽所有努力告诉你，我的故事就是我的人生目的。如果我的朋友让我为他制作一部婚礼影片，那么我肯定会全力以赴——百分之百。这就是我精疲力竭的原因，而且我确实会怀疑自己是否实现了想要实现的目标。即便如此，如果有人在我面前需要我，我还是会全心全意且真诚地与他们交往。

至于我的父母，我的哥哥就是我母亲的人生意义。我的父亲是个没能成为正教授的牙医。他只是一个副教授，而这对他来说是个创伤。

116

人生意义与人生目的

有一次，当我跟一位研究南美洲的人类学同僚提起我的研究兴趣时，我发现日本人对思考人生意义的兴趣居然令人惊讶。"天哪！"他说，"人生意义和目的？谁会思考这种事？日本人真的经常聊这个吗？"他认为这个话题在南美并不常见，而事实上，我在英国或美国的时候也没怎么听到过这个话题。

这个对话让我获得一个小小的"啊哈"时刻。在外人看来，日本人似乎痴迷于人生目的和意义。这个话题经常出现在媒体、流行杂志和电视中。我常常发现，日本书店里的一些作品标题都包含了"人生目的"（ikigai）和"人生意义"（ikiru imi），以及"活着很难"（ikizurasa）。在日本，人们对这个话题的兴趣如此之大，以至于最近它已延伸至针对国际市场的英语自助书籍中。这些作品标题都使用日语 ikigai 一词。[6]

为了更好地理解这些日本学生的叙事，花些时间来探究这些术语和概念是很重要的，因为它们在日本背景中具有意义，尤其是因为它们已经被学术文献广泛探讨过。ikiru imi 是由 ikiru（活下去）和 imi（意义）这两个词组成的。因此，它被直译为"人生意义"。这是一个众所周知且常用的术语。一般来说，就像英语中"meaning in life"或"meaning of life"一样，ikiru imi 的内涵是一个宏大问题，它以某种抽象的方式探讨人生中最重要的东西。它激发了哲学、意识形态和本体论的问题。大多数经常访问

117

自杀网站的人都使用 ikiru imi 这个术语，并表示他们没有任何人生意义。

另一个常用的日文术语是 ikigai。我更喜欢 ikigai 的翻译是"目的"（purpose）或"人生目的"（purpose in life），因为我认为这最接近日语中 ikigai 的含义，尽管偶尔有必要将其翻译为一个人的"人生目标"（goal in life）。Iki 的意思是人生或活着，gai 的意思是价值，所以一些学者更喜欢的直译是"生存价值"（the worth of living）或"使人生有价值的东西"（what makes life worthwhile）。

Ikigai 被许多学者认为是一个独一无二的日文术语，它没有任何确切的英语对照。[7] 麦高登将其翻译为"最让一个人的人生看起来值得活的东西"。[8] 他总结道，这个术语最常用来表达"家庭、工作或个人梦想［们］"，并且强调这个概念对日本人最为重要，甚至"日本人形塑自己的关键动力是去 ikigai 之中寻找"。[9] 人类学家伊莎·卡维季亚（Iza Kavedžija）在其著作中研究了 ikigai 以及日本大阪老龄化社群中的意义建构，其中 ikigai 被翻译为"人生中的一个目的"（a purpose in life）。[10] 参照和田修一的研究，卡维季亚解释道，过去的 ikigai 曾与一个人的社会价值密切相关，但自 19 世纪以来，它的含义变得更加类似于一个人的人生幸福。[11]

山本则子（Noriko Yamamoto-Mitani）和玛格丽特·沃尔哈根（Margaret Wallhagen）是研究 ikigai 的学者，她们认为这个术语"描述了某种确定的精神福祉状态"。[12] 她们描述 ikigai 的三重序列："（1）能创造出价值感和幸福感的特定体验；（2）由此产生的认知评估发现，一个人的人生因这种体验而具有意义；（3）从认知评估中获得的满足感和喜悦。"[13]

神谷美惠子（Mieko Kamiya）是一名精神病学家，也是日本 ikigai 研究的极高权威。她和日本作家田口一成（Kazunari Taguchi）都主张 ikigai 是一个日本的本土术语，其内涵比英语中的"人生意义"和"生存价值"概念更广泛。[14] 神谷认为 ikigai 既是 ikigai 的来源，也是 ikigai 的感受本身。[15] 例如，孩子可能是母亲的 ikigai，但母亲拥有意义和目的的精神状态也是 ikigai。这类似于山本则子和瓦尔哈根的分类，也类似于英语的用法。在英语中，人们可以说一个人有一个人生目的（一种精神状态），而一个人的人生目的是他的孩子（孩子显然不是一种精神状态）。[16] 神谷也认为 ikigai 本质是高度个人化的，并为个人提供一种价值体系。[17] 田口也强调这个术语的高度主体性与个体性方面：对一些人来说，ikigai 是他们的工作；而对另一些人来说，ikigai 可能是家庭、去度假或享受一顿特别的晚餐。对于田口来说，ikigai 的独特之处在于它的高度"感受导向"，会使人们在从事某些活动时，感觉自己的人生有价值。ikigai 这种切实的感受比英语中的"人生意义"更具体且更实际，而后者给他的想象更抽象和更概念化。[18] 此外，ikigai 作为"感受"的一种组成，将其与幸福的感受紧密联系在一起。这表明 ikigai 不仅仅是一种对人生重要之事的认知理解，它还是一种主体性的情动状态。因此，即使我更喜欢并将 ikigai 翻译为"人生目的"，但我有必要强调这是一种与个人幸福感密切相连的目的感，而不仅仅是一种思维上的想法。

山本则子和瓦尔哈根关于日本女性照料年迈公婆的研究揭示

了她们关于 ikigai 的一系列回应：从接受传统的社会角色并在其中找到自己的 ikigai（"毕竟照料和 ikigai 对我来说……它们是不可分割的"），到一个更加矛盾的中间立场（"我不得不相信照料母亲是我的 ikigai。我不得不相信，否则我会感到空虚"），到一种感受，即一个人的社会角色是对自我的压抑，而且它不应该成为一个人的 ikigai（"如果照料是我的 ikigai，那真的很可悲"）。[19]两位作者写道："支撑日本女性生存的［这些］道德准则正发生重大变化……更多西方制度的引入也激发了更多个人主义的自我观念、家庭观念和幸福观念。"[20]

山本则子和瓦尔哈根的研究表明，词语和概念的意义是动态的，应在文化和历史语境中理解它们。传统上，ikigai 与性别化的社会角色密切相关，比如男人应该工作、女人应该照料家庭和公婆。而现在的 ikigai 对于许多日本人来说，已经成为一个更加开放的问题。他们必须努力寻找自己存在的意义，不再依靠传统社会角色获得意义。

麦高登指出，ikigai 的强烈意识与一种感受有关，即自己是被需要和必不可少的，而不只是一个无足轻重的小人物，即使被取代也无人察觉。这再次表明 ikigai 是一种情动的主观状态，也解释了为什么他的访谈揭露出"家庭作为 ikigai 往往比工作更不容易产生矛盾心理"。[21]有自杀倾向的人在自杀网站上的帖子就说明他们缺乏被需要的感受，渴望被需要的感受，从而难以找到活下去的相应理由。那些意识到自己对公司生存不再重要的员工仍然需要说服自己，他们是必不可少的，这样才能使他们的工作成为他们的 ikigai，从而拥有活下去的理由。[22]然而，他们的帖子似乎表明自己没有融入任何一种令自己感到是必要且被需要的框架。无论是工作还是家庭都没有。

年轻人没有明晰的企业角色或职责，也没有家庭照顾者的角色或责任。麦高登指出，ikigai 对于年轻人来说不是来源于自我嵌入这些网络，而是来自对未来自我以及未来关系网络的期待。[23]因此，当社会嵌入网络、相互义务和被需要的诸多感受尚未确立时，人们**对 ikigai 的期待**似乎就是一种 ikigai。因此，自杀网站访客所缺少的是一种期待感：可以明确想象未来是有一些值得为之而活的事物。

即使 ikigai 是个人的、实际的、有指向感的，以及多变的，它也与一个人的人生阶段密切相关。[24]Ikigai 是一个人在年轻时可能会寻找的事物，类似于 ikiru imi；而一旦人们在成年后有了工作和家庭，它往往会与社会角色紧密连接在一起。日本人类学家普遍观察到，ikigai 与成年人或社会人的社会角色之间存在密切联系。1989 年至 1990 年之间，麦高登在日本北部招募了 52 名二十一岁至七十八岁的受访者，就 ikigai 的话题进行深度访谈。[25]根据研究发现，他指出大多数二十多岁的人回答自己的 ikigai 是梦想未来可能成为什么人，而只有少数人是追求旅行和美食体验等当下的消遣。相反，三十多岁、四十多岁和五十多岁的人倾向于"适应公司和家庭这种标准框架"。[26]

探索日本的人生目的与意义语境将有助于阐明各个方面的学生叙事，也有助于说明我所选择的访谈问题和话题。例如，麦高登关于 ikigai 如何受到年龄和社会角色影响的研究发现，是促使我决定访谈大学生的一个因素。此时他们的 ikigai 还未顺从于更传统的日本成年人规范。就像大多数自杀网站访客一样，大学生没有结婚、没有固定工作，在很大程度上仍然依赖他们的父母。因此，ikigai 对他们来说可能更类似于 ikiru imi，而不是与工作或家庭有关的规范性社会角色。

美　枝

香织没有自杀的亲身经历，但她觉得活着很艰难，她活着没有目的。浩二目睹过哥哥多次自杀未遂。而与香织和浩二不同的是，美枝说自己曾多次自杀未遂。以下文字摘录自我对美枝这位二十岁学生的访谈：

从六岁到十二岁，我在夏威夷生活了六年。除此之外，我一直住在日本。即使我曾在国外生活过，那也是在我很小的时候，所以我不被认为是"归国子女"。

当我还是个婴儿时，我妈妈加入了佛教组织创价学会。她也把我带入那里，但我不相信宗教，也不信仰上帝。

我和父母住在一起，每日走读上大学。我想一个人住——我认为这会是一种很好的体验。

什么是优逝或恶死？那要看情况。我不在乎我怎么死，但我在乎死去之时是否有人在我身边，或者我是否独自一人死去。即使我死在医院，独自死去也是一种糟糕的死亡。但如果我在家人和朋友的陪伴下死去，那就很棒。有些人可能

121

会觉得死在别人面前、让别人伤心并不好。但我又会疑惑于独自死去是什么感觉。所以这很难。一个人想不想死去是另一回事。比方说自杀——我不认为自杀很蠢。相反，我认为自杀是发生在某人遇到困难而无法摆脱这种情况的时候，所以他没办法。当然，如果我们能避免自杀这种选择，那就很棒。没有人生来就想死。

至于"恶死"，我认为这种死亡是悲伤的而非"恶"。不幸的死亡是指人被刺杀或被谋杀。除非你要求别人杀了你，否则被杀就是被迫死亡。抱憾而死与意外而死也都是不幸的。

发生过一些事情并让你承受巨大压力，于是你在此时自杀。自杀并不愚蠢。相反，重要的是弄清楚是什么事情给那人带来如此之大的压力。除非在极端情况下，我认为人们是不想死的。或许自杀意味着那个人很软弱，但我想知道是什么事情让他们变得软弱。

当我们想到自己将要告别的人时，这当然不妙。但说实话，当我想象一个有自杀倾向的人时，我关注的是那个人承受了多大的痛苦。

事实上，过去我自己也尝试过自杀。那应该是在我初中最后一年和高一的时候。是的，那是我十五至十六岁的时候。在美国，人们常说："好吧，又是一起青少年自杀事件。"我很清楚这一点。我讨厌别人把我看成又一个自杀的青少年而已。但是，既然我自己也经历过自杀，我批评自杀就会是种伪善。好吧，我该怎么说呢——我记得当时自己压力很大。我确实考虑过我的父母和关系好的朋友，但我当时太痛苦了。

我不记得自己在试图自杀时做了什么，但我记得自己在尝试自杀前所做的最后一件事。当时关于环境和压力的感觉在我心里压抑许久。我故意把这些事抑制下去，这样我就不会留下太多记忆。后来，每次我想起了什么，我都试图把那些记忆从我的脑海中清除掉。花费几天的时间而刻意不想那些记忆之后，我再也不能想起太多关于我自杀未遂的事情。所以现在我不太记得了。有时记忆确实会重现，但不再那么频繁。现在，即使我想起一些事也没关系。但在过去，每当我想起这些事情，自己就会感觉诡异或沮丧。

但是，我该怎么说呢？我感觉那种不可思议的疼痛持续了一两年之久。虽然感觉很久，但仔细想想，它其实只有几个月。

我确实认为自杀是一种优逝。如果有人能拯救一个有自杀倾向的人，那当然是件好事。但更糟糕的是一个人不得不在余生中背负痛苦的负担，这是个残酷的事实。至于我自己，我这样做是因为我很痛苦。但我自己并不算优逝，因为我尝试自杀是为了报复。

我想报复我的父母。我确实为朋友们的感受而感到难过，但对父母来说，我尝试自杀纯粹是为了报复他们。我想让他们的余生都在痛苦中度过。

我该怎么说呢，就好像我周围的环境彻底发生变化。我什么也没做——我是个好孩子。所以我觉得"我不配如此"。

122

现在回想起来，我发现那根本不是我父母的错。但我特别想把责任推给某个人，而我的父母恰好离我最近。但与此同时，我厌恶自己责怪父母，这令我非常讨厌自己。我的父母强烈反对自杀，所以我知道，无论如何我的父母永远不会自杀。所以我带着强烈的决心试图自杀，我要让他们在我死后的余生受尽折磨。

尽管如此，我还是刻意没有选割腕这样的方法。我觉得割腕可能会有效果，但如果我没死，那我就得带着自杀未遂的身体证据活下去。不知为何，我确实从策略上考虑过这些事情。

所以我没有选择割腕。除非你有强烈的决心，否则自杀未遂毫无意义。而且我觉得，如若我的尝试失败了，父母会狠狠地责骂我。所以我必须确保自己会死。这样的死并不是优逝，而是一种报复行为。

即使在那时，我就知道这不是我父母的错。我打心底里知道这一点。但我强烈认为我需要责怪某个人、攻击某个人。我该怎么讲呢？我没有可以攻击的对象。说实话，我想毁掉我房间里的所有东西，我想把它们都扔掉，但我做不到。这就好像我在压抑自己。我无法控制这种感觉："为什么我要遭受这样的折磨？"所以我自杀的企图源自我内心爆发的这些感觉。

所以我就吃了药。我没有安眠药之类的东西，于是我把家里所有的药都集中在一起，然后一口气吞了下去。这很了不起。我这样做了三次，每次都会增加药片的数量。

123

那些药片在我的味蕾上搅作一团，让我非常恶心，但我还是咽了下去。我下定决心，吃下更多的药片，心想"谁在乎呢？"我最终还是活了下来。有一段时间，停留在我舌头上的药品味道给我带来很大的创伤。从那以后，即使我感冒或头痛，我也很难服用任何药物。我就是受不了那种味道。如果我吃药，我就想吐。我的身体对它们产生了过敏反应。

至于互联网集体自杀，我并不怜悯他们。我不认识那些人。如果我一个朋友在做这种事，那情况就不一样了。我认为如果人们处于痛苦之中是无能为力的。我确实认为人们在集体中一起做这件事不会感到那么孤独和焦虑。而且我认为，如果你能同情别人，那么无论以后发生什么，你都可能觉得没关系。这或许是一种有战友但不是朋友的感觉，是在分享一种死亡之时你并不孤单的感觉。所以我认为如果有人想要死去是没关系的。

我很理解那种随波逐流而感到内心空虚的体验。我开始去一所日本高中读书。我对高中没什么回忆。那是我人生中相当没有意义的一段时期。这真的感觉像搞小团体，如果你和其他人稍有不同，你就很容易引人注意。这很令人烦恼。

说到随波逐流——我在高中的时候真的放弃了任何独立意识。

当时我之所以如此痛苦，是因为我必须从美国转学到日本。上高中后的一天，我突然意识到，我之所以如此痛苦，是因为我对一切都很在意。所以我变得对一切都漠不关心，只对自己觉得有趣的事好奇。我喜欢画画，所以我画了很多，但我不再关心未来。我以为只要我享受当下，一切都会好起来。我本应该考虑上大学的事，但那太无聊。这就是我最后来这里上大学的原因。我觉得去某个大学可能更好，但与此同时，我想谁在乎呢？所以我放弃了自我，我失去了自我。但现在我想找回自己。我曾以为一切都会好起来，但我现在二十岁了，我不能再保持那种心态。所以我想"我要找回我的生活"。

我发现高中时我周围的人是如此无聊和肤浅。为了不迷失自我，我变得冷漠。我刻意垒起一堵墙，并在地上画出一条界线。我尝试着不去做我不想做的事，以免忘记自己到底是谁。就好像我在保护我的内核，并且我不再对别人抱有太多期待。

124

但我感到很空虚。我变得极其物质主义。我说："是的，我喜欢穿衣打扮，我也喜欢购物！"有一段时间这感觉还好。它令人愉快，感觉非常棒。但过了一段时间，我感到空虚。有那么多我一次都没穿过的裙子。这是一种应对压力的方式。我整个高中都是这样度过的。三年均如此。

然后在我高二开始的时候，我想我冷漠就好。所以当我开始上大学时，我仍然不对别人期望什么，我害怕和别人建立联系。当时也是因为我最好的朋友搬走了。我惧怕与人建立联系，所以我尽量不与人交往。但我开始发现这种心态存在问题。

和朋友在一起让我感觉最自在。我有两个最好的朋友，他们在我最痛苦的时候支持我。甚至当我考虑自杀的时候，一想到我的自杀对他们的影响，我就感到非常痛苦。尤其是这个真心支持我的女孩。虽然她比我年纪小，但她是我的大姐姐。她非常理解我和我的感受。因为我的经历，我们在几个月里只见过几次面。但当我想见她的时候，我会去她家，而且她真的很关心我。我很感激她。在其他人面前，我会表现得又蠢又刺眼，但我在她家里可以展露真实自我，我还哭过很多次。我当时看起来一定很崩溃。她真的接纳了真实的我。她从不否定我，从不批评我，只是用她的支持包裹住我。直到现在，我还是这么觉得，并且如果她有什么意外，我也会保护她。而且当我想起她时，我会觉得"我不再那样做了"。

我认为被需要很重要。那些说"哦，我一个人没关系"的人不是因为他们强大，而是因为这对他们来说很轻松。他们只考虑自己。但不管我跟我妈说什么，她总是转头说其他事。我想自杀的原因是我知道她有多么需要我以及我对她有多么重要。但另一方面，我知道我最好的朋友也需要我。这就是为什么尝试自杀并不容易。那么到底是哪一种呢？我的朋友和母亲都需要我。

但我尤为感觉，有人在我面前哭泣是我最被需要的时候，而不是仅仅和朋友在一起。哭的方式因人而异。有些人可以在别人面前无所谓地哭，但我朋友不是这样。她真的很讨厌自己在别人面前哭泣，我也是。所以当她在我面前哭的时候，我真的觉得她很需要我。我也讨厌在公共场合哭泣。我不喜欢哭泣本身，而且我讨厌哭泣，但我真的可以在这个朋友面前袒露自己。在某种程度上，我想让她明白我有多需要她。同时，我又怕自己给她带来压力和负担。我在高中的时候非常感激她，但当时的我不能为她付出太多。我欠她太多。如果我能再见到她或者住她附近，我想做点什么来回报她对我的好。

在过去，购物和金钱是我的人生目的。即使是现在，我仍然认为80%的人生［意义］在于金钱。但我现在的人生目的是要回我的生活。现在我有了目标，这很好，但在过去，我活着是放弃自我和放弃目的感。没有目的感或失去目的更轻松，因为你只是四处游荡。没有目标和目的很轻松，因为什么都不重要，而有钱就足够了。即使你放弃了你的目的感，但你有钱，你就可以吃美味的食物，你就可以穿漂亮的衣服。

我也想找到令人感动的好朋友，尤其是在我有自杀倾向的时候真正照顾我、不抛弃我或不放弃我的朋友。如果我能见到帮助过我的朋友，我想为他们做点什么。但那不是我的主要目标，我目前更有兴趣的是在生活中做一些事情。

坦白讲，我父母的人生目的，对我父亲来说是照顾我的家庭——通过照顾来保护我的家庭。我想我妈妈可能也是如此。我妈妈的亲戚和我奶奶住在附近，她为我奶奶做了很多事情。我知道我是母亲人生目的中非常重要的一部分。如果我可以用消极的话讲，这其实很沉重。现在，我的父母还在负担我的大学学费，所以这是没有办法的。但我希望他们能更多地为自己而活。等我大学毕业，我就二十二岁了，那个年纪还由父母照顾会很奇怪。老实说，这就是我不想生孩子的原因。我不想让我的孩子成为我人生目的。我想为自己而活。所以，即使把孩子视为人生目的可能是件好事，我也不这么认为。顺便说一句，我是独生女。

当然，我有时会感到没有归属。我的归属来自我最好的朋友。在我经历艰难时，她对我关怀备至。但她家离我不近。而且学校也不是我的归属。如果有的话，美国军事基地就是一种归属，但我不能经常去那里，所以我觉得我没有任何归属。如果我在家里躺床上假装睡觉，并且没有人会打扰我，这也许是最接近归属的地方。但我在床上哭，然后感觉那时的我没有可以归属的地方。即使是现在，我在家也感觉不到归属。至于学校嘛，嗯，这取决于我和谁在一起。当我和我最亲密的朋友在一起时，当我既可以做自己，也可以很脆弱的时候，我才觉得学校是我的归属。所以对我来说，学校才更像是我的归属，而不是家。但是你不能永远待在学校。我不得不在毕业前开始规划未来，因为毕业后学校将不再是我可以归属的地方。购物曾是我排解压力的方式。正因为如此，我最终把购物当成了我的归属。所以我担心毕业后我又会变成一个购物狂。

我认为我的自我形象和别人对我的评价之间存在脱节。我知道在日本，如果你的举止与其他人不同，那么你很容易显得刺眼。所以我知道这一点并且举止适度，否则就会很痛苦。我只向最亲近的人展示真实的自我。否则我只展示出一小部分自我。

126

活着很难

在《不稳定的日本》一书中，安妮·艾利森描述了日本人近年来感受到的诸多社会和经济问题，这些问题一直困扰着他们的国家，导致人们普遍体会到"不稳定"。[27] 她指出，如今许多日本年轻人饱受 ikizurasa 之苦，并将其翻译为"人生困苦"（hardship of life）以及"人生困难"（difficulty in life）。[28] 她认为不稳定的日本经济已然导致日本年轻人丧失了对未来的希望与乐观。[29]

正如 ikigai 和 ikiru imi 这两个词，ikizurasa 包含了 iki（人生或活下去）。而 zura 来源于日语词 tsurai，也就是"难"或"苦"之意。后缀 sa 使该词为名词词性。Ikizurasa 因此被直接翻译为"人生困苦""人生困难"或"活着很难"（finding it hard to live）。我使用最后一种翻译，因为我发现它更接近一个大学生使用英语时的可能说法。

美枝和香织都使用过 ikizurasa 一词并谈到她们很难活下去。值得注意的是，我没有在任何访谈问题中用过这个词。从这个词的词源可以清楚地看出，"活着很难"（ikizurasa）可以被视为"人生价值或目的"（ikigai）的黑暗对立面。事实上，我遇到的那些在自杀网站上哀叹自己缺乏人生意义的人，都不同程度地以不同方式表达过他们活着很难。

最后一个值得探讨的术语是 jibun ga nai。我在一个访谈问题中使用过这个短语，而且美枝也详细说到这个词。Jibun 最常见的翻译是"自我"，所以大多数日本研究学者将 jibun ga nai 翻译为

"没有自我"（not having a self/having no self）。然而，这种直译可能会引起误解，因为"我没有自我"（I have no self）这句话在英语中并不常见。它要么听起来过于夸张（在某种意义上，一个人感觉完全被支配或隐形了），要么听起来像形而上学或哲学，比如在佛教中的"无我"教义。

　　相比之下，jibun ga nai 是一个极为常见的日语词，而且它既没有哲学内涵，也并不夸张。它就像 ikigai 一样在英语中没有确切的对应词，但这并不是因为它是一个完全陌生的概念。相反，它是因为日本人比西方英语国家的人更关心这个问题。日本研究的人类学家滝江·杉山-勒布拉（Takie Sugiyama-Lebra）指出，jibun 在这里的用法是指一种抵抗社会压力的能力。[30] 所以在本书中，jibun ga nai 说的是一个人经受不起同侪压力。

　　这个说法当然抓住了这个短语的部分含义。但拥有 jibun 也意味着拥有不受他人影响的自我观点、意见、偏好和愿望。如果我们看一下这个短语的使用语境，我们会发现 jibun ga nai 表示一个人不主张自己的观点和喜好，并且倾向于简单顺应别人的言行。因此，这句话并不意味着完全缺乏自我，而是不坚持自己的思想、意见和意志的独立性。这样理解的话，我认为这个词对非日语读者来说并不那么陌生。[31]

其他学生

　　篇幅所限，我无法提供尽可能多的完整叙事。因此在本节和以下各节中，我简要提供一些其他受访学生的说明性陈述。由里是位二十三岁的女性学生。她在访谈中亲切开朗。当我问她关于自杀的看法，以及她是否认为自杀可以是一个"优逝"时，她说道：

> 人生目的对我来说非常重要。所以，为一个理由或一个人的人生目的而死，似乎是一种不错的死亡方式。

听闻此话我很惊讶，因为我还没有问过她任何涉及人生目的的问题，我也没有提过这个词。当我后来提出人生目的的问题时，她一直很轻松的举止发生改变，她变得更加严肃，甚至有些忧虑。她说：

> 人生目的很重要，尽管我还没有找到自己的人生目的。但是，即使我还没有找到，我还是觉得有一些重要的事。也许不去想这些事情更健康，因为我们永远不知道自己是否会找到它。但我认为人生意义和目的很重要。不管我在做什么，我总感觉"不是这样的"。
>
> 比方说，我曾经打篮球。但当我开始打篮球时，我感觉"不是这样的"。尽管我继续玩了一段时间，这种感觉并没有消失。学书法也是如此。我也有同样感觉"不是这样的"。无论我做什么，无论我开始做什么，无论我多么努力地尝试，我都会觉得"不是这样的"。
>
> 所以我想知道我会在什么时候觉得"就是这样的"。我

仍然在寻找我的人生意义和目的，即使我害怕我可能永远都找不到。

肇是一位二十二岁男性学生。他敢于表达自己的观点。我第一次访谈他时，他说他非常反对互联网集体自杀。他认为人们寻求与他人一起死是"令人作呕"的事。相反，他觉得这些人应该自己一个人死去，而不应牵涉其他人。三个月后，在我们的第二次访谈中，他说他刚读了《自杀俱乐部》的小说。他的看法在读到书中一个人物的故事时改变了，而且他现在觉得自己不应责怪那些被互联网集体自杀吸引的人。因此，美枝基于个人经历能够共情于一些有自杀倾向的人，而肇通过阅读一部探索自杀倾向者的主体性的小说，获得更强烈的共情。在所有受访学生中，肇最明确地将人生目的和被需要联系在一起：

> 在日常生活中，我并未有意识地思考我的人生目的，但我确实有一个强烈的愿望是帮助他人。
>
> 毕竟，被别人需要就是人生目的和人生意义，难道不是吗？

加奈惠是一位二十七岁的学生。当我问她关于自杀的看法时，她说她饱受抑郁症的折磨：

> 我一定是在这个病被普遍承认之前就抑郁了，但我很长时间都未被确诊。那大概是在高中刚开始的时候。我不知道

129

抑郁症可以用药物治疗，甚至也不知道当时我就患有抑郁症，所以我以为我要毁掉了，最终失去对自己的控制。当我了解这一疾病时，三年已然过去，我高中毕业了。

"人生目的"听起来很沉重，我还无法思考这个问题。但我确实认为制定近期或长远未来的目标很重要，或者自己拥有一些擅长做或喜欢做的事情也很重要。我想这是因为我害怕失去自我，除非自我之外有什么重要之事。当然，完全专注于某件事或许会使我的眼光变狭隘，但我希望有一些目标，或者有一些事物能从外部构建我的世界和我自己。

二十一岁的女性学生沙奈惠与由里的回答类似：

是的，人生目的非常重要。我认为一个人必须要有目的，人们不能没有目的地活着。我没有人生目的，但我认为人们必须找到人生意义。

我的意思是，我想知道是否有人能肯定地说，没有人生意义这回事。如果你问我人生意义对我来说是什么，我还说不出来，但我确实认为人生意义是存在的。

惠美也是一名二十一岁的女性学生，她说道：

我认为人生目的是重要的。我不喜欢无意义的事，所以我不能忍受没有未来目标的感觉，就像我在克服完目前的困难后会做什么。除非我有值得做的工作和人生目的，否则我不会拥有希望的。我要寻找的东西就是我可以在自己生活中能做的事情，比如某种重要工作。

对比受访学生与自杀网站访客

看过受访大学生的叙事之后，现在让我们回到我在本章之初提出的问题。首先，大学生所带有的强烈愿望究竟是何种程度？也就是强烈希望被需要以及找到人生意义和目的，如同我们在自杀网站访客身上看到的那样？

在 24 名受访学生中，曾有 18 人回答说，他们认为人生意义与人生目的是非常重要的。有几个人还说，一个人不能没有人生目的，没有目的的人生是没有意义的。绝大多数人都认为"被需要"很重要，甚至比拥有人生意义或人生目的更重要。此外，其中一些人明确将被需要与人生目的或意义联系在一起。

令我惊讶的是，几乎所有的学生都告诉我，被需要对他们来说很重要。一些人说，被需要是人生中最重要的事情，或者它**就是**人生意义。而另一些人则质疑被需要的现实性，认为他们最终会被取代，其他人也能发挥他们的作用。然而，即使是持怀疑态度的学生也告诉我，感受到自己被需要是件美妙的事。他们很羡慕那些毫不怀疑自己是被需要的人。学生对于被需要的强烈需要超出了我的预期。许多学生说，被需要、人际关系和帮助他人的活动就是他们的 ikigai。

当被问及他们认为人生意义或人生目的是否重要时，大多数学生立即回答"是的",但在回答下一个问题时,即他们的人生意义或人生目的是什么,他们停顿了一下。有几人问我说的 ikiru imi 或 ikigai 是什么意思,尤其是前者。我解释说 ikiru imi 类似于 ikigai,可以理解为某种人生目的,是他们发现人生中有意义或有价值的东西,或者是任何对他们个人来说重要的东西。这时,这些学生似乎聊得更自在了。

那些说自己有人生意义或人生目的的人往往更频繁地使用人生目的这个词而非人生意义。另一方面,那些说自己没有人生意义或人生目的的人,会以一种更加目标导向,而非人际关系导向的方式将这两个术语互换使用。

而自杀网站的访客更多地使用人生意义这个词,通常是为了描述他们缺乏人生意义。但学生们更喜欢人生目的而不是人生意义。一些学生说,他们不确定人生意义是什么意思,或者说它听起来极为宏大且崇高,但他们认为人生目的就相当具体而实际,更容易有话说。然而,也有少数人说道,就连人生目的听起来也像是一个严肃的问题。我注意到,那些说自己还没有人生意义或人生目的的自杀网站访客与学生,有一种情况是:两类人都非常想拥有人生意义,而且他们在叙事中很少使用人生目的。相比之下,那些说自己有人生意义或目的的学生更倾向于使用人生目的这个词,而非人生意义。

即使是那些没有说过人生意义或人生目的对自己很重要的学生,也会聊聊他们人生中最看重的东西,比如是快乐或做自己喜欢的事情。他们尽量不将这些价值观念称为人生目的或人生意义,以避免让事情听起来过于严肃、奢侈、沉重或难以承担。例如，二十四岁女性学生麻友回答道：

> 我不需要人生目的或人生意义这样严肃的东西。我活着是因为我想做令自己快乐的事情。我喜欢食物，而当我吃东西时，我会觉得我还活着。而且，如果只专注于人生目的这样的一件事，而不去做很多其他的事情，这看起来很无聊。我不能那样做。对我来说，人生目的就是为一个人的人生提供意义，就像故事创作过程一样。

二十岁女性学生秋子说道："我不知道我的人生目的是什么，但如果我有快乐的事要做那就足够。快乐的感觉足够棒，而且我不会想要死去。"

只有香织明确否认了人生目的或人生意义的重要性。她说，如果可以的话，她宁愿死，而且她很羡慕那些拥有人生目的或人生意义的人。她活着的唯一原因是，如果她死了，她的父母会很伤心，她感觉自己对他们有一种责任感，因为他们花费了许多金钱和不懈努力来培养她。

尽管存在这些重要差异，但学生访谈和自杀网站的帖子之间有明显相似之处。学生们反复讨论的一个主题是人生目的的重要性，而其中大多数人还没有找到自己的人生目的。大多数学生目前还不能详细说出自己的人生目的，但他们确实认为找到人生目的很重要，他们希望在人生的某个时刻找到自己的目的。事实上，他们似乎对这件事感到一定程度的紧迫性，甚至有一些担心自己可能永远找不到他们的目的。令人担忧的是，有几名学生公

132

开表示，他们需要一些事物来抗御自杀的意愿。

即使有些学生没有明确表示他们在日常生活中遇到过困难，许多人还是告诉我，他们有时觉得自己没有归属。有三位学生明确说他们在人生的某个阶段经历过活着很难。加奈惠分享自己从十几岁就一直患有抑郁症。美枝分享说她曾多次自杀未遂。香织总体上对人生表示悲观。秋子说幸福的感觉会让她不想死去。我还注意到，那些说自己缺乏人生目的或人生意义的学生往往会交替使用这两个术语。那些说自己有人生目的或人生意义的人就不这样做。

许多学生将"被需要"问题与人生目的、人生意义问题紧密联系在一起。一些人明确说出了这种联系，其中一人就是肇："我确实有一个强烈的愿望是帮助他人……毕竟，被别人需要就是人生目的和人生意义，难道不是吗？"对另一些人来说，这种联系的表达很隐晦：他们的人生目的是拥有与自己亲近之人、保持人际关系或帮助他人。正如二十三岁女性学生葵所分享的那样："我认为人生目的非常重要，并且我周围的人就是我的人生目的。帮助别人和被别人帮助是非常重要的。"

二十一岁女性学生玲子说："人生目的，嗯，我没有想过那么多，但有些事情我需要做，有些事情我想做……被需要也是很重要。"葵的回应更为强烈，突出了被需要的重要性："被别人需要是非常重要的。对我来说，如果任何人都不再需要我了，人生就没有意义，也就没有继续活下去的理由了。"秋子说："我不确定我的人生目的是什么，但只要我有可以享受的东西，我就感到满足。所以快乐和欢笑的感受本身支撑着我活下去，我觉得没有必要去死。同时，现在做我想做的事也能让我找到人生目的和意义。被别人需要和别人依赖着我的这类感觉也会带来人生目的。在父母的关爱下长大本身就很好，这就是为什么我认为自杀对我来说并不可取。"虽然她的回应一开始暗示快乐就足够了，但她还是接着说，被需要的感觉也带来了人生目的。

133

　　许多学生有意轻描淡写他们的人生目的，认为它与简单、普通但对个人仍有意义的事情相关。二十一岁女性学生圣子告诉我："我不知道我的人生目的是什么……也许是我的家人和朋友？……拥有一个我爱的人，这样微不足道的小事可能就是最重要的事情。我不需要太特别的事物。"另一名二十一岁女性学生隆子说道："嗯，这没什么特别的，但我想对别人有用处……只是做一些小的事情，比如倾听朋友的烦恼或为他们做一些有帮助的事。"

被需要的需要与人生意义的缺乏的关联

　　学生的访谈揭示出这样一个问题：被需要的需要和人生意义的缺乏是相关的，还是明确导致孤独的两种不同类型的精神痛苦？如前所述，自杀网站的访客未曾将被需要的强烈需要和对人生意义的需求明确联系在一起。虽然这是自杀网站访客描述过的最显著的两种精神痛苦形式，但我没有遇到过一个明确将它们联系起来的例子。他们通常会哀叹没有人生意义或没有理由继续活着，并提出"人生意义是什么？"以及"我为什么还活在这个世界上?"这样的问题。与此同时,他们也哀叹自己不被任何人需要。对于他们来说,既不知道自己的人生意义是什么,也没有人需要、接纳、认可或爱他们,这似乎是一种双重打击。

相反,大学生的回应呈现出这两个问题之间存在着迷人的相关性,特别是那些说自己有人生意义或目的的学生。对于他们许多人来说,这两个问题是一回事,就像"被需要就是人生目的和意义"这样的表达。此外,大多数说自己有人生目的的学生所举出的例子主要指向人际关系和被需要。然而,那些缺乏人生目的或意义的学生,以及曾经或正饱受精神健康问题折磨的学生,他们并没有明确表达这种联系。他们的回答更接近那些自杀网站访客的回答,涉及人生意义和目的的表述更抽象,是以目标为导向,而非以人际关系导向。

那些说自己缺乏人生目的和意义的学生也对目前的生活表现出不同程度的不满和萎靡不振的迹象。比如沙奈惠和惠美,她们无法忍受没有未来目标以及发现一切毫无意义的感觉,所以她们觉得人生目的很重要,即使她们还没有。一位名叫麻友的学生说,不去思考人生目的或人生意义可能是一种更健康的态度,因为她觉得自己或许永远都找不到任何目的或意义。香织不认同人生目的和意义的重要性,她说如果可以的话,她宁愿死,但她因为对父母的责任感而继续活下去。曾经有过自杀未遂的美枝说,当她想要自杀时,更容易放弃自己的人生目的,转而追求金钱和穿衣打扮。现在,她的目的是要找回自己的生活。加奈惠从十几岁起就一直在与抑郁症作斗争,她说她难以思索人生目的,因为它听起来令人生畏。然而,她觉得有一个目标很重要,否则她可能会迷失自我。

如上所述，自杀网站的访客经常表示他们缺乏人生意义，缺乏继续活下去的理由，甚至想知道他们为什么从一开始就被生下来。因此，对于那些感到孤独、想要自杀并且萎靡不振的人来说，被需要的需要和对人生意义的需求是两个不同的问题。对于自杀网站的访客来说，人生意义似乎是抽象的、宏大的与难以企及的，但却是有价值的。对于萎靡不振的学生来说，他们对人生目的的理解更接近于自杀网站访客对人生意义和人生目的的理解，也就是一种更抽象的人生目标。

相比之下，那些觉得自己**有**人生目的的人倾向于用一种高度人际关系化的方式来描述它，这种方式通常包括被需要或对他人有帮助。对于这些人来说，被需要的需要和对人生意义的需求是高度相关的，甚至是同一回事。因此，至于这两方面是不同、相关还是相同的问题，我们或许可以说，在那些认为自己有人生意义或目的的学生之中，它们确实相互关联，但在那些认为自己仍在寻求人生意义或目的的学生之中，它们并不相关。这表明，对于那些找到人生目的或意义的人来说，他们是通过人际关系的福祉找到的，但那些没有找到它们的人，则是在目标中而不在人际关系中寻找。事实上，他们可能是在不太可能找到人生目的或意义的地方寻找着它们。

简而言之，我在学生访谈中最重要的发现是，他们拥有的人生目的和意义高度相关。那些沉浸在积极关系中的人要么觉得他们有自己的人生目的，要么甚至无需考虑它，因为他们在某种程度上已经满足了自己的生活。那些说自己有人生目的的人经常

135

说，他们没有什么特别的事物，或者他们没有想太多，但他们拥有一些对他们很重要的小事或日常，比如朋友、家人、帮助别人等等。在学生列举关于自己和父母的人生目的的例子中，一个反复出现的主题是关心他人并为他人负责。他们提到过照料自己或兄弟姐妹的父母，以及在需要帮助时关怀自己的朋友。就像本章开头《小王子》的那段话一样，有意选择为另一个人承担责任似乎比身边拥有很多人更重要，即使那只是一个人（一朵玫瑰）。同样，学生似乎渴望成为关爱的对象，渴望成为具有内在价值的玫瑰，让他人不是用眼睛而是用心灵看到自己。

我和这 24 位大学生中的每个人都聊了一到两个小时，通常一天共访谈六到八个小时。这让我更加坚信，那些拼命寻找人生意义的人似乎对自己的生活感到不满，甚至是萎靡不振。因此，必须从分析的角度将**拥有**人生意义与**寻找**人生意义区别开来。如果这类人能够建立社会联结，或有归属感，或被他人需要，这可能会大大帮助他们实现对人生意义和目的的追求。

幸福、福祉和意义建构

这些大学生关于幸福、人生意义和人生目的的感觉与近来日本人类学研究产生了强烈的共鸣，这些研究涉及日本新自由主义社会中的幸福、福祉、美好生活和意义建构。[32] 研究日本的人类学家沃尔弗拉姆·曼彻莱特（Wolfram Manzenreiter）和芭芭拉·霍尔索斯（Barbara Holthus）编过两辑书，是关于日本社会的幸福、福祉和美好生活，他们认为 21 世纪的日本不是一幅幸福的社会图景，他们特意指出一些社会弊病，例如过劳死（karōshi）、孤独死（kodokushi）的增多，以及社交退缩综合征（即蛰居族）。[33] 通过探索不同类型的日本人如何在社会弊病中看待幸福和福祉，他们写下探索生活积极方面的重要性，也就是"在不快乐的日本理解幸福"。[34]

在过去的二十年间，关于幸福和福祉的研究有了很大进展。因为研究者不仅考虑到苦难和逆境，还考虑到它们更积极的后果。虽然积极心理学关于幸福的大部分焦点都集中在个人层面，但是联合国《世界幸福报告》等倡议从 150 多个国家收集数据，以调查社会幸福和主观福祉方面的显著原因及条件。这些研究表明，信任和社会支持是决定自我报告生活幸福和满意度的主要因素。这种关注生活经历积极方面的转向，而不仅仅关注社会苦难和社会不平等，也影响着近年来人类学的发展。[35]

尽管这方面的研究越来越多，但要找到幸福的唯一定义仍是一项挑战。人类学家麦高登与卡罗琳·伊兹基耶多（Caroline Izquierdo）指出："幸福不是一件事物；在不同的地方，不同的社会和不同的文化语境中，它意味着不同的事物。"[36] 然而，正因为幸福和福祉密切关乎身体、社会和环境因素，它们的跨文化维度不能被忽视。新兴的幸福科学表明，幸福、福祉以及对生活的满意度都与情动因素有关，比如诸多感受和积极情感（**享乐论，hedonia**），同时也关乎一个人的人际关系、人生意义和心理调适相关的因素（**实现论，eudaimonia**）。[37] 研究还表明，尽管孤独和幸福是人类的普遍经历，但它们本质上都是由社会和文化塑

137

造，然而这二者仍然主要在个体精神和主观状态层面上开展研究，而且研究方法缺乏明确的途径来探究社会和文化条件如何影响孤独和幸福的主观评价。[38]

曼彻莱特和霍尔索斯总结道："人际关系因此是整个生命历程之福祉的显著特征之一。"[39]同样，在关于日本"部落"（buraku）青年福祉的研究中，克里斯托弗·邦迪（Christopher Bundy）发现信任、地位和自豪是这些学生感知福祉的重要方面。[40]"部落民"（buraku-min）是日本最大的少数民族群体，他们在日本遭受过长期的边缘化和歧视，而且这种情况一直持续到今天。在曼彻莱特和霍尔索斯所研究的不同群体中，一个反复出现的主题是亲缘关系和社交网络的重要作用。[41]正如人类学家哈里·沃克（Harry Walker）和伊莎·卡维季亚所说："自涂尔干以来，人类学家已经认识到，人们通常在与他人联结最紧密之时感到最快乐。"[42]因此，心理学家和人类学家在这方面的研究成果具有很强的一致性。

本章以大学生的人生目的和意义为切入点，探讨大学生避免生活孤独而追求美好生活的价值观和途径。尽管越来越多关于幸福和福祉的研究指出意义、关系和社会支持的重要性，但本章收集的叙事指向所有这些因素的情动维度。受访学生不仅谈到了**拥有**人际关系的重要性，还谈到被需要的**感受**，而且他们也表达出对孤独和不被需要的恐惧。他们对意义的表达不仅关乎意义的存在或识别意义的认知能力。相反，**感受到**自己过着有意义的人生，与能够从认知上讲述或描绘自己的人生意义同样重要，甚至前者更重要。

情动的重要性或许反映发展方面的考虑。例如，经济学家蒂姆·蒂芬巴赫（Tim Tiefenbach）和弗洛里安·科尔巴赫（Florian Kohlbacher）关于日本老年人孤独死的研究发现："年轻人更容易受到孤独的诸多感受影响，而老年人看重社会支持。"[43] 尽管如此，对意义和关系的情动维度的关注表明，如果把感受快乐的**享乐论**以及存在人际关系和人生意义的**实现论**这两个概念完全区分开来，那么这种区分可能会产生误导。我们应该进一步关注个体的主体性，也就是他们如何体验人生意义的存在或缺失，如何体验关系的存在或缺失，以及这种主体经验如何影响幸福和福祉的总体体验。

是什么无形之物给予人意义，使得人借用心灵而非眼睛去寻找，从而发现到一朵玫瑰，却不会在茫茫大千世界中，怎么也找不到一件有价值之物？对我的许多受访学生来说，这种意义关乎他者。但是，他们对未来不抱希望与乐观，看不到自己对社会的意义，也没有人生目的。相反，他们经常对未来持有怀疑和焦虑。此外，正如美枝谈及母亲时所说，如果没有相互共情和理解，被别人需要可能是一种负担。对她来说，她人生之中唯一超越自我的意义、她感受到的归属，就是那些与她共情的朋友。她可以和他们一起哭泣，可以毫不羞报地表现出脆弱。在下一章中，我们将继续探讨这些相互关系和人际联结的主题，探讨希望与孤独之间的关系，以及它们如何表现在整个社群这种更广维度之上。

注释

本章部分内容大量修改自 Ozawa-de Silva（2020）。

1 Sadakane（2008）。

2 Mathews（1996a）。

3 Rosenberger（2007，92）。

4 正如许多人类学家所研究的那样，"优逝"和"如何好好死去"的概念在日本引发激烈的争论，在没有家人陪伴的情况下孤独死（kodokushi）的问题是一个全国关注的问题。参见 Long（2000，2005，2012，2020）；Lock（1993，2001）；Traphagan（2000，2003，2004，2010）；Danely（2010，2014）；Lynch and Danely（2013）。

5 Mathews（1996a）；Rosenberger（2007）；Allison（2013）；Biehl（2005）；Chua（2014）；Stevenson（2014）。

6 García and Miralles（2017）；Tamashiro（2019）。

7 Mathews（1996a）；Taguchi（2014）；Yamamoto-Mitani and Wallhagen（2002）。

8 Mathews（1996a，718）。

9 Mathews（1996a，718）。

10 Kaved?ija（2019，2）。

11 Wada（2000）；Kavedžija（2019，2）。

12 Yamamoto-Mitani and Wallhagen（2002，404）。

13 Kamiya（2004）；Yamamoto-Mitani and Wallhagen（2002，404）。

14 Kamiya（2004）；Taguchi（2014）。

15 Kamiya（2004）。

16 Yamamoto-Mitani and Wallhagen（2002）。

17 Kamiya（2004）。

18 Taguchi（2014）。

19 Yamamoto-Mitani and Wallhagen（2002，407—409）。

20 Yamamoto-Mitani and Wallhagen（2002，403）。

21 Mathews（1996a，734）.

22 Mathews（1996a，735）.

23 Mathews（1996a，735）.

24 Mathews（1996b，1996a，2017）；Holthus and Manzenreiter（2017c）；Kavedžija（2019）；Ozawa-de Silva（2020）.

25 Mathews（1996a）.

26 Mathews（1996a，733）.

27 Allison（2013）. 在这部著作之前，玛里琳·艾维（Ivy 1995）也曾在《消失的话语：现代性、幻想与日本》（*Discourses of the Vanishing: Modernity, Phantasm, Japan*）一书中探究过类似主题。也可参见Strauss（2006）关于艾维之研究的评论，他指出单一国家叙事（日本普遍流传的自杀、人生目的与活着很难等话题）与存在于其表面之下的多种替代性叙事。这本书中关于《小偷家族》的内容就展现了导演是枝裕和如何提出一种替代性叙事，以质疑标准化的国家叙事。

28 Allison（2013，63）.

29 Amamiya and Toshihito（2008）；Allison（2013）.

30 Sugiyama-Lebra（1976）.

31 将 jibun ga nai 这样的短语按字面意思翻译成"没有自我"，可能会产生日语异域化和东方化的未预后果。有些人甚至把 jibun ga nai 这样的短语解释为日本人根本没有个体自我意识的暗示；他们只是和别人一起走，没有独立于群体的个体偏好或意见。然而，这显然是不真实的。即使在非人类的动物和婴儿身上，也存在着强烈的个体偏好，它们喜欢一种食物而不是另一种，喜欢一种待遇而不是另一种。因此，暗示日本人没有个体偏好是荒谬的。我们将这些短语从一种语言和一种文化翻译成另一种语言和文化的时候，必须避免这种异域化。实现这一目标的方法之一是不要忽视共同的人性。这并不意味着我们否认文化和语言的差异，也不意味着我们需要在英语中找到一个对等的口语化短语。正如土居健郎（Doi，2001）在他关于日语单词 amae 和依赖概念的经典著作中所指出的，这样一个单词或短语可以说明某种特定类型的经验，而这种经验在日本更常见，或者在日本比在其他地方更特殊。因此，我对从事这类工作的学者的呼吁是，寻求一个中间地带，既承认共同的人性，又认可在具体语境中能够而且始终是特殊的经验方式。然而，这些特性不应逾越常识和共同人性的界限。我在 Ozawa-de Silva（2007）中更详细探讨了"日本人之自我"这个棘手问题。

32　Manzenreiter and Holthus（2017b）；Holthus and Manzenreiter（2017c）；Kavedžija（2019）。

33　Manzenreiter and Holthus（2017b）；Holthus and Manzenreiter（2017c）。

34　Holthus and Manzenreiter（2017b，1）；Manzenreiter and Holthus（2017b，1—21）。

35　Jiménez（2008）；Mathews and Izquierdo（2008）；Miles-Watson（2010）；Jackson（2011，Jackson（2013）；Johnston and Colson（2012）；Thin（2008）；Robbins（2013）。

36　Mathews and Izquierdo（2008，1）. 在《追求幸福》（*Pursuits of Happiness*）一书中，麦高登和伊兹基耶多提出幸福的四个经验维度：（1）生理维度（如健康、生理能力）；（2）人际维度（如家庭关系、社交网络）；（3）存在性维度（如思想、给予人们人生意义的价值体系）；（4）结构维度（文化制度的支配性维度）。幸福的概念在不同文化中有所不同。麦高登写道，在欧美语境中，幸福与个人成就的关系比在东亚更密切。东亚的幸福概念被理解为人际关系。曼彻莱特和霍尔索斯认为，幸福甚至可以被感知为潜在的消极因素，因为个体的幸福会危及东亚人的社会和谐，导致"对幸福的恐惧"。参见 Mathews（2017）与 Manzenreiter and Holthus（2017b，7—8）。

37　Keyes（2002，2005，2014）; Keyes, Shmotkin, and Ryff（2002）; Ryff, Keyes, and Hughes（2003）; Keyes and Simoes（2012）.

38　Russell（1996）; Austin（1983）; McWhirter（1990）; Shevlin, Murphy, and Murphy（2015）.

39　Manzenreiter and Holthus（2017c，260）.

40　Bondy（2017）.

41　Holthus and Manzenreiter（2017a）.

42　Walker and Kavedžija（2016，2）.

43　Tiefenbach and Kohlbacher（2017，250）.

第五章　幸免 3·11

我们知道，一个人可以是孤独的，那一个社群呢？

在北美语境中，我们理解孤独、抑郁症与焦虑的方式是如此高度个体化，以至于一个社群感到孤独似乎是很奇怪的事。但是，在个体层面导致孤独的相同因素可能会被整个社群经历，比如感觉被隐形、不被关心、被遗忘、无人问津以及丧失联结。事实上，社群被边缘化或受压迫的经历带有许多孤独特征。因此，不仅研究个体层面的孤独，还研究社群层面的孤独是有意义的。同样地，我们可以不仅仅在个体层面研究应对孤独和边缘化所需的抗逆力，公共或社会层面也是如此。

通过检视更大范围的孤独，我们可以获得许多洞察。也就是说，孤独是一种社会现象，而不仅仅是个体问题。这就是本章的主题。本章内容取材于 2011 年 3 月 11 日自然与核灾难（3·11灾难）影响下的日本茨城地区的田野调查，以及这些灾难与其后果对当地社群的影响。

在年轻的日本网站访客与大学生的案例中，我们发现那些经历过社交孤立或预感到社交孤立的个体具有显著焦虑感。对于生活在茨城以及其他受 3·11 大地震灾难影响地区的人们来说，我们看到社群被迫处于真实的肉体隔离状态。那里的人们失去了他们的家园、城镇和工作场所。他们失去了朋友和家人。他们整个生活方式都被剥夺。成千上万的人被安置在应急避难场所，而他们不得不在那里停留了很长一段时间，通常是几年。然而，像茨城这样的地区，即使受到灾难的严重影响，却没有被特别划分为国家关注的主要灾区。这使得许多生活在那里的人感到被忽视、被抛弃、无关紧要，以及无人问津。[1]

被连根拔起并失去家园所带来的客观的、肉体的孤立，是否比一个孤独的个体身处人群却感受到的社交孤立更大？这两种情况的异同是什么？"丧失"又在孤独经历中发挥了什么作用？被迫移居涉及何种形式的丧失？这些问题具有宽泛的寓意，因为孤独和孤立不只是大规模灾难的结果，它们也会因为失去朋友、家庭成员、配偶，甚至孩子而产生。每一种情况都会招致深切的孤独。

无论是个体还是集体的丧失，都不仅仅是种悲痛与孤立。它们还会造成创伤和道德伤害。创伤是因为它们从根本上威胁着我们的安全感。道德伤害是因为它们违背了我们所期望的正义：我们对生活有公正、有序和公平的观念。**道德伤害**是一个用来扩展创伤后应激经历并将其去病理化的术语。而创伤与道德伤害都会让人们以及社群感到孤单、孤立和孤独。因此，当3·11大地震发生时，包括我在内的许多人都担心这些灾难会带来一系列精神健康问题，并可能导致自杀率的飙升。但是，即使灾难如此严重，自杀率却没有剧烈上升。相反，那些直接受到3·11影响之人的故事更加复杂，它们不仅包括创伤、道德伤害和边缘化，还

141

涉及令人难以置信的抗逆力，涉及社群再造与强化，以及逆境中意义建构、人际纽带与联结的重要性。

3·11 灾难的展开

【第一天：2011 年 3 月 11 日】

2011 年 3 月 11 日，就在那场恐怖的灾难发生之日，如同许多生活在国外的日本人一样，我一觉醒来就收到大量来自朋友、曾经的学生和同事的电子邮件，询问我是否听闻日本地震的消息、我现在如何，以及我的家人是否安全。

我不是一个早起的人，当时应该是在美国佐治亚州亚特兰大的早上 9 点。我立刻从床上爬了起来，打开电视并调到 CNN 台。就这样，我开始间接见证了后来被称为"3·11"或"东日本大地震和海啸"事件。我立刻给住在横滨的姐姐和哥哥打电话，他们离灾区只有 160 英里，此外我也给东京地区的朋友们打了电话。但就如同许多尝试联系日本亲友的人一样，我无法与任何人取得联系。地震切断了电话信号和其他通信线路。

我终于联系上我的父母。他们住在日本南部的鹿儿岛，所以电话通信没有受到干扰。在经历几小时折磨人的不确定性之后，我的父母终于确认了直系亲属们的安全。他们中的一些人因为火车和地铁停运而被困在工作单位过夜。我听说，我的哥哥不得不花费数个小时从工作单位步行回家。

在这段时间里，我感觉自己好像处在地狱边缘。我所能做的就是设法联系东京的朋友和同事，并等待受灾较轻地区的其他亲属的最新消息。我感觉自己就像村上春树小说《神的孩子全跳舞》(*After the Quake*)中的一个人物。这部小说取材于1995年阪神大地震。那个角色在五天里一动也不动地盯着电视新闻。电视上播放着倒塌的医院、银行，以及被大火覆没的购物中心。在福岛核反应堆最后一次爆炸之前，我也盯着我的索尼小电视屏幕至少五天。我从未感到如此的无助。我和其他日本人一样，都被这场灾难吓到了。

地震发生在日本时间下午2点46分。这场里氏9.0级的地震不仅是日本自有记录以来最大的地震，也是历史已知的第四大强震。此次震中位于日本东北地区，也是位于日本列岛中部的本州岛的东京以北地区。我们几乎难以理解这次地震的规模和能量：它是如此巨大，以至于地轴发生可被测定的偏移，并永久缩短了地球自转时间。十余年后的今日，它的余震仍在继续。

在十五分钟里，那场大地震引发巨大海啸。海啸向东北海岸逼近，它所形成的一堵高耸的水墙席卷了整个城镇。第一波海啸夺走许多人的生命。就当人们以为最恶劣的情况已经过去，逃过第一波海啸的部分幸存者回到家中收拾贵重物品或找寻家人。他们却成了第二波海啸的遇难者。之后，第三波海啸无情地接踵袭来。几次海啸造成超过34万名灾民疏散撤离，并使整个地区的水、食物、药品和住所严重短缺。

下午3点27分，第一波海啸袭击福岛第一核电站，导致第三重灾难。在20分钟内，第二波海啸以46英尺高度轻松绕过本应保护核电站免受此类事故影响的防波堤，严重破坏了核电站设施。当日傍晚，政府宣布进入核能紧急事态，并要求疏散距离核电站 3 公里（1.86 英里）内的居民。第一核电站 1 号机组周围10 公里（6 英里）内的居民被要求原地避难。与此同时，即使运行中的反应堆已经自动关闭，但后续海啸致使应急发电机失灵，令这些发电机无法为反应堆降温。

地震、海啸与核反应堆熔毁，这三重灾难很快被命名为"3·11"。灾难的名称用的是这三起灾难的发生日期，显然是借鉴十年前美国的 9·11 悲剧事件。但这三场灾难并非结局，而是进一步说明自然灾害总是有社会灾难相伴随。3·11 的三大灾难之后，一系列社会灾难的确发生了。这些社会灾难包括人们流离失所、救援工作管理不善、政府和核电公司明显缺乏透明度，随之而来的是日本社会丧失对他们的信任，而且不断拖延的清理工作至今仍在进行。这导致许多日本临时工人暴露在非常高水平的核辐射中。

然而，强大的逆境在很多时候也是更强的抗逆力试验场。令人振奋的是，3·11 的自然灾害、核灾难与社会灾难也促使受灾地区的人们齐心协力应对这些悲惨事件，并一起重建失去的东西。这令许多人在面对悲剧、流离失所与被忽视时，意识到社群和关系纽带的重要性。

【第二天：2011 年 3 月 12 日】

第二天，所有电视台都在播放核反应堆上方白烟聚成的蘑菇云景象。记者们焦虑地叙述着福岛核电站的一个核反应堆正在爆炸。

对于任何一个日本人来说，广岛和长崎原子弹爆炸的标志性蘑菇云景象都令人难以忘怀。数十年来，核浩劫的主题和画面已成为无数日本电影、动画与图文小说的重要组成部分。其中一些知名例子是《风之谷》《阿基拉》和《新世纪福音战士》。[2] 在我个人的成长过程中，大量纪录片、电影和历史书籍不断地告诫我核武器的危险性，以及永远不要重复广岛和长崎悲剧的至关重要性。在考虑到这种电视画面带给日本人的创伤性影响时，回顾这段文化历史是很重要的：从核反应堆冒出的滚滚浓烟，以及对数百万人可能受到辐射影响的恐惧随之而来。事实上，一些人甚至称福岛是日本"第三次原子弹爆炸"。[3]

这天上午，政府扩大了核能紧急事态范围，要求福岛核电站1号机组周围10公里（6英里）内居民撤离。几个小时后，第二次核能紧急事态命令发布，福岛核电站2号机组附近的居民也被要求撤离。晚上9点40分，1号机组的疏散区域范围扩大到20公里（12英里），而2号机组的疏散区域扩大到10公里（6英里）。

自2011年3月12日以来的三天里，冷却不足导致1、2、3号机组的三个反应堆熔毁并发生氢气爆炸。电视台反复播放大规模氢气爆炸的画面。后来，较小的疏散区域范围政策招致批评，因为高放射性物质已在20公里范围外被检测到。

【第三天：2011年3月13日】

我不知道我此后几日内睡过多少觉。从第三天开始，我的记忆模糊了，部分原因可能是来自新闻报道的信息量太大，以及福岛核反应堆状态的持续不确定性。它每日都在发生爆炸。

政府于3月25日将疏散区域扩大到20—30公里（12—19英里），但仅以此为一种建议。空气中已检测到高水平辐射，它正向南扩散至北茨城、东京、千叶和神奈川等地区。这是个重要问题。因为拥有3900万人口（约占日本总人口的三分之一）的东京都市圈距离福岛核电站只有不到150英里，乘坐新干线只需85分钟。一场强风就可以将这些辐射在很短的时间内吹到东京，带来毁灭性影响。

新闻逐渐转向报道灾难造成的环境破坏。3月23日，报道称福岛附近的海水被检测出高毒性的放射性碘、铯、钌和碲元素。直至4月4日，2号机组向大海泄漏高放射性污水的状况逐渐明确。放射性污染物不断在空气、水和泥土中被发现，这使人们为鱼类、农产品和其他食物感到焦虑。

在一场大地震之后，较小型但依然强劲的余震是很常见的。"3·11"之后的月月年年间，东京和东北地区的人们频繁往复地经历着这些余震，致使许多人再次遭受创伤。

更糟糕的是，许多人认为，政府和负责核电的东京电力公司（简称"东电"）发布的决策和报告缺乏坦诚、透明度与可靠判断。在日本，人们对政府的信任态度似乎正被侵蚀。国际媒体关于核灾难风险的报道与日本媒体的报道之间的差异越来越明显。日本新闻媒体的报道依据的是政府提供的信息，但政府似乎在淡化灾难性质。而政府高度依赖东京电力公司提供的信息，他们之间有着极其密切的联系。但每隔几周，日本媒体就会修改他们关于危险的评估，并越来越接近国际媒体的报道。

随着清理工作的拖延，国际媒体称东电正利用不熟练且贫穷的劳工来应对福岛危险放射性问题。据《纽约时报》文章报道，一则网上招聘广告上写着："失业了？没地方住？无处可去？没吃的吗？来福岛吧。"⁴ 文章接着写道："一组合同工被派去拆除管道和阀门，而这些是核电站久未升级的水净化系统一部分。根据东电提交给监管部门的文件显示，这组临时工仅从主管那里拿到一份 20 分钟的简报，没有收到他们要修复的系统图表，更没有安全程序的审查。一位核电站前主管称这种情况简直难以想象。更糟糕的是，在这些工人将要拆除的水管附近，有一根水管充满了含有放射性铯的水，而他们没有接到相关警告。"⁵ 因此，整个国家不仅遭受到灾难本身带来的创伤，还经历着一种道德伤害，因为政治利益和企业利益损害了为有需要之人提供救济与保护的努力。

　　与此同时，地震与海啸的幸存者正被遗忘着，他们的存在被核辐射的国家与国际危机所覆盖。一旦核反应堆开始爆炸，新闻报道几乎不再关注这些人了。即使他们是第一批也是最直接的 3·11 受害者，但在几天后，他们就已经被忽视了。

　　截至 2018 年，官方统计 3·11 灾难的死亡人数为 15895 人，2539 人失踪，6156 人受伤。⁶2014 年，有报道称 3·11 之后共有超过 40 万人疏散撤离和重新安置。⁷ 截至 2018 年，3·11 灾难仍有超过 5.8 万名撤离人员。⁸ 这些数字不大，因为他们不包括那些自愿撤离的人。他们所在地区从未被官方列入撤离令，但仍然遭受极高水平放射性铯的辐射。这些 3·11 幸存者中的大多数被重新安置到临时住房。在那里，他们面临着一个模糊的未来，不确定自己能否回归故乡，也不确定自己会被安排到哪个地方。最终，这场灾难与相伴随的核危机不仅带来经济亏损、人道主义危机和环境问题，还造成大规模的精神健康问题。

146

沉 船

对于生活在美国和其他大国的人来说，他们很难理解日本这种小国地理和岛国心态。如果这样的灾难发生在加州，比如近年来肆虐可怕的森林大火，东海岸或南部的人们会表示同情和关切。然而，除非自己来自受灾地区或者有那里的亲人，否则他们往往不会亲身感受到灾难。毕竟波士顿到洛杉矶的距离大约是3000英里，几乎是伦敦和莫斯科之间距离的两倍。然而，如前所述，从150英里外的东京坐火车到福岛只需85分钟。这比我从佐治亚州亚特兰大的家到250英里外的萨文纳市的距离要短得多。事实上，佐治亚州的地理面积约为6万平方英里，而日本整个国家的面积为14.6万平方英里。3·11灾难不是国土广阔的居民所能体验到的，而在日本，无论人们身在何处，他们可以立即感受到这场灾难。

我的一位同事提供过一个绝妙比喻，可以很好地说明这一点：日本就像一艘船。如果船的一端有裂缝，水就会涌进船舱，而另一端的船员就不能怜悯地默默观望着，然后继续过自己的生活。因为任何一条裂缝都会导致整艘船的沉没。

这是一个非常恰当的比喻。从许多角度来看，美国是一个去中心化且幅员辽阔的国家，人们的生活方式和观点各不相同。与美国不同，日本是一个四面环海的小型群岛。感觉日本之小还源自其政府、媒体和语言的集中。如果某个地区发生什么事件，它会直接并立即影响到全国其他地区。当某事成为一种趋势时，它很快就在全国流行起来。重要事情的发生也会众所周知。而当灾难袭来之时，每个人都会对其影响感到惊慌。作为一个依赖农业的岛国社会，人们认为要生存就必须团结在一起，共同思考与行动。我们都是独立个体、只是碰巧在同一个社会生活的这种想法在日本并不突出。

这并不是说日本没有多样性。但作为人类以及作为社会动物，我们自然会受到规模、邻近性和即时性的影响。这一点尤其适用于我们如何体验威胁和危险。

在3·11事件之后，人们强烈感觉到这艘名为"日本"之船的晃动，甚至可能在缓慢下沉。这个国家似乎缺乏良好的领导，缺乏信任和透明度，缺乏良好的决策。长期的经济衰退已使日本社会处于一种"不稳定"的状态，它将终身雇用制的传统逐渐转变为一种新自由主义制度，逐渐以没有福利或工作保障的临时工取代之。9日本社会存在一种看法：自然世界和人类社会世界不是分离的，而是一体的。当自然灾害袭来时，人们并不认为这些灾难与社会灾难完全不同。相反，这些自然灾难加重了人们对经济与社会艰难的感觉，以及日本作为一个地理、自然、社会和政治实体，其事态进展不妙的感觉。

研究受灾地区

148

3·11事件过后，包括我在内的许多研究者都想去受灾地区看看。我想了解这些地区的人们如何受到影响，他们的精神健康和福祉状况是如何，以及他们是如何应对他们所目睹的恐怖与所失去的一切。在被安置于临时住宅中，他们是如何经历被迫的孤立？在孤独、人生意义和精神健康方面，我能否看到他们与其他研究对象群体的相似之处？

然而，拜访受灾地区遇到了一些困难。在3·11之前，曾困扰日本的最大自然灾害是1995年阪神大地震，它也被称为神户大地震。这场地震夺走了6434人的生命。而地震幸存者患有严重的创伤后应激障碍（post-traumatic stress disorder，PTSD）。因此，在3·11地震发生后不久，人们意识到受灾地区需要精神健康服务。然而，在神户地震后，关于研究和精神健康服务的指导方针和保护措施并不充分，这给幸存者带来许多负面经历，其中许多人认为外人的到来根本没有实际帮助。因此，在3·11之后，人们强烈担忧来访的研究者和健康服务专业人员可能会给幸存者带来二次创伤，是弊大于利。正如拉尔夫·莫拉（Ralph Mora）所指出："日本并不鼓励医疗人员立即为幸存者提供咨询，因为人们认为这可能会增加个人的风险。"[10]即使在3·11事件发生几年后，这种说法仍然成立。

基于这些原因，我认为在3·11事件后立即积极招募和寻找受访者并不恰当。相反，在有机会以适宜方式亲自开展田野调查之前，我将注意力集中在期刊文章、杂志文章、电视新闻与书籍上。这些材料都涉及3·11幸存者的声音。我还参加过为3·11幸存者举办的活动和聚会，这些活动和聚会对任何人开放。从2011年6月到2012年1月，我就这样在东京做了几个月。这段时间里，我只访谈过一个人。他曾参加过一场幸存者聚会，并自愿讲述他的故事。

我拜访过神奈川县的一个志愿者组织，并访谈了一位志愿者协调员。他有长期支援神户地震幸存者和3·11大地震幸存者的经验。我还接触了国立精神神经医疗研究中心（NCNP）的精神健康专业人员，他们曾前往受灾地区并在那里提供精神健康服务。

通过一位NCNP同事的推荐，我结识了一群以心理学家为主的研究者，其中包括伊藤哲司（Tetsuji Ito）博士。伊藤哲司博士是茨城大学的心理学教授，也是3·11大地震的幸存者。在2011年10月8日至10日期间，这些学者组织了一场为期三天的3·11工作坊，其中包括去一个临时住宅区开展为期一天的拜访。这个地方位于北茨城，离福岛第一核电站很近。这趟旅行还包含多个实地考察，并与经历过3·11的当地人聚在一起。伊藤博士既是当地居民，也是3·11大地震的幸存者，这使他们得以进入茨城当地社区，否则整个过程很难推进。这也为我提供一次拜访部分受灾地区的独特机会。

社会隐形区

北茨城紧邻福岛南部，距离核反应堆仅40英里。该地区经历了严重的地震和海啸袭击，尤其是遭受海啸破坏的沿海地区（见图5.1—5.2）。

图 5.1　3·11 后的北茨城

图片来源：https://www.pref.ibaraki.jp/earthquake/bugai/kono/kenmin/20110311eq/ material-data/08215/index.html。

图 5.2　3·11 后的北茨城

图片来源：同图 5.1。

关于地震、海啸与核灾难的工作坊为期三天，由我们与那些幸存者一起在茨城举行。具体地点位于该地的中部沿海地区，而非北部。工作坊由松田先生主持，他是当地一家新建客栈的年轻老板。这家小客栈以其传统的日本风格、优雅与高端的外观令我惊喜。它有着俯瞰大海的温泉和传统榻榻米的房间，这个工作坊地点完全在我预料之外。

当我们抵达时，松田先生亲自招呼我们。他告诉我们，客栈是在 3·11 之前开业的。自从灾难发生以来，它一直都不景气。没有人再想来茨城了。

工作坊是由 3·11 定性方法工作组所组织的。这个小组由 11 名研究人员组成，主要是来自各大学与 NCNP 的心理学家。工作坊首先讨论了所谓受灾地区之间的格差（即日语 kakusa，意为"不对等"）问题，而这些地区被错误地归为同一类。工作坊的许多参与者都经历过厚生劳动省支援团体的救济工作，并认识到各地区的支援团体分布不均衡。某个特定地区受到严重破坏会获得知名度，然后媒体就会广泛报道这个地区，而这个有问题的地区就会突然受到政府与志愿者高度集中的支援。与此同时，其他受到同等破坏的地区被忽视或变为隐形。

工作坊的当地参与者都表示，他们感觉被政府、媒体和地区志愿者支援团体忽视了。一位店主发泄了他的不满：

> 我们都感觉到福岛、宫城、岩手和茨城这类受灾地区之间存在巨大的不对等。茨城的人们，尤其是北茨城的人们，正在遭受日益扩大的格差（hasami-jō kakusa）。与其他正在

恢复的地区不同，我们仍困在谷底挣扎。茨城几乎没有得到政府或媒体的关注，没有被认为是一个需要资金支持的地区。因此，与其他地区相比，我们得到的物质支持很少。这是地震和海啸之后的二次破坏！

客栈老板松田先生也表达了担忧：

媒体只发布关于茨城的负面消息，说它靠近福岛核反应堆，因此很危险。尽管这座城市的核辐射污染已被清理很多了，我们还是失去了游客。像我们这样经营旅游业务的人已陷入困境。这里风评被害。(日语 fūhyō higai，意为"有害的谣言")。

松田先生对媒体报道茨城的方式感到遗憾，并举出一个例子说明：

在我们城市海滩开放的那天，天气很糟糕。外面下着阴冷的毛毛雨，所以很少有人来。但媒体随后报道称，由于害怕核辐射，没有人来我们的海滩。这完全不是真的！媒体应该停止这种不负责任、罔顾事实的报道。我们的城市已然从地震和海啸中迅速恢复了，但讲述这个故事对媒体来说没有吸引力。所以他们扭曲了我们的真实面貌。

一位曾参与过神户地震救济工作的与会者说：

在神户地震的经验中，我们的支援团体学习到叙事在恢复过程中扮演着重要的角色。许多神户地震幸存者发现讲述自己的故事非常令人宽慰。笑声也对他们的积极精神健康很关键。西边（大阪和神户）人们的幽默众所周知。笑声和故事是成功恢复的两大支柱。因此，既然我们已经吸取到这些教训，我们位于神户的团体成员就向东北部的宫城、岩手和福岛的人们伸出援手。但我们意识到，那里的人是在东北，不太健谈！众所周知，东北人不爱说话，守口如瓶，这是千真万确的。我们一直努力鼓励他们讲述自己的故事，但这是一场灾难。而且他们也没有笑过。

因此，由于地区文化差异，精神健康支援团体在其他地方使用过的一些方法都失败了。当时 NCNP 的心理学家和研究员川野健治博士强调过这一观点。他注意到一些地区到处充斥着精神健康服务（kokoro no kea）支援团体，以至于幸存者会向陌生人打招呼，询问他们来自哪个支援团体。他说，几乎没有一个幸存者欢迎他们。相反，当地人更欢迎为自己提供免费香烟和饮料的访问者。[11]

随着讨论的深入，hasami-jō kakusa（日益扩大的格差）这一术语出现过很多次。它的字面意思是"剪刀式差距"，指的是在 3·11 之后做得好的社群和那些做得不好的社群之间不断扩大的不对等。遭受 3·11 灾难袭击的许多社群一开始都位于相同的基础上，现在有些社群恢复得很好，受到适宜的援助，因此慢慢地

153

恢复了，其他社群则被忽略与忽视。这些隐形的社群没比以前好多少，而且还在某些情况中走下坡路。即使拥有相同的初始起跑线，但这两种轨迹之间的差距随着时间推移而不断扩大，最终形成一种剪刀的形状。

人类学家若昂·比尔使用"社会遗弃区"（zones of social abandonment）这个词语来讨论那些收留老人和病人的机构，这些人被家人遗弃，孤立又孤单。[12] 根据这种说法，我们可以称北茨城与其他类似地区为"社会隐形区"（zones of social invisibility）。

遇见被抛下的人

这一天终于来了。我们一行人前往参观北茨城的一个临时住宅区。这个特殊的社群不同寻常，因为它是一个容纳了因自然灾害而流离失所的幸存者以及普通居民的小区。这是一群将被拆除的旧建筑，因此它在灾难发生时相对空置，仅留有 14 户家庭。灾难发生后，另有 107 户家庭被安置在此。这个小区的设计总共只能容纳 96 户家庭，所以现在的使用情况已超出其容量。

154

这个小区坐落于一个偏僻的位置，远离商店和火车站。这对于幸存者来说并非一个理想的位置，因为他们不仅失去了家园，还失去了汽车以及其他交通工具。流离失所的居民非常想住在更方便的、靠近车站的地方，但这对他们来说并不可及。此外，他们也不知道什么时候才能回归自己的家园。

小区居民的多样性为建立团结和联结感造成阻碍。因此，那些疏散人员创建了一个提供聚会与团体活动的地方协会。该协会共有 43 名成员，人数近乎该小区居民的四分之一。

我们在一栋专为公共会议而建的小平房中与居民见面。在那里，迎接我们的是藤原先生，他是协会会长兼当地某非营利组织的负责人。[13] 自从他开始拜访和支援这个临时住宅区以来，他已成为一个领导者般的人物。当我们抵达时，他是唯一在场者。这个聚会空间不大，但很舒适，有一个紧挨会议室的小厨房。几张长桌拼凑在一起，形成可供我们围坐在一起的大桌面。

藤原先生是从 2011 年 6 月 1 日开始定期访问这个社群，不过他也在 3·11 之后马上提供援手。在他作完自我介绍后，我问他是否可以给这次会议录音，他很坦率地说：

> 请原谅我直言不讳，我们确实感觉离学术界和学术有些距离。我们已经接待过很多此类客人。茨城大学的很多人都来看望我们。NHK 已经两次报道过我们的情况，而且我们上过茨城的报纸，也上过茨城大学的新闻。所以我们这个社群的确有一些媒体关注。你们能为我们做些什么呢？

伊藤博士回应道，他希望更多地了解目前情况，以及这个社群需要何种支援。对此，藤原先生回答说：

> 我真的感觉建立纽带和社群最为必要。所以我想：这里的人们之间能确立什么联结呢？他们的共同之处在于，他们都经历了 3·11 东日本大地震、海啸和核灾难。所以我觉

得我们应该聊聊地震和海啸。但在一番尝试之后，我感觉这个组织还没有建立起纽带……所以我想，也许我们应该聊聊核辐射。这个地方距离福岛第一核电站仅有85公里（53英里）。北茨城的一些地区离它只有70公里（44英里）。终于，我们确实感到彼此之间确立了一种纽带。

2011年7月份，这个社群组织了一次夏季节日。他们尝试照料彼此，以防止孤独死。社群还特别留意预防人们中暑。临时住所条件很差，居民常常忍耐夏日酷热与冬日严寒。此外，在3·11之后，日本政府和东京电力公司强烈鼓动全国节约用电，这意味着日本各地建筑都会在夏天减少使用或关停空调。临时住所很少有良好的隔热性，而且屋顶很薄，极易过热。

藤原先生继续强调道，他和当地人并不欢迎那些仅仅猎奇的游客：

> 我们有许多访客，我们又不需要更多。而且我们不是永远的受害者。我们亦可全力以赴，因为我们都有相同的境况。我们都有互相帮助的态度。我们考虑过开办社区企业，比如种植与售卖蔬菜。

一个问题在我心中萌生：其他地方的人是如何看待福岛50英里内蔬菜种植的安全性？当我向屋外望去，我看到小学年龄的孩子们戴着口罩骑自行车驶过。3·11之后的七年间，福岛附近共有两百多名儿童被诊断患有甲状腺癌。[14] 这些因素象征这些地

157

区的 3·11 幸存者面临着复杂挑战。

正当我望着窗外的孩子时，几名羞赧少语的女士出现。起初有四位三十到六十多岁的女士进屋并坐了下来。其中三人戴着大大的口罩。她们看起来既不健谈，也不开心，而且她们的鼻子和嘴巴都用口罩遮住，我很难看清她们。

藤原先生说道："你们今天究竟为何都戴着口罩？我们几乎看不见你们的脸了！"他的语气轻松欢快，仿佛对此事不以为然。我从这些女士身上感到一丝紧张，我不确定我们这群人是否受欢迎。几位女性回答说她们感冒了，不想传染给别人，所以戴上了口罩。她们沉默地坐着，而藤原先生继续聊。很快又有两位女士加入了她们。

藤原先生接着谈到个人信息保护的政府政策这一话题。正因如此，即使是他也无法确认临时住宅区所有居民的信息。一些自然灾害幸存者已被重新安置到幸存者专用住房。这使得彼此联结在一起更加容易。然而其他幸存者已被重新安置到混合居住区。他们不知道彼此谁是幸存者，而且由于隐私规定，他们不能知晓。

当藤原先生再次谈及，志愿者通常带来更多的是麻烦而非帮助时，那些女士们开始讲话。他们接受的精神健康服务支援是好坏参半。有些志愿者根本不被幸存者欢迎。其中一些人认为自己可以与幸存者一起住在临时住房内，但这是不可能的，因为房子已经人满为患。他们最近收到一个组织的邀请，希望派 130 名志愿者来开展精神健康服务。女士们说，这很烦，他们根本不可能为那么多人提供住处。

女士们开始谈论自己的处境有多么艰难。这一艰难因他们未来的高度不确定性而加重。一位女士指出：

> 如果他们告诉我是否可以回到自己的家乡，那我就可以规划我的未来。如果我知道我能回去，我就可以带着希望努力工作。抑或者，如果他们告诉我再也回不去了，我可以制定相应规划并朝着新的未来努力。但政府每隔六个月就推迟这些信息的发布。所以我一点都不知道未来怎么办。我没有希望。

藤原先生说道：

> 仅仅活着，和拥有人生目的或有活下去的希望，是有区别的。我想给予这里的人们一些人生目的或希望。这就是为什么我们将这个协会命名为"希望树"。

这些人聊了聊他们如何不能永远维持受害者身份。藤原先生强调人们成为积极的社会成员而不仅仅是受害者的重要性。他说，人们已经开始讨论成为时代叙述者（jidai no kataribe）的想法。通过向那些没有经历过这次地震的人讲述自己的经历，东日本大地震和海啸的受害者或许会为后代给予帮助。该协会的许多人都感觉非常有必要同后代分享他们的经验，以警告自然灾害的危险，以及如何应对即将来临的海啸。发挥积极的社会作用并成为有生产力的社会成员是他们的共同目标之一，而这可以被称为人生目的。

"直到最近，我们才走出个人主义时期。而在 3·11 之后，我们已经转向一个联结的时代，"藤原先生说道，"我不确定这是不是一种发展演变。"

六十岁出头的仓女士回答说："这并不新鲜。这基本就是相互支持，不是吗？当我们遇到困难，我们会帮助彼此。"

六十岁出头的立野女士随后分享了她于 2011 年 3 月 28 日入住临时房的故事：

> 我从 4 月 11 日开始在 3 号楼前种花。然后我开始结识朋友，因为看见花的人经常与我聊天。所以这对我来说是一种馈赠。然后有一天发生了可怕的余震。这太可怕了，但我们可以互相抚摸后背来安慰彼此。

另一位六十多岁的内田女士说道：

> 根据政府的说法，我们听说自己可以在这里再待两年，但我们不知道之后会发生什么。我希望茨城能够从政府那里继承这个公寓大楼，并将其作为市政住宅进行管理，这样我们就可以支付这样低的租金而继续留在这里。

159

立野女士的故事

这次会议之后，我有机会与一些成员单独聊聊。其中就包括立野女士。她关于种花的故事令我非常感动。

"谢谢您能抽出时间,也谢谢您的种花故事,"我说,"我的母亲喜爱花,而您的故事令我想到我的母亲,想到她也或许像您这样做。"

"我不得不做点事情,您懂的。如果我没有事情去做,我就会发疯。"说到这里,她几乎泪流满面。她旁边的女性抱住她并点头以示认同。

内田女士插话道:

2011 年 4 月 11 日的余震非常可怕。它太可怕了,不是吗?当我揉着别人的肩膀和后背来安抚他们时,我也非常害怕。然后那天晚上,我十分害怕以至于去立野女士的屋里留宿。通常没有人会这样做,不会允许别人和自己过夜。谁知道他们会对你做什么。

她的意思是,在日本,刚见面不久就允许陌生人在自己家中过夜是非常不寻常的事。这意味着人们在 3·11 过后很快就建立了纽带。

"你们在说什么呀?这也没什么关系。"立野女士说道,她温柔亲切地拍了拍内田女士的肩膀。

"而且,立野女士的狗狗也宽慰我们许多。"内田女士笑着说。立野女士也笑了,向我展示她手机上的狗狗照片。

"我很难告诉你这只狗狗究竟给予我多大的安慰,"立野女士说,"她真的让我振作起来,安慰了我。当一个同样来自北茨城的人跟我说，我已经得到很多支援，这应该足够了，而我应该对我得到的支援感到满足，这时的我真的很受伤。"

"我们失去了一切，"内田女士说，"我们的房屋，我们的工作，所有的一切。如果你想聊聊我们收到的所谓'支援'，那只不过是食物供应之类的。我们接收过三次。这是我们获得的全部东西了。"

尽管日本人知道福岛和岩手等地区，但很少有人清楚北茨城也遭受了地震和海啸。可并非所有茨城地区都被毁坏。因此，许多人认为茨城并没有受到严重损失。

内田女士与立野女士继续强调道，"鲜花和宠物对她们起着重要作用"，而且"北茨城的女性坚强而达观"。

一位石卷市的 3·11 幸存者

参加北茨城会议的人们一再强调，他们通过分享"3·11"的经历，已经建立起牢固的纽带。许多人说这种纽带比血缘关系更牢固。

在我采访另一位幸存者时，那些女性的叙事重新浮现。他是一位退休的绅士，我在神奈川县横滨市的 3·11 幸存者聚会上认识了他。神奈川县居民活动支援中心为幸存者们举行了一次聚会。这些幸存者是从受灾严重的地区搬迁到神奈川县的人。在这样的聚会上，我听到许多令人悲痛的故事。一个又一个人亲眼目睹海啸吞没他们认识的人。他们谈到饱受失眠的折磨和对未来的焦虑，以及从宫城、福岛和岩手县的家乡搬迁到如此遥远的地方后，他们感到多么的孤独。

这些聚会面向公众开放，我参加过其中的几次。就这样，我遇到了尾田先生，他最后加入我所在的小组，参与小组讨论。会议结束后，尾田先生亲切地自愿讲述出他的经历。

在我们访谈时，尾田先生已经六十九岁了。他六十一岁退休，来自宫城县石卷市。宫城县与福岛、岩手县一起被划分为受灾最严重的三个地区。海啸夺走了近 3500 名石卷人的生命。它还摧毁了大约 54000 座房屋，迫使 50758 人疏散撤离。[15]

因为来自石卷，尾田先生没有经历过未被承认受灾影响严重之人的那些苦难。在这一点上，他与我在北茨城遇到的那些人不同。然而，他显然受到过严重的影响。他的叙述显示了同样的疏离、对未来的焦虑，以及再次融入社群的强烈愿望。这还充分说明孤独不仅关乎狭义的人际关系，它可能是源自流离失所、流亡以及一个地方或环境的失去，而在这些地方和环境中，人们感到有意义、归属和居场所的感觉。[16]

163

【尾田先生的故事】

那场地震与海啸过后，我失去了我的家。从 3 月 11 日到 16 日，我在邻居家中留宿了五夜。

然后从 3 月 16 日开始，我和妻女搬至石卷高中。它是一个临时避难所。当时，学校体育馆完全被淹没了，所以我们住在各个教室里。

我记得大约有 340 人在避难所。我们十九人住在同一间教室里。其中九人是我的邻居。我们三人共用一条毯子，而且不得不分享同一碗米饭和半块巧克力。每人还有一根香蕉、一升水或茶。

无论如何，大约有 366 人吃了 70 块面包和 40 碗米饭。但我们没有因食物而争吵。我认为我们很幸运有一位组长。他非常好，而且我们这组人紧密团结在一起。这样的条件并不容易，但与其他人建立纽带是件好事。我感觉自己与他们联结在一起。

我们在这个避难所待到 3 月 29 日。海啸过后，整个城市仍被海水淹没了两天。直至 3 月 13 日，水开始消退，我们可以走一段路了。3 月 14 日，我开始寻找我认识的人。我也回到自己家里。不幸的是，海啸来袭时，我家的水都到我脖子那么高了。所以当我回家时，我看到只有屋顶和柱子还能用。我的房子只有一层，所以我必须拆除它。除了我已故父母的灵位和三件被送到干洗店的毯子，没有一件家具可以保存下来。

海啸来袭时，我和妻女三人都待在家里。那天早上，我的妻子去了医院。她的腿有毛病，走路不利索。在从医院回来的路上，她和我女儿一起去商店买东西。就在那时，地震发生了。幸运的是，她们安全到家。这就是为什么海啸袭来时我们三人都在家中。

我的女儿和妻子开车出去，却发现被分配的避难所完全被洪水淹没了。所以，除了在洪水中行走，我们没有什么能做。洪水涨到我的大腿。直到现在，我的女儿还说，因为这次灾难，她讨厌水。

最终我们找到一栋两层的楼房。我们的邻居欢迎我们进去，于是我们在那里住了五晚。在3月29日左右，水已退去许多，人们如果还有房子，就可以回家了。一旦洪水退去，体育馆就可以使用，于是我们中的130人在3月31日搬进体育馆。那些有幸能够返回自己房子的人当天就回家了，还有一些人搬到亲戚家。

包括我自己在内的许多人害怕独自过夜。余震相当严重，所以我无法睡好。晚上9点是避难所的熄灯时间，但我在凌晨3点或4点左右就会醒来。那时我经常四处闲逛。清晨时分的天气非常寒冷。早上6点是起床时间，然后我们在7点吃早餐。

3月29日那天，我们前往我儿子在横滨的住所。我们和他住了一个月。然后现在这个临时单元楼可以入住，我就抽签，决定住进去。我是在4月20日拿到钥匙，于是我们搬了进去。这是神奈川县的公共住房。依赖儿子让我感到不适。

这是一栋五层楼高的公共住宅，共有50个单元，可容纳77户家庭。即使它是公共住房，它还是作为临时住房使用，所以我两年不用付房租。但我不知道这栋楼里是否还有与我一样的3·11幸存者，因为大家混着住。这里主要是普通居民，还有一些像我这样来自3·11灾区的人。由于隐私保护，我无从知晓这里是否还有其他同伴可以联系。所以我感到疏离和孤独，尤其是在最初的几个月里。

有一天，我在邮箱里看到一张徒步俱乐部的传单。我想如果我加入这个活动小组，我就能建立联结与人际纽带。所以我拨通号码。喔，那个接电话的人真是太善良了！活动一个月一次，步行去大山，然后去江之岛。其中三名成员来自我所在的地区，还有五名成员来自隔壁地区。

即使是现在，我也强烈想要回到石卷。一旦我回去，我就有很多事情想做！我在当地非常活跃，而且曾在地方政府任职。我想继续参与地方政府的工作，也想把我的工作和经验传授给年轻一代，因为工作难免会有代际更迭。我想确保代际交接顺利，并将我们当前的工作与下一代联系起来。

我仍然定期返回石卷市。我每月去那里一次。我以前住在避难所。我会在避难所住两晚，然后在我熟人那儿住一晚。现在避难所已经关停，因为他们建了足够多的临时住房。你知道么，石卷市的酒店已经住满。你知道为什么吗？所有酒店都挤满了志愿者！所以我会带着露营睡袋住到熟人家里。

我总是乘坐晚上 10 点 15 分的夜间巴士从这里出发，早上 5 点在仙台换乘，然后在早上 6 点到达石卷。我回来也是这样坐车，这样就不用在石卷的某个地方过夜了。

当我到达仙台时，我一般在那吃个早餐，因为石卷几乎什么吃的都没有。所以当我回来的时候，我会乘坐晚上 11 点的夜间巴士从仙台出发，早上 6 点半回到神奈川。票价是 6000 日元，这并不便宜。

165

我觉得他们需要确立一套方法来安排我们这样的人回故乡住。我感觉每一天都过得很快。我完全专注于石卷。我在心中总是朝向石卷的方向。但是在那里找个地方住并不容易。

嗯，我还是会在半夜醒来，然后就睡不着了。自3·11以来一直如此。当我躺在那里睡不着时，我总是会想同样的事情：我需要做的事情等等。

我曾和其他人一起住在石卷社区时，没有人锁自己的大门，所以如果下雨，有人会把你晾在外面的衣服收拾进室内。我们的大门永远向彼此敞开。在这里，我没觉得自己建立了那种纽带和人际联结。我不认识这幢楼里的隔壁邻居。而且，我的健康状况不是很好，我相信这是压力造成的。我的血压上升了20，胆固醇水平也变高。我的骨密度降低，而且我被告知它突然下降到只有我这个年龄平均水平的69%。以前在石卷市的时候，我每天早上都要喝一瓶牛奶。

我也担心我的妻子和女儿。我知道她们也睡不好。但我对我们目前的居住条件或房间没有任何抱怨。我很感激我们收到的所有善意，让我们得以如此生活下去。我最感激的是我还活着。我感觉我得到支持，被赋予了生命（ikasareteiru）。既然我被给予第二次活下去的机会，我认为这一生一定会有一些挑战或任务要完成。我真的强烈希望帮助他人，希望为社会作贡献。我只是想做点什么。

注 释

1 包括若昂·比尔、贾森·丹利（Jason Danely）在内的人类学家们生动地描绘出个体和社群层面上被遗弃、不被关怀和被遗忘的感觉。比尔用"社会遗弃区"这个短语来指代那些由于吸毒、精神疾病或年老而被遗弃的社群。参见 Biehl（2005）。丹利在他对一群日本京都老年人的研究中，描述了他所对话的老人是如何将自己被遗弃的感觉转化为在退休老人之间建立纽带的手段，这一过程与本书描述的北茨城情况非常相似。丹利描述出他的对话者如何经历"被（一个人的家庭、社会、年轻一代）抛弃和遗弃的诸多感受"，以及这些经历如何源于日本的集体文化态度和"照护的政治结构化"。参见 Danely（2014，33）。

2 Miyazaki（1984）；Otomo（1988）；Anno and Tsurumaki（1995—1996）。

3 Lindee（2016）。

4 Tabuchi（2014）。

5 Tabuchi（2014）。

6 National Police Agency of Japan（2019）。

7 Watabe（2014）。

8 "7 and a Half Years after the Great East Japan Earthquake the Number of Evacuees Is Still 58000"（2018）。

9 Allison（2013）。

10 Mora（2014，25）。

11 这里值得关注的是保罗·布罗德温（Paul Brodwin）关于一线精神健康临床医生所面临的伦理困境的评估，也就是他们在违背治疗对象意愿的情况下，从事强制医疗时的医疗权力与成为有道德、有同情心的照护者之间的困境。参见 Brodwin（2014）。

12　Biehl（2005）.

13　除了伊藤博士和川野博士，本章中的藤原先生与其他名字均为
匿名。

14　"Fukushima Genpatsujiko No Shinjitu To Hōshanō Kenkō Higai"
（2019）.

15　"Ishinomaki-Shi No Higai Gaikyō，Fukkō No Jyōkyō"（2012）.

16　通过引用詹姆斯·克利福德（James Clifford）描述"生活在这里并
回忆 / 渴望另一个地方"（living here and remembering/desiring another
place），布罗德温探究了流离失所的人们如何基于他们失去的故土
来建构一种离散的群体身份与群体归属。Clifford（1997，255），引
自 Brodwin（2003）。

第六章　解剖抗逆力

事实证明，我的亲身拜访、社群讨论和个人访谈有益于为"3·11"的后果提供更个体化与多样化的理解。即使个体详细叙述的一些事情对我来说也是媒体报道过的我所熟知的内容，其中还是有很多新鲜的事。最值得注意的是，我未曾意识到受灾地区的各种多样化经历。在媒体上，这些地区往往被简单归类为"受灾区"或"3·11幸存者"。虽然新闻提供了"3·11"的"主导叙事"，但我对北茨城的拜访与日本其他地方支援团体的会议提供了关于灾难影响的更加多样化的理解。

我也完全没意识到像北茨城这样的"隐形"受灾地区虽然受到严重影响，但由于自身处在受影响地区的边缘，故而被很大程度地忽视了。北茨城的人们将自己形容为"隐形"，正是因为他们没有被大众媒体的报道所看见或关注，因此也被3·11前后更宏大的叙事所忽视。如果我没有亲自去看看他们，他们也会对我是隐形的。

更重要的是，我可以去体会那些个体与社群的情动：他们的情感与感受，他们的体验，以及他们的希望与恐惧。他们对未来感到的不确定性，他们的孤独与被更广泛社会遗弃的感觉，他们

166

167

表现在单纯善待彼此时的抗逆力，以及形成新社群与超越亲缘的人际联结的更广泛冲动，而这些几乎完全没被电视或报纸报道过。3·11灾难及其后果的这些情动维度在这些人的叙事中响亮而清澈。此外，即使在我有限的互动中，我也能够听到一系列不同群体经历：那些临时住房中的人，那些没住临时住房但受到3·11影响的人，以及那些被分散安置在日本不同地区并因此孤立于其他幸存者的人。

我所听闻的各种故事揭示出一些共同主题。一方面是痛苦、焦虑、想家和对未来的不确定性，另一方面是让自己的生命有价值的坚决，是拥有能动性而不仅仅是受害者的决心，是强调对建立人际联结、社群和归属的强烈需求。

在本章中，我通过探索一系列概念，对与我互动过的3·11幸存者经历进行理论分析。这些概念可以解释这些经历，并且可以对主体性的人类学研究作出更普遍贡献。其中第一个概念是道德伤害，这个术语是为了扩展我们对PTSD的理解而创造的。在介绍完这个概念之后，我会回顾上一章叙事中出现的逆境主题。

接下来的讨论是关于心理学家詹姆斯·吉布森（James Gibson）所提出的可供性理论（theory of affordances），以及它与主体性人类学的相关性。我将解释这一理论，然后用它探索我在3·11幸存者群体中遇到的孤独与疏离主题。最后，我转向3·11幸存者叙事所呈现的抗逆力，并讨论更广泛的抗逆力概念之重要性。它包括社会和社群的抗逆力，而不仅仅是个体的抗逆力。这些结论与其他人类学家的研究大体相合，这些学者包括尼利·劳伦佐·迈尔斯（Neely Laurenzo Myers），她写过关于道德能动性对处理精神分裂症等精神疾病之重要性的文章；还包括中村凯伦（Karen Nakamura），她对日本精神分裂症患者的小型社群"贝塞尔之家"（Bethel House）的研究，探讨了社群、归属和庇护在支持抗逆力方面的作用。[1]

通过探索逆境和抗逆力这两个维度，我们不仅看到每个维度的各个组成部分，而且还看到了它们之间的关系。同样重要的是，我们会清楚了解既有的精神健康服务，尤其是国家资助的精神健康服务，要么支持了幸存者的抗逆力，要么未能做到这一点，以及为什么如此。这一研究过程的目的是诊断，但不局限于此。更重要的目标是去帮助探索更好的补救措施和方法，以支持抗逆力与促进道德修复。

道德伤害

上一章揭示出关注个体与创伤的精神健康方法的某些局限性。3·11 幸存者并不认可这种方法的两个方面，即个人主义与受害者心态。他们不否认自己有关于困难的个体经历或遭受过苦难。但他们极为强调，希望有一个公共焦点与基于优势的抗逆力和能动性方法。

道德伤害这一术语最初是精神病学家乔纳森·谢伊（Jonathan Shay）及其同事开创的，指的是军人和退伍军人遭受的道德良知（moral conscience）伤害，并且 PTSD 与精神疾病标签对他们来说是污名化的。[2] 从那时起，关于道德伤害的定义不断演变，而我借鉴心理学家雅各布·法恩斯沃思（Jacob Farnsworth）及其同事的观点，将道德伤害宽泛定义为一种因实施、目睹暴力行为，或成为暴力行为受害者而招致的持续苦痛，这种暴力行为严重违背了个人的道德信念或对人们应该如何行为的期望。[3]然而，我们应该明白，这些"暴力行为"可以是故意为之，也可以是不为之过。这对于理解3·11之后幸存者的道德伤害尤为重要。

道德伤害的文献经常把这个词与一种背叛感联系在一起，而这种背叛造成对他人的谴责，此外这个词还涉及自我作为一个道德主体的意识受损，以及内疚、羞愧、愤怒与无助的感觉。通过关注不一定威胁到个体生命或人身安全的触发事件，道德伤害的概念扩展了我们关于创伤事件的理解。它还将焦点从PTSD通常作为个体痛苦的医疗化和污名化理解，转移到对创伤经历的道德、社会、政治和系统成因的考量。最后，道德伤害是我所谓"主体性折磨"的一个例子，因为它重塑了一个人或一个群体关于自我、他者和世界的看法。

道德伤害表明，解决措施必须立足于重建社会和制度本身，使它们不再维护道德伤害，而是促进道德修复和保护个体的道德良知。表面来看，道德伤害话语可能是如PTSD一样基于缺陷的一种方法，而不是基于优势视角。但是道德伤害将焦点转至这种苦难的社会根源，这意味着它从个体层面的治疗转为或多或少支持抗逆力与疗愈的社会结构。此外，通过使用**伤害**（injury）而不是**障碍**（disorder）这个术语，道德伤害表明受影响的个体根本没有错，而且他们可以痊愈。

虽然"3·11"的直接经历对那些亲眼目睹它的人来说无疑

是一种创伤，但北茨城与其他地方的幸存者在灾难之后所经历的事情似乎是一个明显的道德伤害案例。通过观察3·11幸存者叙事所呈现的五个重要主题，我们可以更清楚地理解这一点。因为他们有恐惧以及与他人分离和孤立的感觉，我认为这些都是造成集体孤独感的因素。

【不信任政府与媒体】

无论是那次工作坊的当地参与者，还是我拜访过的北茨城临时住宅区，茨城人们对政府与媒体的不信任感尤为强烈。茨城并不算在被称为"3·11灾区"的三个主要地区（岩手、宫城与福岛）中，它成为一个隐形区域，也是一个社会遗弃与忽视的区域。即使是不太被看好的精神健康服务团体也没有被派往茨城。媒体几乎没有报道过茨城是一个经历过3·11重大灾难的地方。部分原因是北茨城海岸受到严重破坏，而南茨城海岸的破坏并不严重。因此，茨城没有像其他三个县那样失去那么多生命。

自然灾害本身是创伤性的，但最重要的是，居民感到他们这一地区被忽视、不被认可，以及隐形于政府和媒体，这一情况反过来又造成道德伤害。茨城的一些人说，听到不是这里居民的人声称茨城没有遭受过严重苦难，这很令人痛苦。这意味着他们的痛苦和苦难没有得到承认，这让他们感到孤单。这种疏离感创造了一种独有的孤独，这是一种除了那些拥有同样苦难的人之外，无人洞悉他们的感觉。就好像日本这么一个国家已经遗弃茨城一样。

【不信任精神健康服务提供者和志愿者】

3·11幸存者表达了他们所需之物和服务提供者试图给予之物间的鸿沟。志愿者和提供者也有类似的看法。他们说，如果自己只带来食物、饮料和其他基本物资，他们会更受欢迎。从我在北茨城遇到的人的叙事来看，志愿者组织的精神健康团体被视为一种不合理的负担，而不是居民想要或需要的东西，特别是志愿者经常想要或期望居民为自己提供住房和配套设施。

精神健康服务团体的设立是为了在创伤发生后提供服务。他们寻找 PTSD 这样的疾病并提供治疗。但这并不是许多 3·11 幸存者想要的。他们似乎并不重视这种"自上而下"的精神健康服务方法。这表明幸存者主要寻求的不是精神健康治疗，而是道德修复与社群关怀。甚至厚生劳动省也承认，当地社区不欢迎这种团体，而前者就负责组织由精神病学家、临床心理学家和其他精神健康服务专业人员构成的精神健康服务团体。[4]

在我所拜访的社区中，3·11 幸存者的反应映照出日本的精神健康专业化和医疗化历史。北中淳子阐述过日本抑郁症的医疗化是如何建立在将精神病学话语和疾病类别强加于患者，而不是建立在患者的能动性和他们自己的疾痛叙事基础上（这是凯博文的划时代著作《疾痛的故事》所强调的一个关键差异）。[5]北中淳子写道："直到今日，日本的精神病学之所以能够维持其权威，并不是因为它的知识被接受为文化常识，而是因为它能够垄断医学知识，甚至在未经患者同意的情况下，对被诊断为精神疾病的人行使治疗权力。"[6]她指出："事实上，人们甚至可以说，日本现代精神病学的历史特点是完全脱节于主观疼痛的。"[7]

医学人类学的大部分历史都致力于证明关注而不忽视那些受苦之人主体经验的重要性，并认为这将有助于为其提供有效的健康服务与治疗。在关于日本精神分裂患者之家、贝塞尔的民族志

171

研究中，中村凯伦描述了健康服务专业人员如何以"精神游客"（psychotourists）的身份拜访贝塞尔的主任医师川村博士，以学习"川村博士所说的'非援助论'，他［川村博士］将这个理念与日本精神分裂照护的主流医疗模式进行对比"。中村凯伦解释道："在非援助模式中，目标不是治愈，甚至不是'帮助'，这往往是单边立场。在非援助模式中，'专家'处于无权力的位置。他们的目标是协助患者疗愈和康复，是鼓励与帮助人们通过自我主导研究更好地了解自己……鼓励人们与处于相似或不同处境的人交谈，建立自己的联结。"[8]

另一方面，3·11幸存者非常欣赏关于创意艺术的工作坊。一位参与者兴奋地说，她很喜欢一位日本拼贴画艺术家主持的工作坊，她可以在其中学习如何使用彩纸创作拼贴画。艺术活动为居民赋权。它们本质是公共的，而不是一对一的心理治疗干预。居民们欢迎团体活动，而且他们欣赏为自己创造事物的能力。这种形式的关注有助于人们感觉自己既是积极的主体，也是一个社群。丧失和缺乏社群关怀是他们遭受苦难、经历孤独与被遗弃的主要原因。因此，确立社群关怀对他们抗逆力至关重要。他们似乎想要且需要再次"共享一个世界"。

172

【有害的谣言】

幸存者所说的"风评被害"，也就是有害谣言造成的伤害导致进一步的两难困境。一方面，茨城人希望灾区身份被合法承认，以便他们能够得到认可和物质支持。另一方面，他们不希望茨城被视为受核辐射污染的危险区域。

我发现茨城在这方面是加倍的不幸。尽管茨城没有被合法认定为主要受灾区，但媒体的关注焦点是茨城靠近福岛和核反应堆，及其渔业和蔬菜受到更高水平的核辐射污染。因此，旅游旺季时人们不愿意来茨城旅游，这严重影响了茨城重要的旅游产业。这导致很多人对风评被害的抱怨，人们感觉自己受到了不公平和有害谣言的伤害。这进一步造成道德伤害，以及对媒体与茨城之外人的不信任、距离感和疏离感。

【剪刀式不对等与温度差】

除了感觉被政府和媒体抛下之外，3·11 幸存者群体之间的分裂也越来越大。有两个词被反复使用：hasami-jō kakusa，意思是一种扩大或"剪刀式"的不对等，以及 ondo-sa，意思是"温度差"或"看待事物的方式不同"。在茨城内陆的居民中，一些人很快从 3·11 的损失中恢复过来，并重新开始正常生活，而另一些人仍在为不稳定的未来而挣扎。在六个月里，3·11 幸存者之间的团结感被不断扩大的差距所取代，而这种差距就位于那些稳步前进于恢复道路上的人与那些感觉被抛下、仍然困于临时住房和失业的人之间。

Ondo-sa（温度差）指的也是类似现象：人们对 3·11 及其后果的感受有所不同。用**温度**（temperature）这个术语来表示这种差异十分有趣，因为温度是一群人都会感受到的东西，要么很热，要么很冷。假使情况并非如此，问题就会产生。如果人们在室内，有些人感觉太热，而有些人感觉太冷，那么暖气或空调就不能满足每个人的需求。以不同方式感受温度不仅会造成实践问题，也会带来情感问题，即某种不融洽感。我曾写过"共享一个世界"的重要性，也就是作为社会存在，我们自然想要感受到与他者的情感共鸣。[9]如若这种情况没有发生，我们通常会感到担忧。比如当我们被一个事物深深打动，而这个事物被另一个人严厉批评，或者当我们在某件事物中发现了美而别人只发现丑时。日本社会无疑是重视"共享一个世界"的。在茨城，无论是居民之间还是他们与外人之间，强烈感受到**没有**共享这一个世界，而这感觉似乎是人们体验疏离、被遗弃、孤独、不被他人理解和共情的另一个组成部分。

【不稳定的未来】

我所遇到的所有群体都对不稳定的未来表示焦虑。那些住在临时住房的人们被告知自己只能在这里住两年，之后如何便是一片茫然。正如我在上一章中提到石卷市尾田先生的叙事，许多人迫切希望回到故乡，重建房屋和生活。许多人回忆道，他们不知道自己的未来会是何样，特别是因为他们不知道何时或是否能够回家。这种不稳定性让他们没有希望、没有未来规划或者方向感。

不像东京、大阪和神户那样典型的城市地区，东北地区拥有牢固的社群生活。我很惊讶地听到人们不会锁上他们的正门，而他们的房屋会向邻居敞开。我从来没有体验过这样的生活。对于那些已经习惯生活在一个紧密的社群中的人来说，每个人都认识自己的邻居并会互相帮助，而从这个社群被连根拔起将是加倍挑战。住在临时房中的一些人可以重新创造一种社群感，但许多人还是经历了持久的孤独。对于东北的许多人来说，亲密社群的重要性使不稳定的未来和回归社群的不确定性变得更加煎熬。

174

孤独的社会可供性

　　没有更广泛的日本社群给予足够的物资供应、关注和认可，这对北茨城的人们来说是一种疏离与道德伤害。在微观层面，北茨城的人们也感受到受灾较轻的其他茨城居民没有认识到自己的苦难与对支援的需求。因此，他们同时被日本这一较大社区和茨城这一较小社群双重否认。

　　心理学家詹姆斯·吉布森发展出他所谓的"可供性理论"，该理论表明环境的各个方面"可供"某些知觉和行为。[10] 一个足够坚固的平面可供人站立，而一把高度适合身体的椅子可供人坐下。可供性理论认为，环境和人的主体经验之间存在一种互补性，使得某些知觉和行为比其他知觉和行为更容易。吉布森写道："环境的**可供性**是指它**提供**（offer）给动物的东西，是**供应**（provide）或**布置**（furnish）了什么，无论是好是坏。"[11]

　　即使吉布森主要关注知觉和行为，他的理论似乎不适合研究社会和文化，更不适合研究主体性，但我认为事实远非如此。吉布森承认，他的理论包含一个"激进的假设，因为它意味着环境中事物的'价值'和'意义'是可以被直接感知到。此外，它还可以解释价值和意义是外在于感知者的"。[12] 我认为，当我们像吉布森那样认为，社会和文化在很大程度上是建立支持人类繁盛可供性这一长期过程的产物时，这一观察便具有额外的意义。这是因为可供性既是社会性的，也可以是物质性的。吉布森写道：

175

"将文化环境从自然环境中分离也是错误，就好像有一个不同于物质产品世界的精神产品世界。我们只有一个世界，无论它是如何多样化。"[13] 事实上，许多行为需要他者的存在或参与，因此其他人就像物质环境一样提供可供性。吉布森指出："最重要的是，其他动物可供丰富而复杂的互动、性、掠夺、养育、战斗、玩耍、合作与交流。其他人的可供之物则构成人类社会意义的全部领域。"[14]

在这种解读中，社会本身就是人类努力确立更适合帮助自身生存和繁荣的可供性产物，而它更不适合苦难和死亡。这与我在第一章中将社会很大程度地视为主体性之外在表现的论点相吻合。但在一个特定的社会中，每个人都完全相同吗？一个个体是否可以被另一个个体替代？一个社群是否可以被另一个社群替代？吉布森的生态位概念在此是有用的，并且与日本归属概念密切相关。他写道："在生态学中，生态位是适合某种动物的环境特征的设置，而它隐喻式地融入其中。"[15] 生态位就是这样一种地方，那里的环境（包括物质和社会）可供性适合居住在此生态位的个体（包括其身体和精神），有助于他们的生存和福祉。那些找不到自己生态位的个体则处于危险之中。

我所分析的诸多自杀网站访客帖子都是在寻找自己的生态位，也就是他们的归属，他们认为这对自己活下去的能力至关重要。当居民们因为3·11大地震流离失所，离开他们的社群时，他们失去了自己的生态位。他们失去了可供自己生存的环境，也就失去了生活方式。他们失去了某些存在方式，而如果没有他们的生态位支持，这些存在方式是不可能的。当我遇到他们时，我看到他们在努力重新创造那个生态位，要么是通过试图重建他们失去的生活形式，要么是通过试图回到他们的故乡，回到他们生态位的物理位置。正如吉布森写道："自然环境提供了许多生活方式，而且不同动物有不同的生活方式。生态位暗示着某种动物，而这种动物暗示着某种生态位。二者具有互补性。"[16] 他也指出："我们都以各自不同的方式融入环境的子结构中，因为事实上，我们都是由它们形成。我们生活的世界创造了我们。"[17]

如果我们将吉布森的可供性理论扩展到知觉和行为以外的感受、思考和相信世界的方式，那么该理论对研究主体性的人类学家具有重要价值。日本社会拥有支持某些存在方式、某些感知自我、他者与社会方式的可供性。如果社会反复发出信号，暗示个体无关紧要，例如否认、忽视，甚至总是否认苦难的主体经验，那么这样的社会对孤独具有高度可供性。

在3·11灾难的例子中，我们看到日本社会的可供性使得系统性不平等与忽视成为可能。自然灾害不可避免，但社会与政府对自然灾害的反应是殊异的。日本政府高度集中化与标准化的运作方式不可避免地导致忽视、遗弃与隐形区域的生成。政府的形态塑造情动的形态，而社会的形态塑造经验的形态。

如果我们重看日本媒体最初处理互联网集体自杀的方式，我们会想起那些自杀者的苦难总是被否认。他们被视作轻率、淡漠的个体，是不明白生命价值的人。这种叙事否定了他们的主体经验，而且它传达给他人的信号是，如果他们有类似的感觉，那是他们错了。否认个体苦难的价值是孤独的又一个社会可供性。

与此同时，人们不仅仅是受害者。他们寻求福祉，寻求支持自身生存的地方与社群。我遇到的3·11幸存者已经失去了他们的归属，但他们要么通过确定一种新的归属，要么通过重归家乡，重新寻求自己的归属。作为人类，我们不仅仅被自己生活的世界所创造，我们也寻求共同创造自己生活世界的能动性。

抗逆力的几个方面

假如政府与社会的结构为孤独这样的主观状态给予可供性，那么根据定义，它们也可以通过支持人际联结、归属感、感受到被看见与重要，以及通过为那些原本缺乏归属的人提供归属，成为抗逆力的可供性。这些可供性不应被视为非此即彼的情况，而应被视为连续存在的综合条件。一旦我们确定了社会结构是苦难和道德伤害的重要背景，我们也就必须研究它们可以促进抗逆力、道德修复和疗愈的方式。

177

护理学学者久木原博子（Hiroko Kukihara）及其同事对来自3·11灾区的241名疏散人员进行研究，得出结论："在大地震、海啸和核电站事故的幸存者中，抑郁症（创伤后应激障碍）（PTSD）普遍存在。然而，研究结果也表明，一些幸存者能够相对较好地忍耐创伤事件，抗逆力是应对此类事件的一个重要保护性因素。因此，协助幸存者提高抗逆力至关重要。"[18]

3·11幸存者的叙事也展现出抗逆力，他们显然在努力重建社会生活的各个方面，以帮助他们应对曾经和当下的艰难经历。他们提到自己在目前生活环境中所欣赏的事物，他们喜欢什么，以及他们一直通过做些什么来缓解孤独和焦虑。正如从他们的叙述中浮现出来的逆境主题，抗逆力的主题也是如此。第一个是能动性：独立发挥积极社会角色的重要性，而不是仅仅被视作无助的受害者。与此相一致的是社群关怀和幸存者互相支持的主题。此外，还有一个深刻的主题是在幸存者之间建立人际联结与纽带以及建立或重返归属的重要性。

虽然抗逆力通常被定义为在经历逆境磨难之后"反弹"（bounce back）的能力，就像一块受到打击的金属可能会弯回原来的形状一样，但我是从更广泛与多维度的抗逆力模型中得出的结论。不同于无生命体，人在经历重大挫折后很少能回到原始状态。心灵或身体的明显伤痕不会让一个人与以前完全相同，即使愈合也是如此。我们的经历改变了我们，有时是永远的改变。而且不同于无生命体的是，我们人类可以随着时间推移而变得更强壮、更达观。他者的存在和支持，以及我们所处的结构和文化系统，也为我们的抗逆力提供支持。

人类学家萨拉·刘易斯（Sara Lewis）在其《宽阔的心灵》（*Spacious Minds*）一书中，探讨了中国藏族群体的抗逆力，她写道：

> 抗逆力不仅仅是没有苦难。相反，一个人应对逆境的方式是抗逆力的证据。和苦难一样，抗逆力也是由文化塑造与定义的。例如，美国人倾向于认为有抗逆力的人是那些能承受痛苦和不公的人。但对于藏族来说，那些被认为最有抗逆力的人往往是那些深受逆境影响和改变的人。抗逆力在这里

并不是被定义为"反弹"的能力，就如同一种可以承受冲击力的物质材料。这不是勇气。相反，那些抗逆力最强的人会用自己的脆弱来加深同情心。如此一来，同情既是抗逆力的结果，也是锻炼抗逆力的方法。类似于研究者所说的"创伤后成长"（post-traumatic growth），藏族人在他们的抗逆力实践中把苦难视作一个转变的机会。因为苦难被视为日常生活中不可避免的一面，所以这种方式并不局限于非凡的个体。[19]

　　我从抗逆力研究中汲取经验，这些研究检视了抗逆力如何在个人、人际关系和系统层面呈现和培育等多重维度。[20] 如同刘易斯的观点，我也认为抗逆力不仅包括应对和适应，还包括转变的可能性：将一个人曾经从逆境中生存下来的经历转变为对现在和未来有利的事情。我还认为抗逆力不仅存在于个体自身，还可以存在于个体之间，也可以是社群和社会本身的一个特征。例如我们在自杀网站访客寻求支持中看到这一点，甚至在寻求一起实施互联网集体自杀的其他陌生人身上也看到这一点。因此，我所使用的抗逆力的操作定义是指一个人、一个团体和一个社群应对、适应和转变不利环境以生存与繁盛的持久（enduring）能力。**持久**一词指的是，抗逆力是一个终生过程，并且它存在于一个连续统一体中。与其认为人们拥有或没有抗逆力，我们应该认识到人们对特定形式的逆境有或多或少的抗逆力。因此，我们可以认为那些实施互联网集体自杀的人拥有并寻求着抗逆力，即使我们希望促进社会变革，使这些人可以体验不同类型的抗逆力，这样他们可能就没有那么多理由选择自杀。

179

积极的社会角色与社群关怀

当精神健康团体遭遇拒绝，人们强烈感受到，只有北茨城的幸存者知道，人们真正想要怎样的关怀。这并不是说他们不想获得任何关怀或支持，而是他们拒绝那些将他们视作被动接受者和受害者的支持。在这种身份中，他们只能接受，而不能付出。他们希望获得让自己更加独立和自给自足的支持。他们想保持自己的独立性、自主性和能动性。他们想发挥积极和贡献作用。

一个例子是他们成为时代叙述者的建议，这样他们可以通过讲述自己的地震和海啸经历并造福子孙后代而成为宝贵财富。这样的叙述既是利他的，也对自我有益。他们亲眼目睹了地震和海啸带来毁灭和死亡。一些人看到有人在自己眼前淹死或者被巨浪卷走。他们说，当自己睡着后，这些景象又出现在他们眼前。他们会伸手去救溺水的朋友、邻居或家人，却在救到他们之前醒过来。他们希望，警告他人自然灾害的危险能有一些疗愈效果。他们都说自己的祖父母曾经从过去的自然灾害中了解过这些事，但茨城的年轻人从未经历过海啸，甚至不知道关于海啸的最基本事实。他们现在有能力提供这信息，并扮演积极和建设性的社会角色。

一个人说道："有些东西是我们需要分享并传递给下一代和那些没有遭受过这种自然灾害的人。我们也需要承担社会角色。

这是必须的。互帮互助精神是**有一个通则**。"

妇女们聊起自己在园子里种蔬菜,并最终有办法作为商贩将它们出售。她们中的一些人曾是渔民。她们开玩笑地对我说:"我们北茨城的女人很强大!我们这些渔民很强大,难道不是吗?"她们又笑又哭着,自夸自赞的话对她们来说是一种宽慰。

许多场合都显示出这种坚持个人自主性并为自己寻找一个积极与建设性角色的需要。它与恢复、幸福和道德修复的路径密切相连。再加上强烈不愿成为他人的负担,不想成为一个永远的受害者。正如我们在尾田先生的例子中看到,即使自己没有一个稳定住处,他也不愿意留在儿子在神奈川的居所。他既渴望回到故乡石卷市的社群,又不愿搬到儿子那里,因为他会觉得自己在那里是个负担。

纽　带

3·11 过后,纽带(kizuna)成为日本社会的一个非常流行的术语。即使那些没有直接受到 3·11 影响的人,似乎也马上重新评估他们生活中的优先事项。报告显示,在全国范围,越来越多的人开始回家看望他们的家人和年迈的父母,而不是出国度假。电视报道指出,人们发现人与人之间的纽带是 3·11 以来最重要的事情。

我遇到的和交谈过的幸存者经常使用纽带一词,但它并不局限于家庭成员。相反,幸存者在共同经历"3·11"艰苦之上建立了彼此之间的人际纽带。与我交谈过的北茨城幸存者强烈感觉到，只有那些共同经历自然灾害的人才能相互理解和帮助。正如那几位女性所指出，她们感到彼此之间有一种牢固的纽带，这"比血缘联结强得多"。传统意义上，血缘关系在日本被视作最牢固的纽带，其次是通过一个人的企业或公司"家庭"建立的关系，但"3·11"表明，共享一种经历也可以同样牢固。这种纽带与日本社会更广泛的趋势有关。在日本社会中，通过共同经历建立的人际纽带胜过工作场所和家庭的更传统的联结。

北茨城幸存者寻找的是真诚的纽带，而不是从精神健康服务提供者那里获得的工具化服务，即使后者更专业。事实上，日本各地对纽带的广泛兴趣可能与照护和服务日益专业化有关，这或许是新自由主义产生的另一个未预后果。这表明支持恢复的不是任何一种社会纽带。人类学家谢丽尔·马丁利（Cheryl Mattingly）将互动社交空间描述为"道德实验室"（moral laboratory）。[21] 尼利·迈尔斯则借鉴马丁利的研究，认为支持恢复的纽带是允许且促进道德能动性的类型。[22]

有趣的是，在我这个民族志研究中，道德能动性和成为一个好人（或被视为一个好人）的问题被归入更大范畴的人类繁盛和意义，正如术语 ikigai 和 ikiru imi 所述。对我来说，这意味着善的人类学和伦理人类学不能只和西方伦理学概念联系在一起，还应该扩展至什么是具有意义的生活或美好生活在内的不同文化框架。虽然在很多情况下，人被视为道德主体很重要，但这可能只是意义的一种来源。毕竟，不是每一种类型的人都能被平等认可为道德主体，而且被认可为道德主体与被认可为一个值得尊重、有价值和值得关心的人并不是一回事，也不是同等重要。关于道德能动性，我们可以提出同样的问题：那些无法做道德工作的人呢？这些工作会让他者承认自己的道德能动性或认可自己是道德主体。这个问题适用于许多相同类别的人：儿童，认知或身体残疾的人，被监禁等其他手段所阻碍的人，以及遭受道德伤害的人。事实上，我对内观的研究表明，疗愈可以来自一种被认可与被爱的感觉，即使他不是一个道德主体。[23]

马丁利与迈尔斯的研究为我们提供了有力工具，以评估这些北茨城社群所表现出的抗逆力，并思考在建立善的人类学中的道德能动性、意义和价值问题。但是，当对亲密关系的需求不是以社群形式寻求或提供，而是借助市场经济的力量时，会发生什么？那么问题就变成了这种亲密关系商业化和商品化的表现形式是否支持恢复和道德能动性。

182

亲密关系的商品化

在一个房间里，几名女性围坐在一张桌子旁，在一个便携式小屏幕上观看视频。一位发型非常时髦的英俊男子也坐她们旁边看。这段视频回放了许多正在发生的可怕事件：儿童死亡，人们与所爱之人分离，陷入困境的小宠物，以及其他情绪化场景。这名男子开始流泪，很快女人们也跟着流泪。当她们开始哭泣时，男子站起身来，在房间里走动，慢慢地、恭敬地用手帕擦去她们脸颊上的泪水。

这是由"哭泣美男"（Ikemeso Danshi）为日本女性提供的服务，该公司成立的目的是让女性在一个安全、精心塑造的环境中有偿哭泣。该公司的创始人寺井广树（Hiroki Terai）在写一本关于日本离婚的书时产生了这个灵感。他开始意识到，许多日本女性之所以无法离婚，是因为她们面临许多法律和实践的障碍，而这些女性也从来没有机会哭，没有机会把自己的情感发泄出来。所以他想要提供一种服务，让她们在一个共享的空间里体验哭泣的情感宣泄。[24]

日本有一个庞大而著名的性产业，被委婉地称为**肥皂乐园**（soapland），但像"哭泣美男"这样的服务业新现象的有趣之处在于，它们涉及的不是性的商品化，而是亲密关系和陪伴关系的商品化。这个现象在日本也有很长的历史。一个明显例子是众多的"牛郎俱乐部"与"女侍俱乐部"（host and hostess club）。在那里，年轻男女为顾客提供倾听和陪伴服务，顾客则为他们消费远高于正常价格的酒水饮料。安妮·艾利森写过她第一本关于这些日本俱乐部和现象的书，而这些服务直到今天仍受欢迎。但近年来，亲密关系商品化的新形式层出不穷。它们会发生在陌生人之间，也会发生在人与无生命体之间。

陌生人之间亲密关系商品化的一个例子是"陪睡专卖店"（co-sleeping specialty shop）。这在我稍后讨论的电影《小偷家族》中就有体现，其中一个主角是一位在这样场所工作的年轻女性。在这些场所中，顾客与年轻女性躺在一起，他们可以把头靠在女子膝盖上，女性也可以把头靠在顾客的膝盖上，并按小时或项目收费。其他服务包括拥抱或并肩睡觉，但不提供性服务。

与无生命体亲密关系商品化的例子是人物抱枕（dakimakura）的流行。这是一种长枕头，大致相当于一个小人儿的大小（59或63英寸长），人们可以在床上抱着它们，类似于以前西方的"竹夫人"（Dutch wife）。枕头或枕套上通常印着一个流行的动漫人物，比如一个漂亮的男孩或女孩。这些枕头也可以被称为"情侣枕头"（love pillow），人们会与自己的枕头建立起类似于现实生活的恋爱关系，甚至称他们为"老婆"。

我们很难不把这些现象看作孤独的表现。然而，它们也是缺乏真诚人际关系的表现。商品化的亲密关系很容易实现，它可以被购买，它有界限，它可预见。但这也以经济交换为条件。互惠式关怀与帮助是成年人生活的共同特征，但当它在大多数社会中被强制执行或被商品化时，其性质就会发生变化。[25]然而，对真诚关怀的希冀似乎导致人们乐意接受一些看似关怀的东西。正如我们看到一位自杀网站网友所说："因为我不相信真爱，我只寻求一些言语。"[26]

这并不是说付费的关怀必然缺乏真诚的情动，这两者当然可以同时满足。但是，日益商品化的亲密关系可能意味着非商品化的亲密关系正在减少。而后者是那些仅仅依赖于真诚的、他者导向的感受或非商品化的互惠关系。把人类的深情厚谊简化为金钱交换，就是把人类价值简化为一个价格标签。既然亲密关系是我们人性的核心，并定义我们的人性，是意味着彼此在紧密和信任关系中真诚地联系在一起，那么亲密关系的商品化就像是人性本身的商品化。

184

社会性与文化性抗逆力

乍一看创伤、逆境、孤独与人际联结之间的联系或许并不明显。为了阐明这一点，回顾心理人类学家丽贝卡·莱斯特（Rebecca Lester）的研究会有所助益，而她的大部分研究都集中在饮食失调、创伤以及疗愈的关系性本质上。在一篇极其富有洞察力的文章中，莱斯特解释说，我们必须把创伤看作是一种关系性而非个体性的伤害，是一种破裂，显露出我们"本体论孤单"（ontological aloneness）：

> 人们找到继续活下去的方式。这些方式不仅仅是通过解决深层的心理冲突或重组自己的经验来满足既有范畴，而是通过前进的、迭代的、持续的过程，跨越各种层次和背景并穿越时空，在**与他人的关系中**出现。创伤性事件之所以是创伤的，正是因为它让我们脱离于所期望的自我与他人的联结，脱离于我们感知到的社会支持，脱离于我们基本的安全感，不管当事人如何解释。无论发生在性虐待、战争、死亡、酷刑、自然灾害、精神攻击、失魂，还是发生在任何其他事件中，这种经历从根本上切断了正常的、日常的基本人际联结和关系模式，使我们直面自己的存在极限。我们瞥见自己的存在边界，感受到本体论孤单。如果我们将"创伤"视为一种关系性伤害，而不是一种纯粹的精神内部或结构性

伤害，我们可以更清楚地理解，无论它是如何被当事人定义，一旦眼前的危险过去，[它]几乎没有结束。它只是进入一个新的阶段。通过人际关系，受创伤者与世界重新建立联结。[27]

正如我已论证过的那样，本体论孤单这一维度是建立在我们作为人类的意识和主体性的本质之上。它关乎这样一个事实，也就是我们总是从第一人称视角来体验世界，是一种从根本上将自我与环境和他者分开的二元意识：通过与非我的分化来构成自我。与此同时，我也谈及我们的社会本质，即我们也是在本体论上相互依存和相互联结，我们包括自我、意识和主体性在内的存在本身，与他者不可分割并依赖于他者。自我永远不是他者，但没有他者，就没有自我。莱斯特指出，这个基本条件不但在经历创伤与再体验创伤之中发挥作用，也在疗愈创伤和增强抗逆力之中发挥作用。

关于疗愈，莱斯特提出另一个重要观点：

> 如果创伤是基于实施者和受害者之间的明确二分，是在过去发生的不连续事件或一系列事件，那么我们在理解恢复时就会受到极大限制。我们无法回到过去。我们难以挽回这件事。一切都已结束。我们能做到的最好的事就是尽量减少影响，减少记忆的侵袭，让"如果"和"我本可以不这么做"的想法平静下来。如果我们把对创伤的理解，从事件本身扩展到事件及其持续进行的精神、情感、具身、人际生活

185

方面……那么我们就拥有一个不同的故事。一个人可能不再处于迫近的危险之中，但我们可以说他仍处于创伤之中。这远非沦为受害者身份……这样的修正可以带来不同的结局。[28]

如果创伤从根本上是关系性的，我们可以认为从创伤恢复过来也是关系性的。莱斯特肯定这一观点："一个人如何与**创伤**联系在一起的内在认知和情感工作，远不如一个人如何与其他人联系在一起的人际和社会工作重要。换句话说，它们说明了创伤不仅仅是对特定**事件**的反应，还是将创伤更具成效地理解为在事件**中**显露出的社会结构破裂。这既是创伤产生的背景，也是个体和社会对后果的反应。"[29] 此外，莱斯特指出："重建社会联结对于从创伤经历恢复过来［至关重要］。我们甚至可以说这就**是**恢复工作。"[30]

如果社会联结或纽带的重建对创伤恢复至关重要，那么一个社会的亲密关系商品化成为一个更严峻的问题。这一产业的崛起表明，人们正在寻求人际联结作为一种疗愈手段，但事实上，这毕竟是一个由市场力量驱动的行业，是有问题的。正如我们在北茨城的案例中所看到的，疗愈不太可能通过任何一种关系发生，尤其是将一个人的价值工具化并以他们可负担之物为基础的经济关系。正如我们在自杀网站访客的案例中看到的，依赖于网络的社会联结有所助益，但它们也往往被视作更深层次关系的替代品。毫无疑问，针对创伤的疗愈和抗逆力可以在个体层面培育，它的实现不仅可以借助个体冥想练习的训练，还可以通过训练身体觉察和神经系统调节的技能。[31] 但是，正如3·11幸存者的案例所表明，我们在这里探究的是如何在人际、公共和系统层面培育抗逆力。

日本研究的人类学家艾萨克·加涅（Isaac Gagné）参与过倾听（日语 keichō，即 active listening）志愿者团体，以促进 3·11 幸存者的社会性疗愈。[32] 这些团体成员包含自我认同为普通公民的人，他们接受过倾听的培训。这种倾听是非临床实践。他们的工作只是待在那里，拉着手，合时宜地一起哭泣等等。随着时间推移，幸存者最终会接受现实。加涅认为，这创造出一个非结构化辅助治疗的赋权空间，其中"人们与那些觉得自己也遭受过苦难，但不一定遭受更多苦难的人在一起会感到更舒适、更放得开，这种共情式互助的共同基础成为一种信任关系的根据"。[33] 这与和田修一提出的群体叙事（group narrative）项目类似，他指出，如果他们的支持系统为他们创造机会，让他们参与能够找到积极意义和快乐的活动，自然灾害创伤的受害者就会受益。[34]3·11 幸存者的常用方法是制作大象形状的手巾，并在日本和世界各地销售它们，将所得收入捐给幸存者恢复基金。

系统层面的变革也值得思考。在退伍军人、被监禁者、难民等群体中，道德伤害的特征之一是其规模之大。道德伤害不仅仅是个体受到精神创伤、道德良知受到威胁，它还涉及让此类伤害行为得以实施和延续的系统。如果我们从另一个角度来探询道德修复和抗逆力，那我们也能识别出抗逆力的系统形式吗？它们可以是制度、文化或社会形式的抗逆力，可以抗御道德伤害，促进疗愈和道德修复。正如许多人已经认识到，只要个体生活在持续压迫性的系统中，要求他们有抗逆力并不充分。因此，重要的是

187

我们不仅要研究系统层面的压迫性结构，还要研究制度、社会和文化结构支持和培育抗逆力的途径。我将法律、政策和制度等支持抗逆力的社会结构纳入"结构性抗逆力"方式中，而将支撑这些结构的信仰、实践和价值观纳入"文化性抗逆力"中。

我在前文曾提出架构系统层面之变革的另一种途径。包括法律、制度和政府形式在内的社会外部结构是社会成员内部主体、认知和情动状态的反映。同样，个体的内部主观状态是外部结构的反映，外部结构是这种主观状态的可供性。在思考孤独等各种形式的社会苦难及其解决方法时，我们必须考虑到这种相互依存和相互反映的关系。变革可以发生在个体层面和社会层面。事实上，最有效的变革可能是同时解决这两个层面及其相互依存性的形式。

这完全符合可供性理论，事实上，它也在预料之中。吉布森写道：

> 关于环境可供性的一个重要事实是，它们在某种意义上是客观的、真实的和肉体的，不像价值和意义是主观的、现象的和心理的。但事实上，可供性既不是客观的性质，也不是主观的性质。或者，假使你愿意，那两者皆是。可供性超越了主客观的二元对立，帮助我们理解这种二元对立的不足之处。它既是一种环境事实，也是一种行为事实。它既是身体的，也是心理的，但又都不是。可供性指向两个方位，指向环境和观察者。[35]

　　吉布森的论述回应了我所提出的"主体性结构的雅努斯之面"，以及主体性与环境的相互依存性。他谨慎地指出，可供性是"**相对**于动物而言。可供性对该动物来说是独一无二的。可供性不仅仅是抽象的物理性质……因此，可供性不能像我们物理学中的测量那样被测量"。[36]同样，如果我们考虑到人类有不同的主体倾向，存在于不同的环境中，我们就不太易于认为，在不同的社会和文化中，可供人类联结的社会结构是普遍的。我们将预见多样性的存在。但我们也会预见到一定程度的相似性，因为人类及其环境多样性是伴随着一系列强大的共性而存在的。

　　这里必须详述其中一组共性。因为如果不承认政治经济的强势力量，任何关于社会结构为孤独和／或抗逆力提供可供性的讨论都不完整。政治经济塑造了社会和文化，并确立一套共同的价值观和社会可供性，而这些价值观和社会可供性与孤独和其他形式的社会苦难具有千丝万缕的联系。我将在之后的终章中回应这个问题。

　　3·11幸存者不认可自己被描述为受害者或关怀的被动接受者。国际媒体曾广泛报道过"达观的日本！"这一主题，而这种忍耐力和抵抗力很容易被简化为一种日本人或东北人的抗逆力心态。但我认为这没有抓住重点。当人们失去房屋、社群和家庭成员，当人们与邻居、熟人和工作脱节，当他们面对未来的悲伤、遗憾和焦虑，他们同样被剥夺了自主性、自力更生和社会归属。3·11幸存者抗拒被视为被动受害者，他们强烈渴望成为自主与独立的社会贡献者，这不仅仅是他们这一社群特有的抗逆力标志，也是道德修复、疗愈和恢复过程的必要方面。他们不认可高

188

度个人主义的精神健康方法，这种方法缺乏任何社群关怀意识，而是青睐团体工作坊、公共与分享活动、纽带以及创造性艺术，这些活动有助于重建社会归属以及成为社会生产力成员的能力。他们发现这种形式的公共关怀才是必要且有用的。对于这些社群来说，从创伤和道德伤害中恢复不能仅仅在个体层面得到解决。他们失去了自己的归属和社群，他们的归属和社群必须重建。

189   此外，日本普遍存在的亲密关系商品化表明，社会正在开始通过市场力量为那些寻求亲密关系的人给予可供性。与此同时，它也表明这些个体缺乏非商品化亲密关系的可供性，而这是一个孤独社会的明显标志。

注释

1 Myers（2015）；Nakamura（2013）.

2 Shay（2014）.

3 Farnsworth et al.（2014）.

4 "Kokoro No Kea Tiimu"（n.d.）.

5 Kitanaka（2011）；Kleinman（1988）.

6 Kitanaka（2011，109）.

7 Kitanaka（2011，17）.

8 Nakamura（2013，154）.

9 Ozawa-de Silva（2010）.

10 Gibson（1979）.

11 Gibson（1979，127）.

12 Gibson（1979，127）.

13 Gibson（1979，130）.

14　Gibson（1979，128）.

15　Gibson（1979，129）.

16　Gibson（1979，128）.

17　Gibson（1979，130）.

18　Kukihara et al.（2014，524）.

19　Lewis（2020，46—47）.

20　我与布伦丹·小泽-德席尔瓦一起开发我所使用的模型与定义。埃默里大学 SEE 学习项目材料也阐明过这一点。这个项目是培育多个领域和维度的抗逆力的教育项目。项目信息及其方法可以参见 seelearning.emory.edu。

21　Mattingly（2014）.

22　Myers（2016）.

23　Ozawa-de Silva（2006）.

24　Buder（2018）.

25　正如前文指出，这些都是哺乳动物的特征，并不是人类独有的。有人可能会问互惠与有偿服务的区别是什么。在互惠中，一个人向另一个人提供服务时，希望或期望在未来某一天能得到类似的帮助或服务。然而，互惠的开放式结构意味着这是另一方选择何时以及如何偿还。不偿还这样的帮助通常不会产生法律后果，但可能会产生社会后果。在金钱交换中，支付和服务都是强制性的，任何一方未能正确参与交换都将产生显著的法律和社会后果。这意味着这种交换隐含一种（由国家支持的）强制力成分，而很少有选择的成分。例子参见 Alexy（2020）与 Alexy and Cook（2019）。

26　Saya（2006）.

27　Lester（2013，754）.

28　Lester（2013，758）.

29　Lester（2013，759）.

30　Lester（2013，759）.

31　Grabbe and Miller-Karas（2018）；Miller-Karas（2015）.

32　Gagné（2020）.

33　Gagné（2020，719）.

34　Wada（2011）.

35　Gibson（1979，129）.

36　Gibson（1979，127—128）.

第七章　孤独教会我们什么

当然没有简单答案。但是我们可以通过电视节目与其他所有能想象到的节目，让大家知道我们每一个人都是珍贵的。让每个人知道我们的人生是有价值的。

——弗雷德·罗杰斯（Yang，2013）

此前每一章都给我们提供了一个角度，从个人和社会层面来解剖孤独。我在本书开头提到过一个由政治经济学家瑞图·维吉提出的问题，即是否有证据表明，由于日本经济停滞，日本经历了一场主体性危机，而这种危机伴随着日本的新自由主义政治和经济转型。截至目前，我们已经探究过互联网集体自杀的案例、自杀网站访客关于孤独和人生意义缺失的陈述与叙事，以及年轻大学生的反应，从而理解这些情感和经历是怎样的普遍。从这项研究来看，许多日本年轻人似乎正在经历一场主体性危机。此外，我们预计到新自由主义市场力量会对那些无法成为传统社会标准中"有生产力"（productive）之人产生巨大影响，而现实中它的有害影响确实在日本年轻人和那些还没在工作或家庭中担任传统生产力角色之人中特别普遍。

这意味着，我在本书开头一章中提出且反对日本自杀率上升的传统说法实际在某些方面是正确的，但原因并不是拥护这个说法之人所倾向的观点。我注意到日本国内自杀率飙升的典型解释来自经济角度：由于日本长期的经济停滞，就业前景黯淡，人们抑郁，然后更多自杀发生。现在我用另一种方式重新解释这个现象。自 1868 年明治维新以来，日本的政治经济始终是围绕集体成就和繁盛的模式建立起来的。二战前的日本是通过军事和经济来衡量集体繁盛，而战后日本几乎完全通过经济来衡量它。如果集体繁盛得到加强，那么个体和家庭的牺牲即为合理。日本在第二次世界大战中的军事失败并不意味着他们放弃了集体繁盛，他们只是转移了自己的地缘政治野心。

这样一来，"自由转向"就不需要了。自由主义有利于集体成就的方面可以被采纳，同时传统的等级观念、忠诚和集中的民族意识被保留。此外，正如丸山真男富有洞察力的记述那样，国家不仅在西方所理解的政治经济方面维持着主要影响力，在价值观方面也是如此。这说明意义建构不仅仅发生在个体层面这一自由主义典型范式，还会发生在集体层面。

在这样一种结构中，ikigai，一个人的人生目的，以及 ibasho，一个人的归属，都是由社会在外部给予的，即政治经济结构，以及围绕并通过这些结构确立的价值观。人生目的是最重要的，但它是被给予自己的。但当社会未能兑现其关于成就的承诺时，会发生什么呢？社会所定义的成就是：经济回报、兴旺、增长、稳定和可靠。现在只剩下对人生目的和归属的持久需求，但外部没有给予任何支持。相反，社会只给出一些死胡同：工作和机会匮乏，老龄化社会的医疗福利依赖于不断减少的年轻一代，而年轻一代在退休时不太可能享受到同等水平的福利（首先假设他们找到一份全职工作）。此外，因为日本社会和政治经济是如此整体和统一，它缺乏替代性或非标准化角色和生态位的可供性，而这些可以在其他许多资本主义民主国家中发现。或者将它们视为亚文化，使这种挣扎更加艰难。

这种主体性危机也因此是一种意义和目的危机。这样一场危机会对系统中最脆弱的日本群体产生最强烈影响：那些年轻人，那些还没有全职工作的人，那些还没有结婚的人。这些都是还未满足社会要求的工作和家庭这两种稳定的人生目的角色。

因此，经济发挥重要作用，但这并不是因为恢复经济增长会重建乐观并终结导致孤独和自杀的空洞。相反，日本的经济停滞揭示出其政治经济赖以维系的空洞承诺，也是证明牺牲合理性的承诺。现在的日本年轻人看到被抛下的空洞，他们几乎没有社会资源来建构意义与找到归属。在这样一个承诺已挫败的语境下，对牺牲的要求变得令人不快、难以接受。

当东京电力公司允许承包商雇用更年轻、更贫穷的日本人作为临时工来清理福岛的放射性核废物时，日本政府却睁一只眼、闭一只眼，即使实际的核辐射水平已远远超过法定上限（虽然政府提高了这一上限），让他们处于健康并发症的恐怖风险中。后来，其中几位工人因受到辐射而罹患癌症。[1]在战争或者在国家朝某个目标前进的过程中，这样的牺牲可能正当，但在这种情况下，经历甚至目睹此类事件就会受到道德伤害。在许多人看来，政府以及东京电力公司这样的大公司未能践行保护人民的职责。

　　然而，这幅图景并非完全黯淡无光。我们看到抗逆力、抵抗力、意义建构和社群建立的例子。的确，找出问题所在的目的是找到解决办法，以更深入的理论更详细地探索主体性危机，为可能的解决办法提供诸多线索。这就是最后一章的目的。我认为，如果我们的社会结构是主体间性的外在表现，我们必须有意识地以这种方式处理它们，并将它们转化为共情和同情的结构，从而促进个体和集体在人性层面上的繁盛，而不仅仅是在市场或经济层面的繁盛。在这样的结构中，个体和集体福利都必须得到保障，并且人类必须被视为主体与有情众生。也就是说，人类感受和体验世界，以及他们的感受和体验对自我、对他者与对我们都很重要。

共享一个世界与看得见的自我

　　日本心理学的特点是从社会中心主义或相互依存的角度解释自我，而西方心理学的特点是以个人主义解释自我，后者已成为文化心理学和人类学几十年来的研究和讨论主题。[2]重要的是要承认自我的不同文化概念与动态塑造自我的不同方式，同时避免将日本相互依存的"自我"与西方个人主义的"自我"之间的差异具体化，就好像这些是迥异的本体论现实。在21世纪，学者们已经指出，需要更差异化地理解自我，也就是承认个体的差异，以及在何种程度上，个体以复杂的方式共享个人主义和相互依存的自我概念。[3]例如，文化心理学家清水秀规（Hidetada Shimizu）

指出，个人主义和社会中心主义的自我概念应被认为是"相互和动态地构成个人经验的要素"。[4]

这种方法与本书提出的主体性模型产生共鸣，而后者强调雅努斯般的双面主体性，即同时向外关注相互依存和共同的经验，向内关注独立和私人经验。我将在本节探讨这种动态过程的一个结果，即通过对他人的感知而建构的自我概念，或者是我所说的"看得见的自我"（the self that is seen）。这与自我的概念相反，因为自我被建构为一种看不见的内在状态："看不见的自我"（the self that is not seen）。主体性的双生过程以这两种方式促成自我的客体化。自我可以在很大程度上通过感知他人来建构，成为一个公共的自我。同时，在个体认为他者不知道或与他者观点殊异的经验基础上，它可以被建构为一个私人的自我。我认为，在北美和日本社会中，所有个体的自我是以这两种方式建构的，而且文化在这种动态过程中推动关于自我的不同解释，特别是当社会的政治经济条件发生变化时，这些解释或多或少促进了主体性的繁盛和折磨（例如孤独）。

因此，"看得见的自我"并不是日本人独有的关注点，它也以各种方式出现在心理学和人类学研究中。就其发展起源而言，它可能源自菲利普·罗查特所说的"通过他者的眼睛来承认自己存在的基本动力"，或者更简单地说它是关于识别与认可的"基本亲和需求"。[5]用他的话来说："我们基本活在他者的眼中。作为人类……主要关心我们在他者身上产生了多少共情，从而带来对我们自己的认可与承认——事实上，我们比其他动物更关心自己的名声。"[6]罗查特写道，在发展早期，"社会性或社交的品质无

194

法分离于一种难以捉摸的感觉，也就是感觉被他者接纳并对他者的生活产生因果作用或影响。它关乎被'联结'，最终涉及可见而非隐形、被认可而非被忽视或排斥……从这个观点来看，社会性是建立在**相互认可**的基础上。"[7] 他甚至说"被认可的需求最终会驱动社会认知"。[8]

罗查特与我及他人观点一致的方面是，自我是通过一个过程而浮现的东西。对他来说，关于自我的认识主要来源于与他者的互动，并且自我是通过与他者的关系而构成的。包括查尔斯·库利（Charles Cooley）、乔治·赫伯特·米德（George Herbert Mead）和马丁·海德格尔（Martin Heidegger）在内的奠基性学者，以及北山忍和罗查特这样的当代学者，都不遗余力地展示出社会性在自我发展中的重要性，而这种思维在西方思想中并非理所当然。[9] 独立于他者而存在的个体自我，以及社会是这些原本自由的个体通过社会契约形式聚合在一起，这是一种在特定文化和历史中发展出的观点，卢梭和洛克的著作就有相应表达。[10]

195   相比之下，土居健郎在书中写下"甘え"（amae，意为"依赖"）这种被放纵和被宠爱的愿望在日本社会关系中的重要性。[11] 虽然土居认为"甘え"是跨文化存在，并非日本所特有，但他认为用一个日语词来描述这种社会互动模式很重要，而英语没有对应词，他也认为日本人使用和叙述"甘え"的方式与"西方人"不同。[12] 中根千枝使用"纵式社会"一词来捕捉日本群体凝聚力背后的结构性原则，并指出个体的自我意识根植于集体的方式。[13] 类似观点还有精神病学家木村敏（Bin Kimura）提出"人与人之间的空间"（hito to hito no aida）的相关概念，以及社会学家滨口惠俊（Eshun Hamaguchi）使用"间人主义"（kanjin shugi，意为"人际关系主义"）的概念来捕捉日本社会互动的高度相互依存性本质。[14]

这些概念都以自己的方式阐明基本亲和需求与对社会排斥的恐惧。因此，米德关于"个体心灵只能存在于它与其他心灵的关系中，且二者共享意义"的观察，以及罗查特关于"在出生后的几个月内，自我在与他者的关系中日益被定义，而非基于内在的主体经验"的坚持，在日本文化中引发特别的共鸣。[15]日本更为强调自我的社会建构本质，这相应地更多强调主体间性和所谓"共享一个世界"之重要性。这是一个相互配合的动态过程，比表面的模仿或映照更为深刻，就像参与集体舞蹈或仪式是组成社会性与社会本身的基础。

罗查特等学者提出的发展模型表明，自我从一开始就具有个体性和相互依存的双重性质。如果我们把这个模型与我们对西方和日本社会的跨文化差异的理解结合起来，我们可以更清楚地认识文化过程是如何强调和突出自我双重性的不同方面。这使我们得以欣赏和认可文化差异，避免错误地假定日本人和"西方人"在自我方面存在根本的本体论差异。我所说的差异是一种强调和运用方面的差异，而不是本体论自我的根本差异。[16]

讽刺的是，觉察到关于自我的关系性本质与"共享一个世界"的重要性，并不一定只有积极作用。这是因为，无论自我是依赖内部或外部感知而被客体化，它仍然是对自我概念的具体化，会催生所有的失望、幻灭、紧张和恐惧，而它们都伴随着"我到底是谁"这样一个概念的死死坚持。罗查特指出，自我意

196

识的基本亲和需求与他者依赖导致对社会排斥的恐惧，这是"所有恐惧之母"。[17] 或许自我越是基于感知他者而被客体化，对社会排斥的恐惧就会越大。事实上，对社会排斥的恐惧在日本尤其普遍。剥夺或禁止个体经验、选择和偏好，转变为恐惧和无法忍受"被抛下"或"被排斥"，以及被视为自私或"自由人"（jiyūjin）。而维持共同经验的首要性优先于个体经验和自主性，并淡化后者的重要性。在这样的社会中，避免被污名化、指责和排斥的一种方式是压抑一个人的个体意愿和经历，并仅仅"随波逐流"，正如我解释的那样，这是流行的日本短语 jibun ga nai 背后的基本含义，字面意思是"没有自我"。

从对日本青少年的访谈中，清水秀规指出，即使是轻微的批判性言论也会被视为禁忌，因为它们对群体的集体主义是一种潜在危险。他指出，一个十几岁的男孩解释说："当我遇到一个我不喜欢的人，并告诉我的朋友 A 我有多讨厌他时，他说，'我不知道你是会说这种话的人。'然后我觉得我失去了 A 对我的信任。"[18] 在对一个青春期女孩的另一段访谈中，清水问她："人际关系中最重要的事情是什么？"她回答说："与其他人一起行动（hito ni awaseru）。"[19]

自我的这个维度及其对人际关系的影响是理解集体自杀的重要因素。在一个自主行动被贬低的社会，为了避免孤独和自私的羞耻，人们需要集体行动。"被抛下"的不可容忍甚至可以被投射到他者身上，就像在强迫自杀中看到的那样，也就是一个父亲自杀的同时杀死了剩余的家庭成员，或者一个母亲自杀并同时杀死了她的孩子（"心中"）。[20]

令人振奋的是，自杀研究开始集中在自杀者的主体经验中发现最重要的主题。日本精神病学家高桥祥友称，建立纽带对自杀预防至关重要，并认为这种纽带的缺乏非常危险。[21] 心理学家托马斯·乔伊纳（Thomas Joiner）回顾了关于归属的重要性的讨论，认为孤立感或"无归属感"是自杀的三大风险因素之一。[22] 人类学家罗纳德·尼岑（Ronald Niezen）在关于加拿大青年原住民的自杀群集研究中提出类似观点，他认为这些自杀是"被深度孤独、被忽视或感到自己不重要与隐形所驱使，与此同时的是，这种孤独状态会直接或间接地分享给他者"。[23] 这种趋同性表明，我们可能正处于这样一个节点，此时能开发出比以往更有效的干预措施。

对自杀网站帖子的分析强调了罗查特的观点：缺乏来自他人的认可（可以说是**尊重**）就是缺乏作为人类的根本意义，也是缺乏作为一个人、一个"自我"意味着什么的根本意义。[24] 正如他所述："因此，社交舒适（social comfort）在于，我们能像认可他者一样，得到他者的认可。相反，社交不适（social discomfort）是对他者来说，自己是透明或隐形的体验，是不被承认的体验，是因此与社会脱节的体验。"[25] 这一观点让我们认识到，人生目的问题本身并不是一个主要的存在性问题，而是与他者亲和感和联结感减少的征兆，我在别处讨论互联网集体自杀相关问题时也提到这一点。[26] 正是这种亲和与归属的丧失导致意义的丧失，而意义丧失本身就成为一个人质疑人生目的的导火索。这种意义的关系性理论表明，只要一个人体验到归属、亲和与联结，质疑人生意义就不太可能发生，因为感到有意义的一个关键源头是感到自己对他者有意义。人难以规避自我意义的依存性本质，甚至自杀也是如此。这看起来很诡异，但即使是互联网集体自杀，也是两个或更多的自杀倾向者共享一个世界、参与共同死亡的一种方式，是从苦难的人生过渡到下一个人生。

死去的许可与勇气

此处的理论论点与本书收集的田野数据相呼应，有助于解释我所收集和呈现的陈述中的主体性重要部分。在这一节中，我想探讨的一个关键观点是"死去的许可"和被给予"死去的勇气"。

我们已经看到，在整个 20 世纪的日本中，每一波相继而来的自杀"浪潮"都包括集体自杀。这也是 1998 年以来当代自杀浪潮的一个特征，许多自杀事件完全模仿了此前的方式和方法。为什么单个瞩目的自杀事件会引发其他一连串自杀事件？然后回到我们开始时的问题：为什么日本人想和别人一起死去？

我认为部分答案就在本书的陈述里，特别是那些有自杀倾向者在得到"死去的许可"时感到如释重负的陈述。我们看到那些人在收到或阅读《完全自杀手册》后感到鼓励和共情。他们认为，很多人告诉自己在面对人生困难时要全力以赴，但最终有人告诉自己死去也没关系，甚至告诉自己如何死去时，他们认为自己的经历被赋予合法性。他们将其视作共情。

同样，在自杀网站的帖子中，个体的巨大内心痛苦并没有被他者合法化，这加剧了他们本已严重的孤独感。日本对"一起行动"的强调和对个体、私人经验的贬低似乎只会加剧这些感受。

因此，当另一个人走过来对你说："我理解你的感受。感到这样没关系。我也有同感。死也没关系。甚至自杀也可以。这是你能做到的一种办法。"这种说法通常会带来解脱、认可，甚至解放的诸多感受。而现在的经历不再私人，行动也不再自私。它是集体的事，因此才合法。

我认为这种观点也有助于解释集体自杀和有时被称作"自杀传染"（suicide contagion）的问题，即使这是一个不幸且被污名化的术语。当那些身处痛苦感到孤单的人看到另一个相似之人自杀时，他们意识到自己并不孤单。那个人的自杀指明一条出路，而那个人行动的勇气可以给予他者效仿的勇气。对于那些效仿者来说，他们的行动不再私人且孤单，而成为集体的事。如今实施自杀不是一种自私、独立的行为，而是一种"一起行动"的方式。就像在集体自杀中发生的那样，随着越来越多人自杀，人们更容易"加入"自杀或"一起行动"，自杀不再是单独的个体行为。这同样适用于加入一个网络约死行动。

我未曾在日本自杀研究中见过此类解释。如果我不在研究中突出批判性共情作为一种方法论进路，如果我不专注于自杀和孤独个体的主体经验和陈述，我也不会得出这个结论。然而，重要的是要认识到，这种情况也指向共情本身的模糊性。以一种支持自杀意愿的方式来让自己被看到、被听到和被承认的想法，证明共情为什么总被视作内在或无须怀疑的伦理是有问题的。那些拿到《完全自杀手册》的人，那些加入自杀网站的人，或者那些加入网络约死的人，他们说自己终于被听到和看到，终于听到同辈

199

人或权威人士（图书作者、图书管理员、网站版主）对他们说"想死没关系，死去也没关系"，他们感到如释重负。然而，许多人或许质疑这类行为的伦理性（比如图书管理员告诉学生自杀没关系，并给他们一本如何自杀的书，或者介绍写这种书的作者），特别是他们真的促成他人自杀的情况。

在第二章开头的线上对话中，主持人马尔西批评了其中一位参与者。他这样做不是因为她表达出自己的死亡意愿，而是因为她以一种可能给予死去勇气和许可的方式，成为另一个欲死之人的"盟友"或"同伴"。马尔西指出，自杀完全可以，但困扰一个缺乏死去勇气、只想屈从"从众心理"的人是"令人作呕"的事。因此，我们看到人们以用不同方式表达和接受共情。煮蛋试图将有自杀意念的诸多感受正常化，同时一直鼓励网友尽力活到三十多岁。在另一个极端，白石隆浩（"上吊士"）利用受害者对共情的需求来引诱和谋杀他们，而他还声称自己的动机是出于同情。

如果许许多多日本人的确感到孤单和被忽视，并处于强烈的精神痛苦之中，那么集体和群集自杀的流行表明，日本社会必须找到一种方式，来允许私人经验以一种不被污名化的方式表达。这些人渴望着共情。但是，如果要实现预防自杀的长远目标，无论在社会层面还是人与人之间，明确实现共情是至关重要之事。

人生的关系性意义

以上讨论与我在第一章中所提及的主体性检视密切相关，在

第一章中，我认为孤独从根本上与主体性结构有关，因此是一种普遍的人类经验。当然，这并不意味着每个人都把孤独视为一种折磨的经历。孤独多样且无常，它总是处于变化的过程中。然而，困于孤独的折磨，就等于困于我谓之主体性的双面性的阈限中，也就是主体性具有内外两个向度，而这个人感觉被关在一个荒凉的地方，仿佛外部和内部之间的屏障已经僵硬，将此人困在其中。借用藏文 bardo 一词指代"中间状态"（汉文译为"中阴"），我们可以认为，慢性或严重孤独的人被困在孤独的中间状态。解决之道不是向外或向内行动，而是重新恢复这层屏障的灵活性，让它允许共享一个世界，接受自己作为一个单独个体的存在，让它允许更健康地重构自我与他者。

如前所述，孤独具有两面性：它暗示一种对关系与亲和（归属、被接纳、被认可）的渴望，而人们体验孤独时，它还激发威胁和恐惧的感觉。[27] 如果孤独促进人对关系的渴望，那么它不一定是负面的。但是当它成为一种慢性或强烈的孤独时，那么感受到被社会遗弃的威胁和恐惧就可能使人疲惫不堪。

我们已经注意到主体性的一个主要结构是自我与环境的区分，而另一个主要结构是主体性的第一人称性质。但是，现象学家只强调了其中的一个方面（**在我看来**是现象呈现为事实的一面），他们却很少注意到它的推论：也就是说，在我看来的现象可能异于别人的看法。这是理解孤独和共情的关键。在人类早期发展中，我们看到人们逐渐认识到主体经验不一定共同，而我们除了有共同经验，还有私人经验。发展心理学关于心智理论的研究表明，人们不会一下子就认识到私人内在世界是他人未知的，

201

相反，这种认识是分阶段形成的。虽然婴儿阶段已经产生异于环境和他者的自我意识，但婴幼儿还未认识到，自己的知识和经历可能是他者未知和未经历过的事。在整个青春期中，这种分化过程伴随大脑发育而持续进行，对社会排斥的恐惧和对社会接纳的需求也随之而来。换句话说，主体经验同时具有共享或主体间性和私人维度的本质，这意味着孤独（或者至少是非常真实的潜在孤独）是意识结构的一部分，内建于主体性之中。

孤独和人生意义之间也有密切联结。我在本书中以各种方式探讨过这一点。在心理学，特别是在积极心理学中，"人生意义"和"富有意义"（meaningfulness）被认为是积极精神福祉的最重要因素之一。研究还表明，**寻找**人生意义与福祉呈负相关。[28] 然而，心理学在很大程度上是被人生意义的两种定义所主导：第一，拥有关于重要性的认知地图，帮助个体理解世界；第二，有目的、目标或值得做的事情。根据这种观点，具备其中一种或全部意义的个体，就拥有"人生意义"，从而感觉自己"重要"。[29]

根据此类理论，作为一个人类，他的"人生意义"或"重要"完全依赖于高级认知（能以高度复杂和认知的方式理解世界），并且还能够执行某些富有生产力的任务（能做有价值的事情）。[30] 这在无意中令大量生命变得"毫无意义"（meaningless）：不仅包括儿童、残疾人以及所有非人类物种，还有那些不按照社会规范成为有生产力角色的某种人。换句话说，这种研究人生意义的方法本就包含某些新自由主义偏见，而这些偏见正是本书的批判对象。

另一种研究方法是关于人生意义的关系性研究。正如我的丈夫、心理学与宗教研究学者布伦丹·小泽–德席尔瓦（Brendan Ozawa-de Silva）所指出，"社会关系不是潜在人生意义之子集，它们是意义本身的发生语境"。[31] 他更进一步地讨论道：

> 如果我的人生有意义，那么它首先在他者看来是有意义的，比如我的父母或照顾我的人。此外，意义既不是目的性，也不是"理解"我人生意义的高级认知过程；相反，我首先感受到的是他者对我的关怀，而通过这种关怀，我意识到自己的人生对他者来说有意义。我的人生只有居于次要地位且在这种社会语境中被共构，它才会对我自己有意义。因此，在我自己看来，甚至我的人生意义也不能脱离这个社会矩阵。如果忽视这一点，专注于意义的认知、目标导向、目的导向和个人主义方面，我们会将自己限制于进化和发展的末期，它也可能因此是更肤浅层次的意义。在积极心理学的主题中，这种肤浅是相对于它与我们深层福祉和幸福的关系来说的。在意义缺失之中，我们也可以清楚地看到意义的社会意识和并存意识（co-conscious）的建构。当一个人感受不到同情、关怀与他者评判的价值，他们的人生似乎也在自己眼中失去意义。没有什么比那些孤独或面临社会孤立和排斥风险之人的自杀案例更能说明这一点了。那些考虑自杀或尝试自杀的人既缺乏人生意义，也缺乏社会支持以及自我与他人的社会联结，这一点毫不奇怪。[32]

本章所探讨的民族志数据有力证明，人生的关系性意义是更准确理解日本孤独和自杀现象的理论进路。在我的访谈中，那些看起来对人生很满意的人倾向于在高度关系性的语境中描述他们的人生意义。那些看起来萎靡不振或沮丧的人往往回答自己仍在寻找人生意义。同样，在自杀网站访客中，我发现他们哀叹人生意义的缺乏，并有寻找意义的强烈愿望，而后者还包括找到此类意义会结束痛苦的建议。约翰·卡乔波认为孤独是一种感知到的社交孤立，而这一观点引出一个问题：为什么有些人认为某些情况是社交孤立，但另一些人则不是？[33] 这也引出另一个问题：这种被感知到的社交孤立的主体经验是什么样的？

我已试图通过指出恐惧社会排斥与孤独之间的联系来回应这些问题。事实上，我注意到恐惧社会排斥已是孤独的一种形式，并且是对意义的一种威胁。孤独具有社会性和空间性。它通过个体和环境之间的相互作用而产生，但将二者分开的屏障是可渗透且动态的。社会，人际关系，甚至自然环境都内化于个体及其自我概念之中。因为社会关系从自我建构的一开始就内化于个体，所以个体可以独立于外部社会互动而体验社会性。即使自我是孤独的，它也是一个社会性自我。或者，我们可以说个体未曾真正孤独过。原因在于，即使我们的肉体处于孤立状态，我们的思想和大脑总是社会性地工作于经验和意义的建构过程之中。

因此，社会性与惯习无法分开。理解孤独在内的所有社会现象都必须结合自我理解和自我概念。理解它们既是独立也是社会性的，是从社会互动中产生并包含内化的社会动力。这就是为什么即使没有任何实际的人际社会排斥发生，甚至面对着实际的社会支持时，对社会排斥的内在恐惧也可能是危险的。

　　这种动态过程和主体性的可塑性为培育孤独的抗逆力留出空间。我关于日本内观这种内省练习的研究表明，如果人们能够回忆或保持对以往经历的觉察，那么他们会感到自己与他人的联结更多、孤单更少，而这些经历的内容是拥有过自我与他者之间的情动以及纽带。[34] 内观是一种将佛教沉思方法世俗化的练习，涉及整整一周的持续内省，并围绕三个问题进行：我从别人那里得到过什么？我回馈过什么？我带给他们什么困扰？[35] 通过强调对社会支持的回忆，内观在那些经历过社会支持的人身上确立了一种被关心、被支持和被接纳的强烈感受。即使一个人失败过，但认识到自己被接纳会直接减弱对社会排斥的恐惧，并带来强烈的安全感和归属感。在经历孤独时，这种新兴的、牢靠的依恋感是一种非常强大的抗逆力因素。一个人被关怀他的人认为富有意义，而这一事实也确立一种自我价值和自我接纳的感觉，极大减轻了人生的无意义。

　　概略地说，感受到和认识到他者的关怀会将自己视为他者眼中有价值的对象。这会在自我评估中催生一种自我价值感，原因在于意义是社会建构的。因此，当一个人的人生拥有牢靠的依恋和牢靠的人际关系或纽带，它便有意义。反过来讲，这也是一种不孤独的体验。另一方面，感知到缺乏他人的关怀或支持会让一个人觉得自己没有价值或没有意义。这可能会导致一个人的价值和人生意义危机或质疑，或者在一个人追求意义和担心他者认为自己没有意义与价值之间产生紧张关系。这些情况可能伴随着不安的依恋、与他者关系纽带的淡薄感、对社会排斥的恐惧以及感知到的社交孤立，也就是孤独。

《小偷家族》

2018 年，是枝裕和发行电影《小偷家族》。它在戛纳电影节上获得金棕榈奖。它与韩国导演奉俊昊在 2019 年执导的更著名电影《寄生虫》有许多相似之处，后者曾获得多项奥斯卡奖。《小偷家族》讲述的故事是柴田一家三代同堂的生活。他们都住在同一所房子里：祖母初枝、一对三四十岁的夫妇柴田治和信代、一位二十多岁的年轻女子亚纪和一位大约十二岁的男孩祥太。电影的第一个场景描绘了父亲柴田治和儿子祥太从一家杂货店合作行窃后，二人在街边摊位购买炸丸子。在下一个场景中，他们经过一个四五岁女孩由里所生活的地方。他们听到她的父母在吵架，而阿治决定给她一粒炸丸子吃，然后带她回自己的五口之家。他的妻子信代表示反对，坚持要他们送由里回她自己家，阿治却说外面太冷。第二天，在阿治和信代送由里回她家时，他们无意中听到由里的父母又在激烈争吵，由里的母亲说："我也不想要她！"信代蹲到地上，紧紧抱住由里，不让她走了。我们后来得知，信代和祥太一样，也曾被父母遗弃。他们决定留下由里，将她当作自己的女儿抚养。

随着情节推进，我们了解到他们根本不是一个普通的家庭，因为这些人实际没有血缘关系。相反，他们都是像垃圾一样"被扔掉"的个体。"祖母"初枝被她的丈夫抛弃，而他爱上另一个女人。亚纪就像初枝的女儿一样，每天晚上都和她睡在一起，而亚纪实际是初枝前夫的亲生孙女。亚纪离开了父母家，她的工作场所是让年轻女性褪去部分衣服并允许客人在私密房间里躺她们腿上休息，这是一种亲密关系商品化的形式。阿治和信代表现得像一对已婚夫妇，实际并没有结婚，而他们之间的联结始于阿治帮助信代埋葬曾虐待她的前夫尸体，她或他们因为正当防卫一起杀死了前夫。即使阿治一再鼓励祥太叫他"爸爸"并叫由里"妹妹"，祥太并不是阿治的儿子。阿治和信代是在祥太小时候发现他被遗弃在一辆车里。

几乎每一个电影场景都将社会的工具化纽带与真实的人际联结纽带进行对比。这部电影一次又一次地强调，作为传统日本社会基础的家庭血缘关系，并不像人们想象的那么牢固或真诚。是枝裕和通过展现一个生活在日本社会边缘的贫困家庭的善良和相互关心，与血缘关系家庭的残酷和冷漠形成对比，颠覆了日本传统的价值等级制度。通过共情这一媒介，他提供一种替代性叙事，以取代国家和民族主义关于家庭、血缘关系、社会、无家可归者、小偷、性工作者、警察等主体的单一主导叙事。克劳迪娅·斯特劳斯（Claudia Strauss）指出要承认这种多样性的重要性，她提醒道，不要将日本（或任何社会）视作一个单一的"抽象文化主体"（abstract cultural subject），她还指出"公共文化并不是简单地反映出大众意识"。[36]

在一次采访中，是枝裕和明确表示出他反对日本传统社会和家庭观念的想法："我的一个主要人生领悟……是有了孩子还不足以让你成为父母……我认为我的电影反映出我自己关于这个问题的危机意识，而且这部电影将这种危机推至顶峰。在这部电影中，最终的黏合剂既不是血缘关系，也不是柴田夫妇共度的时间。"[37]他指出："在2011年的地震后，我因人们反复说家庭纽带很重要而感到不适。"[38]他接着说："在日本，传统家庭观念早已开始分崩离析，3·11让这种情况变得很明显。我认为你不能再以日本社会的陈旧传统说法来解释家庭的真正价值或目的。在《小偷家族》中，我看到的是三代同堂生活，因为这是典型的日本家庭。但我想要演示并展现的是，即使在这种条件下，核心家庭也正在经历着永久性变革。"[39]

柴田一家所形成的人际纽带与传统日本社会的保守价值观之间的对比在影片高潮部分表现得最为明显。在祥太为保护由里而故意在商店行窃被抓后，整个家族都被逮捕。当柴田的家庭成员一个接一个地接受审讯时，警察坚持认为他们只是通过犯罪、贪婪和便利而联结在一起。在传统日本价值观框架内，他们不可能以其他任何方式联结起来。毕竟，他们不是一个"真正的家庭"。但是这些家庭成员拒绝接受这些解释，而且在他们被拘留所释放后（或者被关进监狱，比如信代为阿治顶替罪名），有明确证据表明，他们彼此之间爱的纽带仍然存在，而且他们这一基于选择纽带的家庭与基于血缘纽带的家庭一样牢固。在祥太和阿治的最后一幕中，祥太终于说出**父亲**这个词。尽管他们被分开，可能再也见不到彼此。

社会与同情

电影《小偷家族》以虚构的形式描绘出一个更深层次的真

相，我认为这是本书的核心，也是日本孤独问题的核心：当一个社会将其成员价值工具化，当它将人视为可有可无时，孤独就会产生。在这样一个社会中，每一个成员都被非人化，不仅仅是那些被边缘化、被遗弃或明显身处被遗忘风险中的人。这是因为，即使社会成员是那些被认为是"有生产力"或"成功"的人，当他们看到别人被抛弃时，他们意识到自己最终可能也会失去生产力价值，从而被抛弃："如果那个人被遗弃了，那么我也可能被遗弃。"《小偷家族》让观众重新思考传统的人际联结概念，以及依赖于血缘关系和社会经济等级等传统规范的社会，并想象内在价值、同情和选择基础之上的人际联结类型。

当人仅仅被简化为生产力价值时，也就是他们对他者只有工具或功利价值，这意味着他们没有内在价值。他们只是物件，不是人。就像任何失去工具化价值的物件，当它们的价值由于老化和残疾等原因而结束时，它们可以像"垃圾"一样被遗弃。在某些情况下，那些生来残疾之人甚至从一开始就被视为无用之人。但是，对社会没有明显生产力价值的个体，仍然在那些爱他们、关怀他们的人眼中是有价值的。

当人们感觉彼此之间缺乏安全和信任时，就会恐惧社会排斥。当人们感到高度安全和保障时，他们会觉得即使自己犯下一个错误，或者自己的一些负面事情被揭露，他们仍然会被接纳、被重视和被爱。能拥有这种程度的信任意味着人与人之间存在非常紧密的联结。真诚的人际关系不依赖于工具化价值，而是基于一种内在价值感。这里的内在价值并不意味着价值独立于他者的看法。在关怀他者的人眼中，这种价值就是内在的。当一个人真

208

正关怀或重视另一个人时，他们认为这个人的价值只是因为他存在，而不是因为现在或将来他可能拥有的生产力价值或工具化价值。[40]

这就是意义的关系性理论，它假定一个人的价值感、目标感和人生意义是社会建构的，而且在很大程度上取决于他们的人生在他者眼中是有意义的。如果一个人认为自己在本质上受到他者重视，而不受表现或生产力的影响，他们或许开始认为自己的人生也很有价值，因为一个人的观点在很大程度上往往受到他者观点的影响。这是作为社会存在的一个特征：尽管我们能够持有与他者截然相反的观点，但这样做还不如达成一个更大的共识来得容易，特别是当一个人与达成共识的个体有人际联结时。

瑞图·维吉和布迪厄等人的研究探究了政治经济学和主体性（尤其是主观福祉）之间的相互依存关系，并表明当一个社会仅仅视其成员有工具化价值时，也就仅仅是生产者和消费者时，那么该社会的成员就只能通过他们的生产力或成功来看待他们的价值。[41] 根据政治、经济和社会结构所制定的规范，受此影响巨大的社会成员是那些最没有机会成为"完全有生产力"的人：已度过经济"生产力"时期的老年人，以及还没有机会的年轻人，而他们实际上可能没有确定的机会。按照同样的逻辑，那些即使不年轻也不年老的人，由于其他原因而不符合生产力的社会模式，也会经历类似的问题。

这表明社会的变化方式会令其成员感到更有意义或更无意义。随着关系模式、社会关系、关系结构和期望的改变，人们会感受到自己对他者更多或更少的意义，他们会认为彼此有更多或

209

更少的意义。这是任何处理社会、政治和经济结构都必须研究的问题。允许新自由主义市场力量重塑社会和企业结构，而不考虑社会和企业是由那些拥有感受、身体和心灵的人类构成，也不考虑它们从根本上应该服务于后者的利益，就是允许这个社会无从抵抗地走向"孤独社会"。

共情与方法论

在本书中，我认为感受（感觉能力和情动）在进化与发展层面都比高级认知及其各种表现形式（语言、理性、制度等）更加普遍而深刻。不仅人类学研究，包括哲学、心理学在内的其他学科研究都忽视了感受、知觉和情动领域。一旦我们开始关注感受，我们就开始理解它是主体性的一个基本维度。

孤独本身就是一种感受，是一种情动和主观存在状态。我认为缺乏人生意义也是一种感受，而不仅仅是一种认知：是感到一个人的人生没有价值，感到一个人没有归属，感到一个人在漂泊与迷失。这种感受，或者说这种主体性折磨，不能仅仅通过理智来解决。当人们想要干预经历这种感受之人时，不能为他们的困惑简单地给予一个理智答案。他们必须被领入一种殊异的感受状态。在北茨城，精神健康服务人员遭到拒绝，不是因为没人需要他们的援助，而是因为他们提供的是技术与物质援助，而那里的人们需要被看到、被尊重、被倾听和被平等对待：是那些能让他们感受更棒的行动。在自杀网站上，网友们寻找着社群，寻找一个他们可以被看到、被听到和被理解的地方。在那里，他们的精神痛苦不会被忽视，会被他者认真对待，而他者能够共情自己的处境，甚至共情自己的自杀意愿。

一些最重要的感受（如归属感、意义感和联结感）不仅发生在个体身上，还会作为主体间性的表现发生于人与人之间。因此，理解主体性需要共情，仅仅依靠理性或所谓的高级认知并不充分，而且后者也不适于理解他者的情动状态。幸运的是，作为哺乳动物和社会性动物的我们不仅具备理智思考他者的能力，还具备与他者共情的能力：这一过程既涉及理性，也涉及感受。我越来越认为，即使是那些遭受主体性折磨（如严重与慢性孤独）的人，也往往难以纯粹理智的方式来理解他们的情动状态。但是，我们可以共情他们。

正是因为情动是在我们许多高级认知功能之前就嵌入大脑系统中，它比思想和语言更难被词语表达和概念性分析。我们的分析词汇可能并不充足，我们需要在这一领域投入更多关注，并进一步发展这一领域。此外，学术本身的某些方面可能会阻碍共情过程。科学、统计和学术调查本质都是客观化的，很容易以一般化与远离经验的表征形式呈现人类经验和人类苦难，从而绕过共情或阻滞共情，抹杀他们声称所代表的那些人的主体性。

在本书中，我试图平衡这种学术取向的方式是引入大量第一人称和第二人称叙述，并同时有意将这些叙述与第三人称叙述分开。在我书写的过程中，以及发展以共情为重点的方法论时，我大量修改了第一人称叙述的呈现方式。在这样做的同时，我认识到共情具有一个可以影响学术和学术写作的时间维度。也就是说，共情需要时间来开发和成长。如果我们要关注共情，就必须予以空间。在逐章撰写书稿时，我尽量不干涉那些分享自己想法和经历的人，让他们可以直接与读者对话。因为共情依赖于认可和承认真实差异的同时，也需要维持人性的认同和共同，于是我仔细考虑如何以最佳方式转化那些叙述，以保持其独特性和差异性，同时始终允许情感共鸣。我还试图围绕叙事创造"空间"。这有时意味着在呈现或引用叙事和随后的分析之间创造一个停顿。这有时也意味着删除我对叙事的评论或应该如何阅读叙事的看法。我认为，即使我们可以快速思考，但我们确实需要慢下来聆听和感受。然后，我们可以习得共情。虽然我认为这项研究是自己在方法论层面上认真处理共情的初步尝试，但我发现它令人振奋，而且我会在后续工作中进一步从事这种尝试。

当然，如果人类学家将批判性共情作为一种方法论进路，这并不意味着放弃理性去感受，也不意味着将共情痛苦误认为同情。批判性共情意味着同时认识到共情的希望和危险。研究主体性折磨，接触遭受苦难的与谈人，很容易招致共情痛苦的感受。另外的情况是，当一个学者声称自己呈现的经验不是他者而是他们的经验，共情可能会失败。我们应避免共情失败。如果要认真处理共情，认为它可以为人类学研究的方法论有所贡献，那么人类学家可以有意识地参与共情、同情、换位思考等相关训练，他们或许会从中受益。这是冥想科学的学者们始终鼓励的事情，但迄今为止，这方面的工作还是很少。

211

孤独教会我们什么？

凯博文的泰纳演讲（Tanner lectures）对我的主体性观点产生深远影响。他在演讲中简明解释了为什么我们认为经验本质具有人际性与道德性是有益处的。经验本质具有人际性，是因为"它是集体过程和主体过程交织在一起的媒介。我们生于触手可及的经验之流中。在其象征意义和社会互动里，我们的感官塑造出一种模式化的感性，我们的行动遇到阻力并找到方向，我们的主体性出现、形成并反过来形塑我们的地方世界"。[42] 他接着说，经验具有道德性，"因为它是参与日常生活的媒介，而日常生活的事物处于风险之中，普通人是深度参与日常生活的利益相关者，他们会失去、获得与保护自己的重要事物"。[43]

此外，正如我曾论述过的，经验具有可塑性，是流动且开放的，会被历史和文化条件改变。这就是"主体性的转型……在不同的历史和文化背景下，关于苦难的解释发生变化，从而改变了这些社会的苦难经验"。[44] 在早期基督教时代，苦难具有救赎意义，但在当代，"没有人们再被期望仅仅忍受痛苦和苦难。儿童社会化的方法与支持道德意义及实践的社会制度不会鼓励对不幸的忍耐，也不会鼓励接受修复与救助的局限性。苦难的救赎性可能位于历史最低水平"。[45]

这个观点在两个方面与孤独研究相关。首先，它赞同社会转型导致主体性转型，造成更强烈、更广泛的孤独体验。其次，它意味着对孤独等主体性折磨在内的苦难的识解可以转变为抗逆力的提升。如果孤独在社会中仅仅被理解为毫无意义的痛苦，如果它被病理化为某种障碍，或者如果它被定义为个性缺陷的标志，这就会危害孤独个体的抗逆力和福祉。另一方面，如果孤独被理解为一个不可避免的人类存在条件，实际是主体性结构的结果，那么人们或许更容易忍受孤独。这并不是说尽量减少慢性和严重的孤独没有价值。我只是表明，无论是对个体还是对社会来说，完全消除孤独可能不是一个实际可行的进路。正如前几章所述，天灾人祸都会造成难以修复的丧失经历：被摧毁的城市不可能在一天内重建，失去的爱人不可能回来，所有生活期待也不可能都实现。

　　我的确认为孤独可以教会我们一些东西。即使孤独必定是一种主体经验，但它不仅仅是一种附带现象，不仅仅是不快乐或痛苦的短暂经历。相反，它建立于主体性自身的结构之上，关乎这样一个事实，即主体性本质上是主体间性与关系性的，但我们主体性的某些方面具有私人性，"隔绝"于他者的思想和经历。自我与他者的相互依存实际是以自我与他者的分化为前提，而非相互排斥。

　　孤独是我们"双重继承"（dual inheritance）的一个绝佳例子，因为它关乎进化、发展和文化结构之间复杂的相互作用。从进化角度来看，人类是哺乳动物，各个人生阶段的生存都需要他者。分离于他人是一种生存威胁，也是我们能够感到孤独的来源之一。从发展角度来看，人类开发出心智理论，并有能力将自己的情感和精神状态与他人区分开来。这不但给予我们相互共情与

213

换位思考的能力，同时也引入我们不被理解或不被共情的可能性。我们在此发现孤独的另一个来源。

孤独也源于我们的社会、我们的文化规范和期待。社会对社会关系表达出显性和隐性期待，而这些期待未能在生活中实现便会导致孤独。在更普遍范围内，不仅个体，还有整个人类群体和类别都可能经历边缘化、孤立、排斥、缺乏尊重、缺乏接纳、侵略和压迫。即使这些威胁危及个体和群体的价值和自我价值，也不会构成实际生存的威胁，但它们仍然是孤独的另一个来源。

孤独源自被感知到和被感受到的社交孤立，而不仅仅是实际的肉体孤立。这意味着它可以通过感知和情动的转变来解决，而不是通过改变个人或社群生活的客观情况来解决。这可以发生在个体层面、社群层面或整个社会层面。这就是它的可塑性。我对内观和基于认知的同情训练（Cognitively Based Compassion Training，CBCT）等冥想练习的研究表明，当感知改变时，情动可以被改变。例如，内观者会回忆他们从出生到现在的过往，想起他们人生中的重要他者给予自己的种种事物。当内观者开始回想他们收获过无数细小善举时，他们往往也开始放下任何不被支持、不被爱、不被关心、脱节和孤单的感觉。这种回忆过往的做法不会改变过去，但它确实改变了内观者对过往的看法，从而导致他们的情动发生相应改变。这不仅是一个理智过程，还是一个需要时间和练习的冥想过程。同样地，CBCT 和同情培育训练（Compassion Cultivation Training，CCT）、同情整合训练（Compassionate Integrity Training，CIT）等其他同情训练项目，引导参与者认识到他们自己的观点和态度正在塑造他们当下的情

214

动，并寻求赋权于参与者，从而让他们亲身转变这些观点和态度，使其更易于得到幸福。这些都表明，即使孤独可能源于社会和文化条件，但解决孤独的方法不应该仅仅依赖于不断变化的外部因素和结构，还应该将这种社会变化结合于对主体性作用的认识以及通过观念转变而实现主体性转型的可能。

在此基础上，我总结出五点建议。我认为这些建议可以帮助我们在个体和社会层面上解决孤独问题。

接纳孤独

对孤独的流行的了解不应导向孤独的病理化。它同时需要关于孤独的普遍性理解。这一点尤为重要，因为接受暂时的孤独体验可能是抗逆力的关键。不仅仅孤独，还有被排斥和被孤立的相关境遇都是人类生命中经常发生的偶然状态。这些经历可以被视为我们共同人性的一部分，而不是独自面对个体磨难。不能接纳或容忍这种苦难经历，也无法等待它们散去，就会导致精神痛苦的加剧，甚至产生自杀的念头。另一方面，接纳它们并将其视为人类生命的固有组成部分，每个人在不同时期都会经历它们，这样会使一个人有耐心地等待它们散去。

当然，接受自己的孤独是人性的自然组成部分，并将（自己和他人的）孤独经历视为人类生命的常态，并不意味着一个人不会努力解决孤独问题。相反，由于对社会关系的期望未得到满足是一个关键因素，接纳孤独的做法可能是减少孤独的重要一步，

215

也是培育孤独抗逆力的关键因素。

接纳他人

认识到孤独的普遍性及其进化、发展和文化渊源，并将其视为我们共同人性的一部分，也可以让我们向他人伸出援手。虽然培育对他人的共情可能更为理想，但接纳他人或许才是第一步。正如本书所示，个人乃至整个社群（尤其是那些身处边缘化风险的群体）都需要感到被接纳，需要被"看见"和被承认价值，需要被关怀。如果没有这些，人们感到孤独、被遗弃和被孤立既是自然，也是人性使然。我们不应轻视日本年轻自杀者这样的个体和社群，我们可以通过认可和接纳他们的主体经验来支持这样的个体和社群。

北茨城和自杀网站的案例均表明，重要的支持不应以家长式"治愈""治疗"或"服务"的方式来提供，而应通过真诚的关系、尊重和社群的建立来给予。关注个体或社群的抗逆力可以培育一种能动性。重要的是孤独之人应感受到这种能动性，并认识到自己建立联结和帮助他人的能力。因为仅仅依靠自己等待令人满足的关系发生是不太可能实现的。

对于孤独的个体来说，与他人交往的意愿可能会因为害怕被排斥而受到阻碍。这种恐惧可以通过认识它是我们共同人性的一部分来减轻。如前一节所述，它的解决也可以借助这种认识：即使一个人的亲和需求的根源关乎生存的进化和发展，以解释我们

对排斥的自然恐惧，但在实际人类生活中，大多数社会排斥事例
并不会对我们的实际生存带来任何实际威胁。反思这种恐惧社会
排斥的根源可以帮助我们减少对它的恐惧。

接纳自我

一个人感受到的自我价值和自尊高度依赖于自我与他人的关
系，这很常见。[46] 我们在本书中看到，对于许多日本年轻人来说，
人生意义是如何与"被需要的需要"联系在一起的。如果一个人
感知到自己的社会关系不符合自己的期望，他不仅会感到孤独，
而且可能确实觉得自己的人生没有价值。因此，至少在一定程度
上培育独立于他人认可的自我价值感至关重要。即使来自他人的
认可能够增强一个人的自我价值感，但缺乏自我价值的其他来源
会使一个人身处危险境地。这种危险是，当他人认可不再存在，
他会感觉自己的生命毫无价值。对每个人来说，重要的是要相信
自己的内在价值，相信任何失败、表现不佳或缺乏生产力都不会
否定自己的内在价值。

寻找自己的归属

这些研究案例表明，寻找一个生态位或归属，对经历孤独之
人非常有帮助，因为孤独不仅仅源于人际关系的缺乏，还源于可

以感受如家般自在和自我的背景或环境的缺乏。关怀备至的人际关系可以提供这种背景，但这种背景也可以通过寻找一个拥有相似兴趣或经历的社群来建立。我们也认识到拥有人生目的的价值，但对我来说，建议经历孤独之人去寻找人生目的似乎没有帮助。如果他们能做到，那当然很棒。但我们已经理解人生目的不仅仅是随意选择一个人生目标。它首先是一种感受，是感到一个人的人生是有价值且有目的的。许多人在经历孤独时，并没有感到自己拥有明确的人生目的。因此，先找到归属会更简单，而且通过归属或在往后余生，人们可能就会拥有人生目的。

在自杀网站上，新用户通常会收到网站常客的评论，其中说道："现在一切都没关系了。请把这里当作你的归属。"自杀网站和3·11经历均表明，即使人们感到孤单，他们也不是苦难中唯一之人。相反，他们是与他人共享此苦。如果这些人能找到有类似感受和经历的其他人，这可以帮助他们感受到被共情，并开始创造某种归属的感受。

构建接纳系统

对主体性的关注表明，我们的文化和社会制度需要有意识的转型，以便它们能够强化而非限制能动性。上述四个方法均可由个体和社群使用，但只有这些个体和社群所栖居与同构的社会和文化系统支持而非阻滞他们，这些方法才能发挥最佳效果。具体来说，我们应对系统进行批判性评估，以了解它们在多大程度上达到以下几点：（1）将孤独作为一个公共健康问题和一个共同的人类问题来正常化处理并加以解决，而不是将其视作一种病态或障碍；（2）为生态位和归属提供便利，特别是对那些有被边缘化风险的人来说，而不是将亚文化和遭受精神疾病及其他折磨之人污名化；（3）不仅将"公民身份"作为个体与国家的关系，还将其作为个体与其他社会成员的关系；（4）强调个体价值不可化约为此人的生产力价值，并认识到国家不仅在支持经济福祉和国家安全方面发挥作用，而且还影响着所有社会成员的主体生命与经历。

正如本书多次提到，社会和主体性高度相关。因此，社会向接纳系统的转型不能独立于社会成员的理解、感知、感受和行动而发生。如果将这五点建议纳入教育系统可能最有成效。我们可以教给学生的内容包括：孤独的普遍性和应对孤独的方式，接纳和不因差异而侮辱他人的重要性，建立纽带和培育共情的重要性，以及每个孩子的内在价值。事实上，越来越多的社交和情感学习项目正试图这样做。从长远来看，我相信它们可以在解决日本孤独流行方面发挥意义深远的作用。

218

可谈即可控

1993 年，因《罗杰斯先生的左邻右舍》（*Mister Rogers' Neighborhood*）而闻名的弗雷德·罗杰斯（Fred Rogers）出现在《阿瑟尼奥·霍尔脱口秀》（*Arsenio Hall Show*）上。霍尔告诉罗杰斯，他对这世界的儿童和年轻人被绝望困扰而感到担忧。罗杰斯回答道："当然没有简单答案。但是我们可以通过电视节目与其他所有能想象到的节目，让大家知道我们每一个人都是珍贵的。让每个人知道我们的人生是有价值的。"罗杰斯认为社会必须动用其所有资源，借助媒体，将这一重要信息传递给每一个孩子。在大约二十五年前的 1969 年，罗杰斯曾在美国国会为拯救公共电视作证时，这样描述他的电视节目："这就是我的付出。每一天我都对每一个孩子表达关心，来帮助他意识到自己的独一无二。在节目结束时，我会说，'你就做自己，这能让今天成为一个特别的日子。这世上没有像你一样的人。我喜欢你本来的样子。'我认为如果我们能够在公共电视节目中清楚地表示，感受可以谈论，并可以掌控，我们就为精神健康作出巨大的贡献。"[47]

在今日看来，这一信息与半个多世纪前一样切合实际，甚至更具时效。与当时不同的是，现在这一说法已得到各个领域几十年来研究的支持。[48]今日所要分享的信息一样如此：孤独可以谈论，并可以掌控。

自 3·11 灾难以来，十年已然过去。自 1998 年自杀率飙升以来，二十多年也已过去，但 2020 年再次出现自杀率攀升，尤其是女性自杀率攀升。孤独和自杀再次出现于新闻之中。当下的缘由则是全球范围新型冠状病毒的大流行，这促使更多女性自杀。她们的自杀通常不是因为身体不适或经济状况，而是因为羞耻、污名、压力和家庭暴力。一场自然灾害再一次被社会灾难变得更加复杂，付出的代价则是更多人的生命。同样的是，人们没有以共情对待大流行的受害者，而是经常以不负责任而感染这种疾病的理由羞辱和指责他们。刊登在《纽约时报》的一篇文章指出，自杀问题研究专家上田美智子（Michiko Ueda）感叹道："不幸的是，目前的趋势是指责受害者……如果你不是'我们的一员'，我们基本不会支持你。［……］如果你有精神健康问题，你就不是我们的一员。"[49]集体自杀也没有消失。在日本女演员竹内结子于2020年9月自杀后，接下来一个月内的女性自杀率比上一年增长近90%，这就好像她们听到许可："死也没关系。"[50]

　　社会不必孤独。人们不必独自萎靡不振。苦难不必被病理化和污名化。但是，要改变我们现在的所行之路，就必须认真审视社会和主体性的内外部结构。不仅日本如此，其他社会也应如此。我们需要采取行动，来改变我们的行为和制度。我们需要想象力来构想新的存在方式和新的共同生活方式，从而增进所有人的福祉，不抛下任何人。

注释

1　Soble（2015）.

2　Kondo（1990）；Sugiyama-Lebra（1976）；Markus and Kitayama（1991）；Shimizu and LeVine（2001）.

3　Suizzo（2004）.

4　Shimizu（2001b, 206）.

5　Rochat（2009a, 314）.

6　Rochat（2009a, 306）.

7　Rochat（2009a, 308）.

8　Rochat（2009a，306）.

9　Cooley（1983）；Mead（1934）；Heidegger（1962）.

10　Taylor（1989）.

11　Doi（2001）.

12　Doi（2001）.

13　Nakane（1967）.

14　Kimura（1972）；Hamaguchi（1982）.

15　Mead（1934，5）；Rochat（2009a，8）.

16　这是一种文化差异，布迪厄可能称之为信念的立场（doxic position），也就是这种立场在文化上被认为是理所当然的，因此它通常超出了有意识的分析领域。参见 Bourdieu（1977）。

17　Rochat（2009b）.

18　Shimizu（2001b，219）.

19　Shimizu（2001a，12）.

20　Takahashi（1998）.

21　Takahashi（1997a，1999，2001）.

22　Joiner（2005）.

23　Niezen（2009，179）.

24　Rochat（2009a）.

25　Rochat（2009a，314）.

26　Ozawa-de Silva（2008）；Ozawa-de Silva and Ozawa-de Silva（2010）.

27　Cacioppo and Patrick（2008）.

28　Keyes（2014）；Keyes and Simoes（2012）；Steger et al.（2006）.

29　Ozawa-de Silva（2015）.

30　Ozawa-de Silva（2015）.

31 Ozawa-de Silva（2015，267）.

32 Ozawa-de Silva（2015，268—269）.

33 Cacioppo and Patrick（2008）.

34 Ozawa-de Silva（2006）.

35 Chilson（2018）.

36 Strauss（2006，336）. 正如此前指出，这是对 Ivy（1995）的回应。

37 Ehrlich（2018）.

38 Ehrlich（2018）.

39 Ehrlich（2018）.

40 正如本书所认为的，这种类型的关怀是为所有人类和哺乳动物的婴儿生存提供了一个发展和进化的论点，以解释为什么它对人类的心理、身体和社会福祉如此重要。

41 Vij（2007）.

42 Kleinman（1998，359）.

43 Kleinman（1998，362）.

44 Ozawa-de Silva（2015，199）.

45 Ozawa-de Silva（2015，383）. 这一部分建立在解读凯博文的研究的基础上，Ozawa-de Silva（2015）介绍了这项研究。

46 Neff and Vonk（2009）.

47 Danieldeibler（2015）.

48 这本书引用过很多这方面研究，但我考虑的是特别针对创伤、童年不良经历、情感调节、社会和情感学习等方面的研究。

49 Rich and Hida（2021）.

50 Rich and Hida（2021）.

参考文献

Akira Tsutsumi. 2004. Comment posted on "Why Are Suicide Pacts on the Rise in Japan?" *BBC News*, October 15. http://news.bbc.co.uk/2/hi/talking_point /3737072. stm.

Alex. 2015. Issho Ni Ikiyō. August 25. https://wailing.org/.

Alexy, Allison. 2020. *Intimate Disconnections: Divorce and the Romance of Independence in Contemporary Japan*. Chicago: University of Chicago Press.

Alexy, Allison, and Emma Cook, eds. 2019. *Intimate Japan: Ethnographies of Closeness and Conflict*. Honolulu: University of Hawai'i Press.

Alice. 2006. Ikizurasa Kei No Fōramu. November 1. http://8238.teacup.com/hampen/ bbs.

Allison, Anne. 2013. *Precarious Japan*. Durham, NC: Duke University Press.

Amamiya, Karin, and Kayano Toshihito. 2008. *"Ikizurasa" Nitsuite: Hinkon, Aidentiti, Nashonarizumu* [Concerning "hardship of life": Poverty, identity, nationalism]. Tokyo: Kobunsha Shinsho.

American Psychiatric Association. 2013. *Diagnostic and Statistical Manual of Mental Disorders (DSM-5)*. 5th ed. Washington, DC: American Psychiatric Association.

Annas, Julia. 1993. *The Morality of Happiness*. Oxford: Oxford University Press. Anno, Hideaki, and Kazuya Tsurumaki. 1995—1996. *Evangelion*. Tokyo: TV Tokyo.

Asahi. 2003. "Netto Shinjyū To Dyurukemu no Jisaturon" [Internet group suicide and the theory of suicide by Durkheim]. Happy Campus. www.happy campus.co.jp/ docs/963400369997@hc08/18202/.

Asakura, K. 2005. *Jisatsu No Shisou* [Ideology of suicide]. Tokyo: Ota Shuppan.

Austin, Bruce A. 1983. "Factorial Structure of the UCLA Loneliness Scale." *Psychological Reports* 53 (3): 883—889.

Aya. 2006. Ikizurasa Kei No Fōramu. November 22. http://8238.teacup.com/hampen/ bbs.

Ballet Girl. 2010. Onigami Keijiban [Demon God Bulletin Board]. www3.ezbbs .net/ cgi/bbs?id=onigami&dd=05&p=11.

Batson, Daniel. 2009. "These Things Called Empathy: Eight Related but Distinct Phenomena." In *Social Neuroscience of Empathy*, edited by Jean Decety and William Ickles, 3—16. Cambridge, MA: MIT Press.

Baumeister, Roy F., and Mark R. Leary. 1995. "The Need to Belong: Desire for Interpersonal Attachments as a Fundamental Human Motivation." *Psychological Bulletin* 117 (3): 497—529.

Beutel, Manfred E., Eva M. Klein, Elmar Brähler, Iris Reiner, Claus Jünger, Matthias Michal, Jörg Wiltink, Philipp S. Wild, Thomas Münzel, Karl J. Lackner, and Ana N. Tibubos. 2017. "Loneliness in the General Population: Prevalence, Determinants and Relations to Mental Health." *BMC Psychiatry* 17 (97): 1—7.

Biehl, João. 2005. *Vita: Life in a Zone of Social Abandonment*. Berkeley: University of California Press.

Biehl, João, Byron Good, and Arthur Kleinman, eds. 2007. *Subjectivity: Ethnographic Investigations*. Berkeley: University of California Press.

Bishop, Claire. 2012. *Artificial Hells: Participatory Art and the Politics of Spectatorship*. New York: Verso Books.

Black Jack. 2018. Onigami Keijiban [Demon God Bulletin Board]. www3.ezbbs .net/ cgi/bbs?id=onigami&dd=05&p=11.

Blakemore, Sarah-Jayne, and Suparna Choudhury. 2006. "Development of the Adolescent Brain: Implications for Executive Function and Social Cognition." *Journal of Child Psychology & Psychiatry* 47 (3/4): 296—312.

Boa. 2006. Ikizurasa Kei No Fōramu. October 28. http://8238.teacup.com /hampen/bbs.

Boiled Egg. 2006. "Site Guide." Ghetto. http://ghetto.hatenablog.com/entry/2019/ 10/31/siteguide.

———. 2018. *Tamagon No Burogu* [Boiled Egg's blog] (blog). July 7. https://ydet. hatenablog.com/entry/2018/07/07/123000.

Bondy, Christopher. 2017. "'A Really Warm Place': Well-Being, Place and the Experiences of Buraku Youth." In *Happiness and the Good Life in Japan*, edited by Wolfram Manzenreiter and Barbara Holthus, 181—194. New York: Routledge.

Borovoy, Amy. 2008. "Japan's Hidden Youths: Mainstreaming the Emotionally Distressed in Japan."*Culture, Medicine, and Psychiatry* 32 (4): 552—576.

Bourdieu, Pierre. 1977. *Outline of a Theory of Practice*. Cambridge: Cambridge University Press.

———. 1990. *The Logic of Practice*. Stanford, CA: Stanford University Press.

Brodwin, Paul. 2003. "Marginality and Subjectivity in the Haitian Diaspora." *Anthropological Quarterly* 76 (3): 383—410.

———. 2014. "The Ethics of Ambivalence and the Practice of Constraint in U.S. Psychiatry." *Culture, Medicine, and Psychiatry* 38 (4): 527—549. Buckley, Sandra. 2009. Preface to *Encyclopedia of Contemporary Japanese Culture*, edited by Sandra Buckley, xxx-xxxvi. New York: Routledge.

Buder, Emily. 2018. "With Japanese Cry Therapy Company Ikemeso Danshi, You Can Pay to Shed Tears." *Atlantic*, December 10. www.theatlantic.com/video/ index/577729/crying-man-japan/.

Bum. 2006. Ikizurasa Kei No Fōramu. October 15. http://8238.teacup.com/hampen/ bbs.

Cacioppo, John T., James H. Fowler, and Nicholas A. Christakis. 2009. "Alone in the Crowd: The Structure and Spread of Loneliness in a Large Social Network." *Journal of Personality and Social Psychology* 97 (6): 977—991.

Cacioppo, John T., Louise C. Hawkley, John M. Ernst, Mary Burleson, Gary G. Berntson, Bita Nouriani, and David Spiegel. 2006. "Loneliness within a Nomological Net: An Evolutionary Perspective." *Journal of Research in Personality*

40 (6): 1054—1085.

Cacioppo, John T., and William Patrick. 2008. *Loneliness: Human Nature and the Need for Social Connection*. New York: W. W. Norton.

Cattan, Mima, Martin White, John Bond, and Alison Learmouth. 2005. "Preventing Social Isolation and Loneliness among Older People: A Systematic Review of Health Promotion Interventions." *Ageing and Society* 25 (1): 41—67.

Chibi. 2018. Shinitai Hito No Kōryū Saito. September 2. http://blued.sakura.ne .jp/ bbs/35/yybbs.cgi?pg=45.

Chibnik, Michael. 2015. "Goodbye to Print." *American Anthropologist* 117 (4): 637—639.

Chilson, Clark. 2018. "Naikan: A Meditation Method and Psychotherapy." *Oxford Research Encyclopedia of Religion*. https://doi.org/10.1093/acrefore/ 9780199340378.013.570.

Cho, Yoshinori. 2006. *Hito Ha Naze Jisatsu Suru Noka* [Why do people commit suicide?]. Tokyo: Bensei Shuppan.

Chua, Jocelyn Lim. 2014. *In Pursuit of the Good Life: Aspiration and Suicide in Globalizing South India*. Berkeley: University of California Press.

Chun Chun. 2016. Gensō Tōya. February 29. www2.ezbbs.net/cgi/bbs?id=ruruto &dd=05&p=3.

Clifford, James. 1997. *Routes: Travel and Translation in the Late Twentieth Century*. Cambridge, MA: Harvard University Press.

Cocoa. 2015. Gensō Tōya. June 9. www2.ezbbs.net/cgi/bbs?id=ruruto&dd=05 &p=3.

Con, I. 2006. *Shinu Jiyū To Iu Na No Sukui* [Salvation in the name of "freedom or death"]. Tokyo: Kawade Shobo.

Cook, Michael. 2018. "Are We in the Middle of a Loneliness Epidemic?" Foundation for Economic Education. January 11. https://fee.org/articles/are-we-in-the-middle-of-a-loneliness-epidemic/.

Cookie. 2006. Ikizurasa Kei No Fōramu. September 14. http://8238.teacup.com / hampen/bbs.

Cooley, Charles Horton. 1983. "Looking-Glass Self." In *Human Nature and the Social Order*, edited by Charles Horton Cooley, 183—185. New Brunswick, NJ: Transaction Publishers.

Cornwell, Erin York, and Linda J. Waite. 2009. "Social Disconnectedness, Perceived Isolation, and Health among Older Adults." *Journal of Health and Social Behavior* 50 (1): 31—48.

Crivelli, Carlos, and Alan J. Fridlund. 2019. "Inside-Out: From Basic Emotions Theory to the Behavioral Ecology View." *Journal of Nonverbal Behavior* 43 (2): 161—194.

Damasio, Antonio R. 1999. *The Feeling of What Happens: Body and Emotion in the Making of Consciousness*. New York: Harcourt College Publishers.

———. 2006. *Descartes' Error: Emotion, Reason, and the Human Brain*. New York: Random House.

Danely, Jason. 2010. "Art, Aging, and Abandonment in Japan." *Journal of Aging Humanities and the Arts* 4 (1): 4—17.

———. 2014. *Aging and Loss: Mourning and Maturity in Contemporary Japan*. New Brunswick, NJ: Rutgers University Press.

Danieldeibler. 2015. "May 1, 1969: Fred Rogers Testifies Before the Senate Subcommittee on Communications." www.youtube.com/watch?v= fKy7ljRr0AA.

de Jong Gierveld, Jenny, Theo G. van Tilburg, and Pearl A. Dykstra. 2018. "Loneliness and Social Isolation." In *The Cambridge Handbook of Personal Relationships*, edited by Anita L. Vangelisti and Daniel Perlman, 485—499. Cambridge: Cambridge University Press.

Decety, Jean, and William Ickles. 2009. *Social Neuroscience of Empathy*. Cambridge, MA: MIT Press.

Defect. 2017. "Shinitai Hito No Kōryū Saito" [Site for suicidal people to communicate with each other]. September 2. http://blued.sakura.ne.jp/bbs/35 /yybbs.cgi?pg=45.

Demon God. 2017. Onigami Keijiban [Demon God Bulletin Board]. www3.ezbbs.net/ cgi/bbs?id=onigami&dd=05&p=11.

Den Den. 2006. Kokoro No Hanazono. November 16. http://bbs1.nazca.co.jp/12/.

Desapriya, Ediriweera B. R., and Nobutada Iwase. 2003. "New Trends in Suicide in Japan." *Injury Prevention* 9 (3): 284.

Desjarlais, Robert R., Leon Eisenberg, Byron Good, and Arthur Kleinman. 1995. *World Mental Health: Problems and Priorities in Low-Income Countries*. Oxford: Oxford University Press.

Di Marco, Francesca. 2016. *Suicide in Twentieth-Century Japan*. New York: Routledge.

Doi, Takeo. 2001. *Amae No Kozo* [Anatomy of dependency]. Tokyo: Kobundo.

Dunne, John. 2011. "Toward an Understanding of Non-Dual Mindfulness." *Contemporary Buddhism* 12 (1): 71—88.

Durkheim, Emile. 1951. *Suicide: A Study in Sociology*. New York: Free Press.

Ehrlich, David. 2018. "Kore-eda Hirokazu's Masterpiece 'Shoplifters' Is the Culmination of His Career." *IndieWire*. November 20. www.indiewire. com/2018/11/shoplifters-hirokazu-kore-eda-interview-palme-d-or-ethan-hawke-1202022396/.

Eisenberg, Nancy, and Richard A. Fabes. 1990. "Empathy: Conceptualization, Measurement, and Relation to Prosocial Behavior."*Motivation and Emotion* 14 (2): 131—149.

Ekman, Paul. 2003. *Emotions Revealed: Recognizing Faces and Feelings to Improve Communication and Emotional Life*. New York: Times Books.

Eliot, George. 1956. *Middlemarch*. Boston: Houghton Mifflin.

Ellie. 2006. Ikizurasa Kei No Fōramu. August 14. http://8238.teacup.com /hampen/bbs.

Far Away. 2018. Onigami Keijiban [Demon God Bulletin Board]. www3.ezbbs .net/cgi/ bbs?id=onigami&dd=05&p=11.

Farnsworth, Jacob K., Kent D. Drescher, Jason A. Nieuwsma, Robyn B. Walser, and Joseph M. Currier. 2014. "The Role of Moral Emotions in Military Trauma: Implications for the Study and Treatment of Moral Injury." *Review of General Psychology* 18 (4): 249—262.

Fredrickson, Barbara L., Karen M. Grewen, Sara B. Algoe, Ann M. Firestine, Jesusa M. G. Arevalo, Jeffrey Ma, and Steve W. Cole. 2015. "Psychological Well-Being and the Human Conserved Transcriptional Response to Adversity." *PLOS One* 10 (3): 1—17.

Friedman, Milton. 1951. "Neoliberalism and Its Prospects." *Farmand*. February 17.

Friends. 2017. Ikikurushindeiru Hitotachi No Tame No Keijiban. March 30. www2. ezbbs.net/cgi/bbs?id=ruruto&dd=05&p=2.

Frog. 2018. Shinitai Hito No Kōryū Saito. April 28. http://blued.sakura.ne.jp /bbs/35/ yybbs.cgi?pg=45.

"Fukushima Genpatsujiko No Shinjitu To Hōshanō Kenkō Higai" [The truth about Fukushima nuclear accident and the damage of radiation on health]. 2019. April 17. www.sting-wl.com/category/.

Fukutani, Osamu. 2003. *Jisatsu Manual* [Suicide manual]. DVD. Amumo K. K.

Gagné, Isaac. 2020. "Dislocation, Social Isolation, and the Politics of Recovery in Post-Disaster Japan." *Transcultural Psychiatry* 57 (5): 710—723.

García, Héctor, and Francesc Miralles. 2017. *Ikigai: The Japanese Secret to a Long and Happy Life*. New York: Penguin Life.

Geertz, Clifford. 1975. "On the Nature of Anthropological Understanding: Not Extraordinary Empathy but Readily Observable Symbolic Forms Enable the Anthropologist to Grasp the Unarticulated Concepts That Inform the Lives and Cultures of Other Peoples." *American Scientist* 63 (1): 47—53.

Ghetto. n. d. *Hatena Blog*. http://ghetto.hatenablog.com/.

Gibson, James J. 1979. "The Theory of Affordances." In *The Ecological Approach to Visual Perception*, 127—137. Boston: Houghton Mifflin.

Gilbert, Gustave. 1950. *The Psychology of Dictatorship: Based on an Examination of the Leaders of Nazi Germany*. New York: Ronald Press.

Girl A. 2017. Onigami Keijiban [Demon God Bulletin Board]. February 5.www3. ezbbs.net/cgi/bbs?id=onigami&dd=05&p=1.

Golden, Jeannette, Ronán M. Conroy, Irene Bruce, Aisling Denihan, Elaine Greene, Michael Kirby, and Brian A. Lawlor. 2009. "Loneliness, Social Support Networks, Mood and Wellbeing in Community-Dwelling Elderly." *International Journal of*

Geriatric Psychiatry 24 (7): 694—700.

Good, Byron J. 2012. "Phenomenology, Psychoanalysis, and Subjectivity in Java." *Ethos* 40 (1): 24—36.

Gordon, Ilanit, Avery C. Voos, Randi H. Bennett, Danielle Z. Bolling, Kevin A. Pelphrey, and Martha D. Kaiser. 2013. "Brain Mechanisms for Processing Affective Touch." *Human Brain Mapping* 34 (4): 914—922.

Grabbe, Linda, and Elaine Miller-Karas. 2018. "The Trauma Resiliency Model: A 'Bottom-Up' Intervention for Trauma Psychotherapy." *Journal of the American Psychiatric Nurses Association* 24 (1): 76—84.

Gunma. 2006. Ikizurasa Kei No Fōramu. November 4. http://8238.teacup.com / hampen/bbs.

Haas, Ann P., Mickey Eliason, Vickie M. Mays, Robin M. Mathy, Susan D. Cochran, Anthony R. D'Augelli, Morton M. Silverman, et al., 2011. "Suicide and Suicide Risk in Lesbian, Gay, Bisexual, and Transgender Populations: Review and Recommendations." *Journal of Homosexuality* 58 (1): 10—51.

Hafner, Katie. 2016. "Researchers Confront an Epidemic of Loneliness." *New York Times*, September 5. www.nytimes.com/2016/09/06/health/lonliness-aging-health-effects.html.

Hamaguchi, Eshun. 1982. *Kanjin Shugi No Shakai Nihon* [Japan, society of contextualism]. Tokyo: Toyo Keizai Shinpou Sha.

Hammond, Claudia. 2018. "Five Myths about Loneliness." *BBC Future*. February 13. www.bbc.com/future/article/20180213-five-myths-about-loneliness.

Harris, Rebecca. 2015. "The Loneliness Epidemic: We're More Connected Than Ever—But Are We Feeling More Alone?" *Independent*, March 30. www .independent.co.uk/life-style/health-and-families/features/the-loneliness-epidemic-more-connected-than-ever-but-feeling-more-alone-10143206.html.

Hawkley, Louise C., and John T. Cacioppo. 2010. "Loneliness Matters: A Theoretical and Empirical Review of Consequences and Mechanisms." *Annals of Behavioral Medicine* 40 (2): 218—227.

Heidegger, Martin. 1962. *Being and Time*. New York: Harper & Row.

"Heisei 27nen Ban Jisatsu Taisaku Hakusho" [The white paper of suicide prevention in 2015]. 2015. Kōseirōdōshō [Ministry of Health, Labour and Welfare]. www. city.kumamoto.jp/common/UploadFileDsp.aspx?c_id=5&id=12213&sub_id=1&flid=80342.

"Heisei 29nen Ban Jisatsu Taisaku Hakusho" [The white paper of suicide prevention in 2017]. 2017. Kōseirōdōshō [Ministry of Health, Labour and Welfare]. www.npa. go.jp/safetylife/seianki/jisatsu/H29/H29_jisatsunojoukyou_01.pdf.

Hi-ho Kai-in Support. 2007."Hikite Yaku Ni Hikizurarete Shudan Jisatsu: Jisatsu Saito No Kyofu" [Lured into group suicide by recruiters: The danger of suicide websites]. http://home.hi-ho.ne.jp/support/info/security/colum/column05.html.

Hollan, Douglas. 2008. "Being There: On the Imaginative Aspects of Understanding Others and Being Understood." *Ethos* 36 (4): 475—489.

Holthus, Barbara, and Wolfram Manzenreiter. 2017a. "Conclusion: Happiness as a Balancing Act Between Agency and Social Structure." In *Happiness and the Good Life in Japan*, edited by Wolfram Manzenreiter and Barbara Holthus, 243—255. New York: Routledge.

———. 2017b. "Introduction: Making Sense of Happiness in 'Unhappy Japan.'" In *Life Course, Happiness and Well-Being in Japan*, edited by Barbara Holthus and Wolfram Manzenreiter, 1—30. New York: Routledge.

———, eds. 2017c. *Life Course, Happiness and Well-Being in Japan*. New York: Routledge.

Holt-Lunstad, Julianne, Timothy B. Smith, and J. Bradley Layton. 2010. "Social Relationships and Mortality Risk: A Meta-Analytic Review." *PLOS Medicine* 7 (7): 1—20.

Holt-Lunstad, Julianne, Timothy B. Smith, Mark Baker, Tyler Harris, and David Stephenson. 2015. "Loneliness and Social Isolation as Risk Factors for Mortality: A Meta-Analytic Review." *Perspectives on Psychological Science* 10 (2): 227—237.

Horiguchi, Itsuko, and Rie Akamatsu. 2005. "Shakai Ni Okeru Jittai Ni Kansuru

Kenkyū: Shimbun Ni Okeru Houdo No Jittai" [Research on actual conditions in society: Actual conditions of news reports]. In *Web Saito Wo Kaishiteno Fukusuu Douji Jisatsu No Jittai To Yobō Ni Kansuru Kenkyu Hōkokusho* [Research report on the actual condition and prevention for the multiple-simultaneous suicide via internet websites], edited by Shigeru Ueda, 19—26. Tokyo: National Institution of Mental Health, NCNP.

Horiguchi, Itsuko, K. Cho, Rie Akamatsu, and Masaru Emoto. 2005. "Shakai Ni Okeru Jittai Ni Kansuru Kenkyū: Daigakusei Wo Taisho Toshita Focus Group Interview Chosa" [Research on actual conditions in society: Survey of focus group interviews targeting the college students]. In *Web Saito Wo Kaishiteno Fukusuu Douji Jisatsu No Jittai To Yobō Ni Kansuru Kenkyu Hōkokusho* [Research report on the actual condition and prevention for the multiple-simultaneous suicide via internet websites], edited by Shigeru Ueda, 19—26. Tokyo: National Institution of Mental Health, NCNP.

Horiguchi, Itsuko, and Masaru Emoto. 2005. "Shakai Ni Okeru Jittai Ni Kansuru Kenkyū: Terebi Ni Okeru Houdo No Jittai" [Research on actual conditions in society: Actual conditions of TV reports]. In *Web Saito Wo Kaishiteno Fukusuu Douji Jisatsu No Jittai To Yobō Ni Kansuru Kenkyu Hōkokusho* [Research report on the actual condition and prevention for the multiple-simultaneous suicide via internet websites], edited by Shigeru Ueda, 31—49. Tokyo: National Institution of Mental Health, NCNP.

Humphry, Derek. 1991. *Final Exit: The Practicalities of Self-Deliverance and Assisted Suicide for the Dying*. New York: Random House.

"I Escaped from the 'Hanger' in This Way: A Confession of a 21-Year-Old Woman Who Earned a Lifetime in Nine Deaths While Promising Cohabitation." 2017. *Daily Shincho*, December.

Inamura, Hiroshi. 1977. *Jisatugaku* [Suicidology]. Tokyo: Tokyo Daigaku Shuppansha.

Ip, Ka, Alison Miller, Mayumi Karasawa, Hidemi Hirabayashi, Midori Kazama, Li Wang, Sheryl Olson, Daniel Kessler, and Twila Tardif. 2020. "Emotion Expression

and Regulation in Three Cultures: Chinese, Japanese, and American Preschoolers'
Reactions to Disappointment." *Journal of Experimental Child Psychology* 20:
1—19.

"Ishinomaki-Shi No Higai Gaikyō, Fukkō No Jyōkyō" [The general situation of the
Ishinomaki-City's damage and its recovery]. 2012. www.city.ishinomaki .lg.jp/
cont/10181000/8320/siryo1.pdf.

Issho. 2006. Ikizurasa Kei No Fōramu. September 15. http://8238.teacup.com/hampen/
bbs.

Ivy, Marilyn. 1995. *Discourses of the Vanishing: Modernity, Phantasm, Japan.*
Chicago: University of Chicago Press.

Jackson, Michael. 2011. *Life within Limits: Well-Being in a World of Want.* Durham,
NC: Duke University Press.

———. 2013. *The Wherewithal of Life: Ethics, Migration, and the Question of Well-
Being.* Berkeley: University of California Press.

Jenkins, Janis H. 1996. "Culture, Emotion and Psychiatric Disorder." In *Handbook
of Medical Anthropology: Contemporary Theory and Method*, edited by Carolyn
Sargent and Thomas Johnson, 71—87. Westport, CT: Greenwood Press.

Jiménez, Alberto Corsín. 2008. *Culture and Well-Being: Anthropological Approaches
to Freedom and Political Ethics.* London: Pluto Press.

Jingi. 2006. Jisatsusha No Sōgen. December 16. www.cotodama.org/cgi-bin/.

Jisatsu Saito Jisatsu Shigansha No Ikoi No Ba [Suicide site: A relaxing place for
suicidal people]. n. d. http://izayoi2.ddo.jp/top/.

Jisatsu Saito No Tōhyō Rankingu [Ranking of suicide sites]. 2005. Site Rank. http://cat.
jp.siterank. org/jp/cat/1100102562/.

"Jisatsu Taisaku Ni SNS Sōdan: Wakamono Shien No Kōka Ha? Kadai Ha?" [SNS
Consulting for Suicide Prevention: What Is the Effectiveness of Support for the
Young? What Are the Tasks?]. 2018. *Asahi Shimbun*, June 20.

"Jisatsushasū No Sūji" [Shift in a Number of Suicides]. 2014. Kōseirōdōshō [Ministry of
Health, Labour and Welfare]. www.mhlw.go.jp/wp/hakusyo /jisatsu/16/dl/1-01.pdf.

Jisatsutaikougaiyou. 2006. "Ikiyasui Shakai No Genjitsu Wo Mezashite" [Aiming for the society for comfortable living]. www8.cao.go.jp /jisatsutaisaku/sougou/taisaku/ kaigi_2/data/s1.pdf.

John, Tara. 2018. "How the World's First Loneliness Minister Will Tackle 'the Sad Reality of Modern Life.'" *Time*, April 25. https://time.com/5248016/tracey-crouch-uk-loneliness-minister/.

Johnston, Barbara R., and Elizabeth Colson. 2012. "Vital Topics Forum: On Happiness." *American Anthropologist* 114 (1): 6—18.

Joiner, Thomas E. 2005. *Why People Die by Suicide*. Cambridge, MA: Harvard University Press.

Jones, Torquil, and Gabriel Clarke. 2018. *Bobby Robson: More Than a Manager*. DVD. Noah Media Group.

Kagawa, R., and K. Mori. 2004. *Netto Ohji To Keitai Hime: Higeki Wo Fusagutame No Chie* [Internet king and mobile phone princess: Wisdom for preventing tragedy]. Tokyo: Chuo Koron-sha.

Kamiya, Meiko. 2004. *Ikigai Ni Tsuite* [On the meaning of Ikigai]. Tokyo: Misuzu-Shobo.

Kanata. 2010. Onigami Keijiban [Demon God Bulletin Board]. www3.ezbbs.net /cgi/ bbs?id=onigami&dd=05&p=11.

Kaori. 2006. Jisatsusha No Sōgen. December 22. www.cotodama.org/cgi-bin/.

Kasutama. 2018. "Review of 'The Complete Manual of Suicide' by Wataru Tsurumi." Amazon Japan. October 18. www.amazon.co.jp/-/en/%E9%B6%B4%E8%A6%8B%E6%B8%88/ dp/4872331265/ref=sr_1_3?dchild=1&keywords= %E8%87%AA%E6%AE%BA&qid=1 623001044&s=books&sr=1-3.

Kavedžija, Iza. 2019. *Making Meaningful Lives: Tales from an Aging Japan*. Philadelphia: University of Pennsylvania Press.

Keisatsu Chou Seikatsu Anzen Kyokyu Chiiki ka. 2006. "Heisei 16 Nen Ni Okeru Jisatsu No Gaiyou Shiryō" [Abstract resources on suicide in 2004]. www.npa.go.jp/ safetylife/seianki/jisatsu/H16/H16_jisatunogaiyou.pdf.

Ken. 2019. Shinitai Hito No Kōryū Saito. January 12. http://blued.sakura.ne.jp /bbs/35/ yybbs.cgi?pg=45.

Keyes, Corey L. M. 2002. "The Mental Health Continuum: From Languishing to Flourishing in Life." *Journal of Health and Social Behavior* 43 (2): 207—222.

———. 2005. "Mental Illness and/or Mental Health? Investigating Axioms of the Complete State Model of Health." *Journal of Consulting and Clinical Psychology* 73 (3): 539—548.

———. 2014. "Mental Health as a Complete State: How the Salutogenic Perspective Completes the Picture." In *Bridging Occupational, Organizational and Public Health: A Transdisciplinary Approach*, edited by Georg F. Bauer and Oliver Hammig, 179—192. New York: Springer.

Keyes, Corey L. M., Dov Shmotkin, and Carol D. Ryff. 2002. "Optimizing Well-Being: The Empirical Encounter of Two Traditions." *Journal of Personality and Social Psychology* 82 (6): 1007—1022.

Keyes, Corey L. M., and Eduardo J. Simoes. 2012. "To Flourish or Not: Positive Mental Health and All-Cause Mortality." *American Journal of Public Health* 102 (11): 2164—2172.

Kiki. 2006. Nageki Keijiban. October 13. http://wailing.org/freebsd/jisatu/index html.

Kimura, Bin. 1972. *Hito To Hito No Aida: Seishin Byōriteki Nihonron* [The space between people]. Tokyo: Kobundo.

Kinsella, Sharon. 1994. "Cuties in Japan." In *Women, Media, and Consumption in Japan*, edited by Brian Moeran and Lisa Skov, 170—196. Honolulu: University of Hawaii Press.

Kirmayer, Laurence J. 2002. "Psychopharmacology in a Globalizing World: The Use of Antidepressants in Japan." *Transcultural Psychiatry* 39 (3): 295—322.

———. 2008. "Empathy and Alterity in Cultural Psychiatry." *Ethos* 36 (4): 457—474.

Kitanaka, Junko. 2011. *Depression in Japan: Psychiatric Curesfor a Society in Distress.* Princeton, NJ: Princeton University Press.

Kitayama, Shinobu, Hazel Markus, Hisaya Matsumoto, and Vinai Norasakkunkit.

1997. "Individual and Collective Processes in the Construction of the Self: Self-Enhancement in the United States and Self-Criticism in Japan." *Journal of Personality and Social Psychology* 72 (6): 1245—1267.

Kleinman, Arthur. 1988. *The Illness Narratives: Suffering, Healing, and the Human Condition.* New York: Basic Books.

———. 1998. "Experience and Its Moral Modes: Culture, Human Conditions, and Disorder." Lecture presented at the Tanner Lectures on Human Values, Stanford University, April 13—15.

———. 2002. Preface to *Reducing Suicide: A National Imperative*, edited by Institute of Medicine, 4—7. Washington, DC: National Academies Press.

Klinenberg, Eric. 2018. "Is Loneliness a Health Epidemic?" *New York Times*, February 9. www.nytimes.com/2018/02/09/opinion/sunday/loneliness-health html.

Knight. 2006. Nageki Keijiban. December 20. http://wailing.org/freebsd/jisatu /index. html.

"Kokoro No Kea Tiimu" [Mental health care teams]. n. d. Kōseirōdōshō [Minis-try of Health, Labour and Welfare]. https://saigai-kokoro.ncnp.go.jp/activity /pdf/ activity04_02.pdf.

Kon, Satoshi. 2004. *Paranoia Agent.* Tokyo: WOWOW.

Kondo, Dorinne. 1990. *Crafting Selves: Power, Gender, and Discourses of Identity in a Japanese Workplace.* Chicago: University of Chicago Press.

Kore-eda, Hirokazu. 1998. *Afterlife (Wandafuru Raifu* [Wonderful life]*).* DVD. Engine Film.

Kral, Michael J. 1994. "Suicide as Social Logic." *Suicide & Life Threatening Behavior* 24 (3): 245—255.

Kukihara, Hiroko, Niwako Yamawaki, Kumi Uchiyama, Shoichi Arai, and Etsuo Horikawa. 2014. "Trauma, Depression, and Resilience of Earthquake/ Tsunami/ Nuclear Disaster Survivors of Hirono, Fukushima, Japan." *Psychiatry and Clinical Neurosciences* 68 (7): 524—533.

Kurosawa, Kiyoshi. 2008. *Tokyo Sonata.* DVD. Django Film.

Kurosuke. 2006. Kokoro No Hanazono. November 19. http://bbs1.nazca.co.jp/12/.

Kuru. 2006. Ikizurasa Kei No Fōramu. October 17. http://8238.teacup.com/hampen/bbs.

Lane, Richard D., and Lynn Nadel, eds. 2002. *Cognitive Neuroscience of Emotion.* Oxford: Oxford University Press.

Lester, David. 1987. *Suicide as a Learned Behavior.* Springfield, IL: Charles C. Thomas.

Lester, Rebecca. 2013. "Back from the Edge of Existence: A Critical Anthropology of Trauma." *Transcultural Psychiatry* 50 (5): 753—762.

LeTendre, Gerald K. 2000. *Learning to Be Adolescent: Growing up in U. S. and Japanese Middle Schools.* New Haven, CT: Yale University Press.

Lewis, Sara E. 2020. *Spacious Minds.* Ithaca, NY: Cornell University Press.

Lindee, Susan. 2016. "Survivors and Scientists: Hiroshima, Fukushima, and the Radiation Effects Research Foundation, 1975—2014." *Social Studies of Science* 46 (2): 184—209.

Lock, Margaret. 1986. "Plea for Acceptance: School Refusal Syndrome in Japan." *Social Science & Medicine* 23 (2): 99—112.

———. 1988. "A Nation at Risk: Interpretations of School Refusal in Japan." In *Biomedicine Examined*, edited by Margaret Lock and Deborah R. Gordon, 377—414. Boston: Kluwer Academic.

———. 1993. *Encounters with Aging: Mythologies of Menopause in Japan and North America.* Berkeley: University of California Press.

———. 2001. *Twice Dead: Organ Transplants and the Reinvention of Death.* Berkeley: University of California Press.

Long, Susan, ed. 2000. *Caring for the Elderly in Japan and the U. S.: Practices and Policies.* New York: Routledge.

———. 2001. "Negotiating the 'Good Death': Japanese Ambivalence about New Ways to Die." *Ethnology* 40 (4): 271—289.

———. 2005. *Final Days: Japanese Culture and Choice at the End of Life.* Honolulu:

University of Hawaii Press.

————. 2012. "Ruminations on Studying Late Life in Japan." *Anthropology & Aging* 33 (2): 31—37.

————. 2020. "Family, Time, and Meaning Toward the End of Life in Japan." *Anthropology & Aging* 41: 24—45.

Love Heart. 2016. Gensō Tōya. October 24. www2.ezbbs.net/cgi/bbs?id=ruruto &dd=05&p=3.

Luhrmann, Tanya M. 2006. "Subjectivity." *Anthropological Theory* 6 (3): 345—361.

Luhrmann, Tanya M., and Jocelyn Marrow, eds. 2016. *Our Most Troubling Madness: Case Studies in Schizophrenia across Cultures*. Berkeley: University of California Press.

Lutz, Catherine. 2017. "What Matters." *Cultural Anthropology* 32 (2): 181—191.

Lynch, Caitrin, and Jason Danely, eds. 2013. *Transitions and Transformations: Cultural Perspectives on Aging and the Life Course*. New York: Berghahn Books.

Maccha no jo. 2018. "Review of 'The Complete Manual of Suicide' by Wataru Tsurumi." Amazon Japan. August 19. www.amazon.co.jp/-/en/%E9%B6%B4 %E8%A6%8B-%E6%B8%88/dp/4872331265/ref=sr_1_3?dchild=1&keywords =%E8%87%AA%E6%AE%BA&qid=1623001044&s=books&sr=1-3.

Machizawa, Shizuo. 2003. *Hikikomoru Wakamonotachi* [Withdrawn youths]. Tokyo: Daiwa Shobo.

Maita, Toshihiko. 2016. "Zetsubō No Kuni Nihon Ha Sekai Ichi 'Wakamono Jisatsusha' Wo Ryōsan Shiteiru" [Desperate country Japan has been producing "Suicide Among Young People"]. *President Online*, January 12. https://president.jp/articles/-/17058.

Manzenreiter, Wolfram, and Barbara Holthus, eds. 2017a. *Happiness and the Good Life in Japan*. New York: Routledge.

————. 2017b. "Introduction: Happiness in Japan Through the Anthropological Lens." In *Happiness and the Good Life in Japan*, edited by Wolfram Manzenreiter and Barbara Holthus, 1—22. New York: Routledge.

————. 2017c. "Reconsidering the Four Dimensions of Happiness across the Life

Course in Japan." In *Life Course, Happiness and Well-Being in Japan*, edited by Barbara Holthus and Wolfram Manzenreiter, 256—272. New York: Routledge.

Markus, Hazel R., and Shinobu Kitayama. 1991. "Culture and the Self: Implications for Cognition, Emotion, and Motivation." *Psychological Review* 98 (2): 224—253.

Maru. 2006. Ikizurasa Kei No Fōramu. November 7. http://8238.teacup.com/hampen/bbs.

Maruyama, Masao. 1969. *Thought and Behavior in Modern Japanese Politics*. London: Oxford University Press.

Mathews, Gordon. 1996a. "The Stuff of Dreams, Fading: Ikigai and 'The Japanese Self.'" *Ethos* 24 (4): 718—747.

———. 1996b. *What Makes Life Worth Living? How Japanese and Americans Make Sense of Their Worlds*. Berkeley: University of California Press.

———. 2017. "Happiness in Neoliberal Japan." In *Happiness and the Good Life in Japan*, edited by Wolfram Manzenreiter and Barbara Holthus, 227—243. New York: Routledge.

Mathews, Gordon, and Carolina Izquierdo. 2008. *Pursuits of Happiness: Well-Being in Anthropological Perspective*. New York: Berghahn Books.

Mattingly, Cheryl. 2014. *Moral Laboratories: Family Peril and the Struggle for a Good Life*. Berkeley: University of California Press.

McIntosh, John L. 2004. "Year 2004 Official Final Data on Suicide in the United States." American Association of Suicidology. www.suicidology.org.

McVeigh, Brian J. 1997. *Life in a Japanese Women's College: Learning to Be Ladylike*. New York: Routledge.

McWhirter, Benedict T. 1990. "Factor Analysis of the Revised UCLA Loneliness Scale." *Current Psychology* 9 (1): 56—68.

Mead, George Herbert. 1934. *Mind, Self, and Society*. Chicago: University of Chicago Press.

Mead, Margaret. 2000. *Coming of Age in Samoa*. New York: Harper Perennial Modern Classics.

Melancholy. 2017. Shinitai Hito No Kōryū Saito. August 29. http://blued.sakura .ne.jp/ bbs/35/yybbs.cgi?pg=45.

Miles-Watson, Jonathan. 2010. "Political Economy, Religion and Wellbeing: The Practices of Happiness."In *Ethnographic Insights into Happiness*, 125—133. New York: Routledge.

Miller-Karas, Elaine. 2015. *Building Resilience to Trauma: The Trauma and Community Resiliency Models*. New York: Routledge.

Mimi. 2006. Nageki Keijiban. December 11. http://wailing.org/freebsd/jisatu /index. html.

Misery. 2006. Ikizurasa Kei No Fōramu. September 15. http://8238.teacup.com / hampen/bbs.

Mita, Munesuke. 1971. *Gendai Nihon No Shinjō To Ronri* [Sentiment and logic in contemporary Japan]. Tokyo: Kōbundō.

———. 2006. *Shakaigaku Nyūmon* [Introduction to sociology]. Tokyo: Iwaba Shoten.

Miyazaki, Hayao. 1984. *Nausicaa of the Valley of the Wind*. VHS. Toei Company.

Mora, Ralph B. 2014. "Lessons Learned about PTSD from the Disaster in Fukushima." *Journal of Healthcare, Science and the Humanities* 4 (2): 23—39.

Motohashi, Yutaka. 2006. *Stop: Jisatsu* [Stop: Suicide]. Tokyo: Kaimeisha.

Moustakas, Clark E. 1961. *Loneliness*. New York: Prentice Hall.

Muta, T. 2007. *Netto Izon No Kyofu* [Fear of the internet addiction]. Tokyo: Kyuiku Shuppan.

Myers, Neely Laurenzo. 2015. *Recovery's Edge: An Ethnography of Mental Health Care and Moral Agency*. Nashville, TN: Vanderbilt University Press.

———. 2016. "Recovery Stories: An Anthropological Exploration of Moral Agency in Stories of Mental Health Recovery." *Transcultural Psychiatry* 53 (4): 427—444.

Nakamura, Karen. 2013. *A Disability of the Soul: An Ethnography of Schizophrenia and Mental Illness in Contemporary Japan*. Ithaca, NY: Cornell University Press.

Nakane, Chie. 1967. *Tate Shakai No Ningen Kankei* [Human relationships in the vertical society]. Tokyo: Kodansha Shinsho.

————. 1972. *Japanese Society*. Berkeley: University of California Press.

Nameless. 2016. Onigami Keijiban [Demon God Bulletin Board]. October 31. www3. ezbbs.net/cgi/bbs?id=onigami&dd=05&p=11.

Nantonaku. 2006. Jisatsusha No Sōgen. December 24. www.cotodama.org/cgi -bin/.

National Police Agency of Japan. 2019. "Damage Situation and Police Countermeasures Associated with 2011 Tohoku District—Off the Pacific Ocean Earthquake." www. npa.go.jp/news/other/earthquake2011/pdf/higaijokyo_e.pdf.

Neff, Kristin D., and Roos Vonk. 2009. "Self-Compassion Versus Global Self-Esteem: Two Different Ways of Relating to Oneself." *Journal of Personality* 77 (1): 23—50.

"Netto Ga Tsunagu Shūdan Jisatsu Ato Tatazu: Jyūtaku Ni Danjo 5 Itai" [Never ceasing internet related group suicide: 5 dead bodies of men and women at a residence]. 2018. *Nihon Keizai Shimbun*, July 22.

Niezen, Ronald. 2009. "Suicide as a Way of Belonging: Causes and Consequences of Cluster Suicides in Aboriginal Communities." In *Healing Traditions: The Mental Health of Aboriginal Peoples in Canada*, edited by Laurence J. Kirmayer and Gail Valaskakis, 178—195. Vancouver: University of British Columbia Press.

Nightmare. 2006. Ikizurasa Kei No Fōramu. November 6. http://8238.teacup.com/ hampen/bbs.

No Name. 2006. Jisatsusha No Sōgen. July 14. www.cotodama.org/cgi-bin/.

Oh No. 2015. Issho Ni Ikiyō. March 20. https://wailing.org/.

Ohsawa, Masaki. 1996. *Kyōko No Jidai No Hate: AUM To Sekai Saishu Sensou* [The end of the era of fiction]. Tokyo: Chikuma Shobo.

OK. n. d. Gensō Tōya. www2.ezbbs.net/cgi/bbs?id=ruruto&dd=05&p=3.

Okonogi, Keigo. 2005. *Keitai Netto Ningen No Seishin Bunseki* [Psychoanalysis of mobile phone and internet people]. Tokyo: Asahi Shimbun-sha.

Onigami. 2017. Onigami Keijiban [Demon God Bulletin Board]. October 5. www3. ezbbs.net/05/onigami/.

Ortner, Sherry B. 2005. "Subjectivity and Cultural Critique." *Anthropological Theory* 5 (1): 31—52.

Otomo, Katsuhiro. 1988. *Akira*. VHS. Toho.

Ozawa-de Silva, Brendan. 2015. "Becoming the Wish-Fulfilling Tree: Compassion and the Transformation of Ethical Subjectivity in the Lojong Tradition of Tibetan Buddhism." PhD diss., Emory University.

Ozawa-de Silva, Chikako. 2006. *Psychotherapy and Religion in Japan: The Japanese Introspection Practice of Naikan*. New York: Routledge.

———. 2007. "Demystifying Japanese Therapy: An Analysis of Naikan and the Ajase Complex through Buddhist Thought."*Ethos: Journal of the Society for Psychological Anthropology* 35 (4): 411—446.

———. 2008. "Too Lonely to Die Alone: Internet Suicide Pacts and Existential Suffering in Japan." *Culture, Medicine and Psychiatry* 32 (4): 516—551.

———. 2009. "Seeking to Escape the Suffering of Existence: Internet Suicide in Japan."In *Understanding and Applying Medical Anthropology*, edited by Peter J. Brown and Ronald L. Barrett, 246—258. Mountain View, CA: Mayfield.

———. 2010. "Shared Death: Self, Sociality and Internet Group Suicide in Japan." *Transcultural Psychiatry* 47 (3): 392—418.

———. 2017. "Wakamono No Jisatsu Kara Mieru Seizonteki Kunō" [Existential suffering and suicide among youth.] *Clinical Psychology* 17 (4): 568—569.

———. 2020. "In the Eyes of Others: Loneliness and Relational Meaning in Life Among Japanese College Students." *Transcultural Psychiatry* 57 (5): 623—634.

Ozawa-de Silva, Chikako, and Brendan Ozawa-de Silva. 2010. "Secularizing Religious Practices: A Study of Subjectivity and Existential Transformation in Naikan Therapy."*Journalfor the Scientific Study of Religion* 49 (1): 147—161.

Ozawa-de Silva, Chikako, and Michelle Parsons. 2020."Toward an Anthropology of Loneliness."*Transcultural Psychiatry* 57 (5): 613—622.

Peplau, Letitia Anne, and Daniel Perlman. 1982. *Loneliness: A Sourcebook of Current Theory, Research, and Therapy*. New York: Wiley.

Perlman, Daniel, and Letitia A. Peplau. 1981. "Toward a Social Psychology of Loneliness." In *Personal Relationships 3: Personal Relationships in Disorder*, edited by Robin Gilmour and Steve Duck, 31—43. London: Academic Press.

Perry, Philippa. 2014. "Loneliness Is Killing Us—We Must Start Treating This Disease." *Guardian*, February 17. www.theguardian.com/commentisfree /2014/ feb/17/loneliness-report-bigger-killer-obesity-lonely-people.

Pike, Kathleen M., and Amy Borovoy. 2004. "The Rise of Eating Disorders in Japan: Issues of Culture and Limitations of the Model of 'Westernization.'" *Culture, Medicine and Psychiatry* 28 (4): 493—531.

Pinguet, Maurice. 1993. *Voluntary Death in Japan*. Hoboken, NJ: Wiley. Poison. 2018. Issho Ni Ikiyō. October 25. https://wailing.org/.

Prime Minister's Office, Department for Digital, Culture, Media & Sport, Office for Civil Society, and The Right Honourable Theresa May. 2018."PM Launches Government's First Loneliness Strategy." GOV.UK. October 15. www.gov.uk/ government/news/pm-launches-governments-first-loneliness-strategy.

Puffy. 2016. Gensō Tōya. March 4. www2.ezbbs.net/cgi/bbs?id=ruruto&dd=05&p=3.

Qualter, Pamela, Janne Vanhalst, Rebecca Harris, Eeske Van Roekel, Gerine Lodder, Munirah Bangee, Marlies Maes, and Maaike Verhagen. 2015. "Loneliness across the Life Span." *Perspectives on Psychological Science* 10 (2): 250—264.

Reiko. 2017. Onigami Keijiban [Demon God Bulletin Board]. October 14. www3. ezbbs.net/05/onigami/.

Rich, Motoko, and Hikari Hida. 2021. "As Pandemic Took Hold, Suicide Rose among Japanese Women." *New York Times*, February 23. www.nytimes.com /2021/02/22/ world/asia/japan-women-suicide-coronavirus.html.

Robbins, Joel. 2013. "Beyond the Suffering Subject: Toward an Anthropology of the Good." *Journal of the Royal Anthropological Institute* 19 (3): 447—462.

Rochat, Philippe. 2009a. "Commentary: Mutual Recognition as a Foundation of Sociality and Social Comfort." In *Social Cognition: Development, Neuroscience, and Autism*, edited by Tricia Striano and Vincent Reid, 303—317. Malden, MA: Blackwell.

———. 2009b. *Others in Mind: Social Origins of Self-Consciousness*. Cambridge:

Cambridge University Press.

Rosenberger, Nancy. 2001. *Gambling with Virtue*. Honolulu: University of Hawaii Press.

———. 2007. "Rethinking Emerging Adulthood in Japan: Perspectives from Long-Term Single Women." *Child Development Perspectives* 1 (2): 92—95.

Routasalo, Pirkko E., Niina Savikko, Reijo S. Tilvis, Timo E. Strandberg, and Kaisu H. Pitkälä. 2006. "Social Contacts and Their Relationship to Loneliness Among Aged People—A Population-Based Study." *Gerontology* 52 (3): 181—187.

Rubin, Rita. 2017. "Loneliness Might Be a Killer, but What's the Best Way to Protect against It?" *Journal of the American Medical Association* 318 (19): 1853—1855.

Run Run. 2006. Ikizurasa Kei No Fōramu. September 14. http://8238.teacup.com/hampen/bbs.

Russell, Daniel W. 1996. "UCLA Loneliness Scale (Version 3): Reliability, Validity, and Factor Structure." *Journal of Personality Assessment* 66 (1): 20—40.

Russell, Daniel W., Carolyn E. Cutrona, Cynthia McRae, and Mary Gomez. 2012. "Is Loneliness the Same as Being Alone?" *Journal of Psychology* 146 (1—2): 7—22.

Ryff, Carol D., Corey L. M. Keyes, and Diane L. Hughes. 2003. "Status Inequalities, Perceived Discrimination, and Eudaimonic Well-Being: Do the Challenges of Minority Life Hone Purpose and Growth?" *Journal of Health and Social Behavior* 44 (3): 275—291.

Sadakane, Hideyuki. 2008. "A Sociological Investigation on 'Group Suicides through the Internet' in Japan." *Japanese Sociological Review* 58 (4): 593—607.

Saito, Kan. 2003. "Iki Kihaku Sa, Kontei Ni" [On the fundamental thinness of life]. *Asahi Shimbun*.

Saito, Tamaki. 1998. *Shakai Teki Hikikomori* [Social withdrawal]. Tokyo: PHP Shinsho.

Sato, Keisuke. 2018. "Jisatsu Taisaku Ni SNS Sōdan: Wakamono Shien No Kōka Ha? Kadai Ha?" [SNS consulting for suicide prevention: What is the effectiveness of support for the young? What are the tasks?]. *Asahi Shimbun*, June 20. https://digital.asahi.com/articles/ASL6N23PVL6NUBQU002.html.

Samuels, David. 2007. "Let's Die Together." *Atlantic*, May. www.theatlantic.com / magazine/archive/2007/05/let-s-die-together/305776/.

Sasaki, Tishinao. 2007. "Otte Masukomi Intānetto Shinjyū Hōdō No Otoshiana" [The catch of the major mass media reports on internet suicide pacts]. http://homepage3. nifty.com/sasakitoshinao/pcexplorer_ 5.html.

Saya. 2006. Nageki Keijiban. October 12. http://wailing.org/freebsd/jisatu /index.html.

Schinka, Katherine C., Manfred H. M. VanDulmen, Robert Bossarte, and Monica Swahn. 2012. "Association Between Loneliness and Suicidality during Middle Childhood and Adolescence: Longitudinal Effects and the Role of Demographic Characteristics." *Journal of Psychology* 146 (1—2): 105—118.

Seligman, Martin E. P. 2002. *Authentic Happiness: Using the New Positive Psychology to Realize Your Potential for Lasting Fulfillment*. New York: Free Press.

Seligman, Martin E. P., and Mihaly Csikszentmihalyi. 2000."Positive Psychology: An Introduction."*American Psychologist* 55 (1): 5—14.

"7 and a Half Years after the Great East Japan Earthquake the Number of Evacuees Is Still 58000." 2018. *Mainichi News*, September 10. https:// mainichi.jp/ articles/20180911/k00/00m/040/127000c.

Shadow. 2016. Issho Ni Ikiyō. June 22. https://wailing.org/.

Shay, Jonathan. 2014. "Moral Injury." *Psychoanalytic Psychology* 31 (2): 182—191.

Shevlin, Mark, Siobhan Murphy, and Jamie Murphy. 2015. "The Latent Structure of Loneliness: Testing Competing Factor Models of the UCLA Loneliness Scale in a Large Adolescent Sample." *Assessment* 22 (2): 208—215.

Shibui. 2012. "It Is Lonely to Die Alone." October. https://biz-journal.jp/2012/10 / post_883_3.html.

Shibui, T. 2007. *Wakamono Tachi Ha Naze Jisatsu Surunoka* [Why do young people commit suicide?]. Tokyo: Nagasaki Shuppan.

Shimizu. 2018. Shirabee. August 17. https://sirabee.com/2018/08/17/20161754117/.

Shimizu, Hidetada. 2001a. "Introduction: Japanese Cultural Psychology and Empathic Understanding: Implications for Academic and Cultural Psychology." In *Japanese*

Frames of Mind: Cultural Perspectives on Human Development, edited by Hidetada Shimizu and Robert A. LeVine, 1—26. Cambridge: Cambridge University Press.

———. 2001b. "Beyond Individualism and Sociocentrism: An Ontological Analysis of the Opposing Elements in Personal Experiences of Japanese Adolescents." In *Japanese Frames of Mind: Cultural Perspectives on Human Development*, edited by Hidetada Shimizu and Robert A. LeVine, 205—227. Cambridge: Cambridge University Press.

Shimizu, Hidetada, and Robert A. LeVine, eds. 2001. *Japanese Frames of Mind: Cultural Perspectives on Human Development*. Cambridge: Cambridge University Press.

Shimizu, Hiroshi. 1998. *Ikinai* [Not going to live]. DVD. Office Kitano.

Shimizu, Shinji. 2005. "Gendai Nihon No Ningen Pataan To Jyoho Kiki Komunikaishion" [Human relation patterns and information equipment communication for modern people]. In *Web Saito Wo Kaishiteno Fukusuu Douji Jisatu No Jittai to Yobō Ni Kansuru Kenkyū Hōkokusho* [Research report on the actual condition and prevention for the multiple-simultaneous suicide via internet websites], edited by Shigeru Ueda, 77—86. Tokyo: National Institution of Mental Health, NCNP.

"Shi Ni Itaru Wake" [Reasons to reach death]. 2003. *AERA*.

Shu Shu. 2006. Ikizurasa Kei No Fōramu. December 13. http://8238.teacup.com / hampen/bbs.

Singer, Tania, Ben Seymour, John O'Doherty, Holger Kaube, Raymond J. Dolan, and Chris D. Frith. 2004. "Empathy for Pain Involves the Affective but Not Sensory Components of Pain." *Science* 303 (5661): 1157—1162.

Soble, Jonathan. 2015."Japan to Pay Cancer Bills for Fukushima Worker."*New York Times*, October 20.www.nytimes.com/2015/10/21/world/asia/japan-cancer-fukushima-nuclear-plant-compensation.html.

Sono, Sion. 2001. *Suicide Circle* [Suicide club]. DVD. Earthrise.

"Sorry That I'm Alive." 2018. Onigami Keijiban [Demon God Bulletin Board]. www3.

ezbbs.net/cgi/bbs?id=onigami&dd=05&p=11.

Steger, Michael F., Patricia Frazier, Shigehiro Oishi, and Matthew Kaler. 2006. "The Meaning in Life Questionnaire: Assessing the Presence of and Search for Meaning in Life." *Journal of Counseling Psychology* 53 (1): 80—93.

Steger, Michael F., Shigehiro Oishi, and Todd B. Kashdan. 2009. "Meaning in Life across the Life Span: Levels and Correlates of Meaning in Life from Emerging Adulthood to Older Adulthood." *Journal of Positive Psychology* 4 (1): 43—52.

Steger, Michael F., and Emma Samman. 2012. "Assessing Meaning in Life on an International Scale: Psychometric Evidence for the Meaning in Life Questionnaire-Short Form among Chilean Households." *International Journal of Wellbeing* 2 (3): 182—195.

Steptoe, Andrew, Aparna Shankar, Panayotes Demakakos, and Jane Wardle. 2013. "Social Isolation, Loneliness, and All-Cause Mortality in Older Men and Women." *Proceedings of the National Academy of Sciences* 110 (15): 5797—5801.

Stevenson, Lisa. 2014. *Life Beside Itself: Imagining Care in the Canadian Arctic.* Berkeley: University of California Press.

Strauss, Clara, Billie Lever Taylor, Jenny Gu, Willem Kuyken, Ruth Baer, Fergal Jones, and Kate Cavanagh. 2016. "What Is Compassion and How Can We Measure It? A Review of Definitions and Measures." *Clinical Psychology Review* 47: 15—27.

Strauss, Claudia. 2006. "The Imaginary." *Anthropological Theory* 6 (3): 322—344.

Sugiyama-Lebra, Takie. 1976. *Japanese Patterns of Behaviour.* Honolulu: University of Hawaii Press.

———. 1984. *Japanese Women: Constraint and Fulfillment.* Honolulu: University of Hawaii Press.

"Suichiro Takashi Shiraishi's Suicidal 'Hanging Neck' Is a Hot Topic! Looking for Suicide Applicants with Multiple Accounts." 2018. *Yomiuri News*, September 10.

Suicidal Student. 2013. Issho Ni Ikiyō. May 16. https://wailing.org/.

Suizzo, Marie-Anne. 2004. "Mother-Child Relationships in France: Balancing Autonomy and Affiliation in Everyday Interactions." *Ethos* 32 (3): 293—323.

Tabuchi, Hiroko. 2014. "Unskilled and Destitute Are Hiring Targets for Fukushima Cleanup." *New York Times*, March 17. www.nytimes.com/2014/03 /17/world/asia/ unskilled-and-destitute-are-hiring-targets-for-fukushima-cleanup.html.

Taguchi, Kazunari. 2014. *Ikigai Toha Nanika: Ikigai Wo Meguru Isshiron* [What is ikigai? One theory on ikigai]. n. p. Kindle.

Takahashi, Yoshitomo. 1997a. "Culture and Suicide: From a Japanese Psychiatrist's Perspective." *Suicide and Life-Threatening Behavior* 27 (1): 137—146.

———. 1997b. *Jisatu No Shinrigaku* [Psychology of suicide]. Tokyo: Kōdansha Gendai Shinsho.

———. 1998. *Gunpatsu Jisatu* [Cluster suicide]. Tokyo: Chuo Shinsho.

———. 1999. *Seishounen No Tameno Jisatsu Yobō Manuaru* [A suicide manual for young people]. Tokyo: Kongo Shuppan.

———. 2001. *Jisatsu No Sain Wo Yomitoru* [Reading a signal of suicide]. Tokyo: Kodansha.

———. 2006. *Jisatsu Yobō*. Tokyo: Iwanami Shinsho.

———. 2009. Personal communication with the author, May.

Takeshima, Tadashi. 2009. *Netto Sedai No Jisatu Kanren Kōdo To Yobō No Arikata Ni Kansuru Kenkyū.* [Research on the suicide-related behaviors among internet generation and prevention]. Tokyo: National Institution of Mental Health, NCNP.

"Takuhai Dokubutsu de Jisatsuhoujoyōgikeishichōsōsanettotūji Chūmonka" [Assisting suicide via home delivery of poison through the internet? The police investigation]. 1998. *Asahi Shimbun*, December 25.

Tamashiro, Tim. 2019. *How to Ikigai: Lessons for Finding Happiness and Living Your Life's Purpose.* Coral Gables, FL: Mango Media.

Taylor, Charles. 1989. *Sources of the Self: The Making of Modern Identity.* Cambridge, MA: Harvard University Press.

Ten Ten. 2016. "Review of 'The Complete Manual of Suicide' by Wataru Tsurumi." September 15. Amazon Japan. www.amazon.co.jp/-/en/%E9%B6%B4 %E8%A6%8B-%E6%B8%88/dp/4872331265/ref=sr_1_1?dchild=1&keywords

=%E8%87%AA%E6%AE%BA%E3%83%9E%E3%83%8B%E3%83%A5%E3 %82%A2%E3%83%AB&qid=1623004337&s=books&sr=1-1.

Thin, Neil. 2008. "'Realising the Substance of Their Happiness': How Anthropology Forgot About *Homogauisus.*" In *Culture and Well-Being: Anthropological Approaches to Freedom and Political Ethics*, edited by Alberto Corsín Jiménez, 134—155. London: Pluto Press.

Throop, Jason, and Douglas Hollan, eds. "Special Issue: Whatever Happened to Empathy?" *Ethos* 36, no. 4 (2008): 385—489.

"The Truth of the Fukushima Nuclear Accident and Radiation Health Damage." n. d. www.sting-wl.com/category/.

Tiefenbach, Tim, and Florian Kohlbacher. 2017. "Fear of Solitary Death in Japan's Aging Society." In *Life Course, Happiness and Well-Being in Japan*, edited by Barbara Holthus and Wolfram Manzenreiter, 238—255. New York: Routledge.

Together. 2005. Omae Ha Mou Shindeiru. December 24. http://jamu.cc/2ch /test/ read. cgi/xyz/#1.

Tom. 2018. Onigami Keijiban [Demon God Bulletin Board]. www3.ezbbs.net /cgi/ bbs?id=onigami&dd=05&p=11.

Tomaka, Joe, Sharon Thompson, and Rebecca Palacios. 2006. "The Relation of Social Isolation, Loneliness, and Social Support to Disease Outcomes among the Elderly." *Journal of Aging and Health* 18 (3): 359—384.

Totoro. 2006. Kokoro No Hanazono. November 19. http://bbs1.nazca.co.jp/12/.

Traphagan, John. 2000. *Taming Oblivion: Aging Bodies and the Fear of Senility in Japan.* Albany, NY: State University of New York Press.

———. 2003. "Older Women as Caregivers and Ancestral Protection in Rural Japan." *Ethnology* 42 (2): 127—139.

———. 2004. "Interpretations of Elder Suicide, Stress, and Dependency among Rural Japanese." *Ethnology* 43 (4): 315—329.

———. 2010. "Intergenerational Ambivalence, Power, and Perceptions of Elder Suicide in Rural Japan." *Journal of Intergenerational Relationships* 8 (1): 21—37.

Trash. 2017. Shinitai Hito No Kōryū Saito. November 2. http://blued.sakura.ne .jp/ bbs/35/yybbs.cgi?pg=45.

True Blue. 2018. Onigami Keijiban [Demon God Bulletin Board]. www3.ezbbs .net/ cgi/bbs?id=onigami&dd=05&p=11.

Tsurumi, Wataru. 1993. *Kanzen Jisatsu Manyuaru* [The complete manual of suicide]. Tokyo: Ōta Shuppan.

"Twitter 'Hangers''I Want to Die' Identify the Identity of Eight Housewives." 2017. *Kozitech*, November 10.

Ueda, Shigeru, ed. 2005. *Web Saito Wo Kaishiteno Fukusuu Douji Jisatsu No Jittai To Yobō Ni Kansuru Kenkyū Hōkokusho* [Research report on the actual condition and prevention for the multiple-simultaneous suicide via internet websites]. Tokyo: National Institution of Mental Health, NCNP.

Ueno, Kayoko. 2005. "Suicide as Japan's Major Export: A Note on Japanese Suicide Culture." *Revista Espaco Academico*, no. 44 (January). https://web .archive.org/ web/20141219085031/http://www.espacoacademico.com.br/044 /44eueno_ing. htm.

Umi. 2006. Ikizurasa Kei No Fōramu. http://8238.teacup.com/hampen/bbs.

Usui, Mafumi. 2002. "Internet Shinrigaku"[Internet psychology]. www.n-seiryo. ac.jp/~usui/net/.

Victor, Christina, Sasha Scambler, John Bond, and Ann Bowling. 2000. "Being Alone in Later Life: Loneliness, Social Isolation and Living Alone." *Reviews in Clinical Gerontology* 10 (4): 407—417.

Victor, Christina R. 2011. "Loneliness in Old Age: The UK Perspective." In *Safeguarding the Convoy: A Call to Action from the Campaign to End Loneliness.* Abingdon: Age UK Oxfordshire. https://campaigntoendloneliness.org/wp-content/ uploads/downloads/2011/07/safeguarding-the-convey_-_a-call-to-action-from-the-campaign-to-end-loneliness. pdf.

Vij, Ritu. 2007. *Japanese Modernity and Welfare: State, Civil Society and Self in Contemporary Japan.* London: Palgrave Macmillan.

————. 2012. Personal communication with author, February 2.

Vogel, Ezra F. 1980. *Japan as Number One: Lessons for America*. Cambridge, MA: Harvard University Press.

————. 1993. *The Four Little Dragons: The Spread of Industrialization in East Asia*. Cambridge, MA: Harvard University Press.

Waal, F. B. M. de. 2009. *The Age of Empathy: Nature's Lessons for a Kinder Society*. New York: Harmony Books.

Wada, Hideki. 2011. *Shinsai Torauma* [Natural disaster trauma]. Tokyo: Besuto Shinsho.

Wada, Shuichi. 2000. "Kōreishakai Ni Okeru 'Ikigai' No Ronri" [The logic of "ikigai" in aging society]. *Ikigai Kenkyū* [Study of ikigai] 12: 18—45. "Wakamono-Sō No Jisatsu Wo Meguru Jyōkyō" [Circumstances surrounding suicide among the young generation]. 2014. Kōseirōdōshō [Ministry of Health, Labour and Welfare]. www.city.kumamoto.jp/common /UploadFileDsp.aspx?c_id=5&id=12213&sub_id=1&flid=80342.

Walker, Harry, and Iza Kavedžija. 2016. "Introduction: Values of Happiness." In *Values of Happiness: Toward an Anthropology of Purpose in Life*, edited by Harry Walker and Iza Kavedžija, 1—28. Chicago: Hau Books.

Watabe, Makoto. 2014. "Kantou Gen" [Forward?]. In *Shinsai Ikou: Owaranai 3.11* [After the natural disaster: Never ending 3.11], edited by T. Shibui, K. Murakami, Makoto Watabe, and N. Oota. Tokyo: 31 Shobo.

Weeks, David G., John L. Michela, Letitia A. Peplau, and Martin E. Bragg. 1980. "Relation between Loneliness and Depression: A Structural Equation Analysis." *Journal of Personality and Social Psychology* 39 (6): 1238—1244.

Weiss, Robert Stuart. 1974. *Loneliness: The Experience of Emotional and Social Isolation*. Cambridge, MA: MIT Press.

White, Merry I. 1994. *The Material Child: Coming of Age in Japan and America*. Berkeley: University of California Press.

Wing. 2015. Issho Ni Ikiyō. https://wailing.org/.

Woman. 2006. "Nihon De Kyūzō Suru Netto Jisatsu: 2 Nen Kan de 3 Bai Ni" [Internet suicide on the rise in Japan: It has tripled in the last 2 years]. http://ameblo.jp/babanuki/entry–1001013 8363.html.

Yamamoto-Mitani, Noriko, and Margaret I. Wallhagen. 2002. "Pursuit of Psychological Well-Being (Ikigai) and the Evolution of Self-Understanding in the Context of Caregiving in Japan." *Culture, Medicine and Psychiatry* 26 (4): 399—417.

Yang, Ryan. 2013. "Mr. Rogers on Arsenio Hall." www.youtube.com/watch?v=1geWczVpUbE.

Yoshie. 2018. Onigami Keijiban [Demon God Bulletin Board]. August 28. www3.ezbbs.net/05/onigami/.

Yukio, Saito. n. d. Personal communication with the author.

Za Keijiban. 2003. "Jisatsu Shitai Hito Ha Oide Yo Bisshitto Shikatte Ageru Kara" [Come here, those of you who want to commit suicide, and I'll give you a stern scolding!]. http://psychology.dot.thebbs.jp/1050136588.html.

Zaza. 2018. Onigami Keijiban [Demon God Bulletin Board]. January 18. www3 .ezbbs. net/05/onigami/.

Zielenziger, Michael. 2006. *Shutting Out the Sun: How Japan Created Its Own Lost Generation*. New York: Vintage.

Zika, Sheryl, and Kerry Chamberlain. 1992. "On the Relation Between Meaning in Life and Psychological Well-Being." *British Journal of Psychology* 83 (1): 133—145.

Zoo. 2006. Ikizurasa Kei No Fōramu. December 21. http://8238.teacup.com/hampen/bbs.0911/k00/00m/040/127000c.

索引

（索引页码为原书页码，即本书边码）

图书在版编目(CIP)数据

解剖孤独/(日)慈子·小泽-德席尔瓦
(Chikako Ozawa-de Silva)著;季若冰,程瑜译. —
上海:上海人民出版社,2024
书名原文:The Anatomy of Loneliness:Suicide,
Social Connection, and the Search for Relational
Meaning in Contemporary Japan
ISBN 978 - 7 - 208 - 18516 - 6

Ⅰ.①解⋯　Ⅱ.①慈⋯②季⋯③程⋯　Ⅲ.①心理交
往-通俗读物　Ⅳ.①C912.11-49

中国国家版本馆 CIP 数据核字(2023)第 164020 号

责任编辑　于力平
封面设计　林　林

解剖孤独

[日]慈子·小泽-德席尔瓦　著

季若冰　程瑜　译

出　　版	上海人民出版社	
	(201101　上海市闵行区号景路 159 弄 C 座)	
发　　行	上海人民出版社发行中心	
印　　刷	上海商务联西印刷有限公司	
开　　本	890×1240　1/32	
印　　张	11.25	
插　　页	2	
字　　数	234,000	
版　　次	2024 年 2 月第 1 版	
印　　次	2024 年 2 月第 1 次印刷	

ISBN 978 - 7 - 208 - 18516 - 6/C·698

定　　价　78.00 元

MINERVA

· 密涅瓦 ·

大师经典

| 《社会学的基本概念》 | [德] 马克斯·韦伯 著 | 胡景北 译 |

《历史的用途与滥用》　　[德] 弗里德里希·尼采 著

陈　涛　周辉荣 译　　　　刘北成 校

《奢侈与资本主义》　　　[德] 维尔纳·桑巴特 著

王燕平　侯小河 译　　　　刘北成 校

《社会改造原理》　　　　[英] 伯特兰·罗素 著　　　张师竹 译

《伦理体系：费希特自然法批判》

[德] 黑格尔 著　　　　翁少龙 译

《理性与生存——五个讲座》

[德] 卡尔·雅斯贝尔斯 著　　杨　栋 译

《战争与资本主义》　　　[德] 维尔纳·桑巴特 著　　晏小宝 译

《道德形而上学原理》　　[德] 康　德 著　　　　　苗力田 译

《论科学与艺术》　　　　[法] 让-雅克·卢梭 著　　何兆武 译

《对话录》　　　　　　　[英] 大卫·休谟 著　　　张连富 译

人生哲思

《论人的奴役与自由》　　[俄] 别尔嘉耶夫 著　　　张百春 译

《论精神》　　　　　　　[法] 爱尔维修 著　　　　杨伯恺 译

《论文化与价值》　　　　[英] 维特根斯坦 著　　　楼　巍 译

《论自由意志——奥古斯丁对话录二篇》（修订译本）

[古罗马] 奥古斯丁 著　　成官泯 译

《论婚姻与道德》　　　　[英] 伯特兰·罗素 著　　　汪文娟 译

《赢得幸福》　　　　　　[英] 伯特兰·罗素 著　　　张　琳 译

《论宽容》　　　　　　　[英] 洛克 著　　　　　张祖辽 译

《做自己的哲学家：斯多葛人生智慧的 12 堂课》

　　　　　　　　　　　[美] 沃德·法恩斯沃思 著　朱嘉玉 译

社会观察

《新异化的诞生：社会加速批判理论大纲》

　　　　　　　　　　　[德] 哈特穆特·罗萨 著　　郑作彧 译

《不受掌控》　　　　　[德] 哈特穆特·罗萨 著

　　　　　　　　　　　　郑作彧　马 欣 译

《部落时代：个体主义在后现代社会的衰落》

　　　　　　　　　　　[法] 米歇尔·马费索利 著　许轶冰 译

《鲍德里亚访谈录：1968—2008》

　　　　　　　　　　　[法] 让·鲍德里亚 著　　成家桢 译

《替罪羊》　　　　　　[法] 勒内·基拉尔 著　　冯寿农 译

《吃的哲学》　　　　　[荷兰] 安玛丽·摩尔 著　冯小旦 译

《经济人类学——法兰西学院课程（1992—1993）》

　　　　　　　　　　　[法] 皮埃尔·布迪厄 著　　张 璐 译

《局外人——越轨的社会学研究》

　　　　　　　　　　　[美] 霍华德·贝克尔 著　　张默雪 译

《如何思考全球数字资本主义？——当代社会批判理论下的哲学反思》

　　　　　　　　　　　　　　　　　　　　　　　蓝 江 著

《晚期现代社会的危机——社会理论能做什么？》

　　　　　　　　　　　[德] 安德雷亚斯·莱克维茨

　　　　　　　　　　　[德] 哈特穆特·罗萨 著　　郑作彧 译

《解剖孤独》　　　　　[日] 慈子·小泽-德席尔瓦 著

　　　　　　　　　　　　季若冰　程 瑜 译